Musashino University
Creating Happiness
Incubation

武蔵野大学
しあわせ研究所
叢書
①

西本照真・一ノ瀬正樹［編］
水谷哲也／前野隆司
石上和敬／渡部博志
藤原克己／永井尚美
中板育美／日野慧運

病災害の中のしあわせ

自然災害とコロナ問題を踏み分けて

武蔵野大学出版会

目次◉病災害の中のしあわせ　自然災害とコロナ問題を踏み分けて

◉序章
「しあわせ」の二極性から「個人」概念の深みへ……5
一ノ瀬正樹

◉第1部◉現象への接近

◉第1章
新型コロナウイルスのしあわせな終息にむけて……25
水谷哲也

◉第2章
医薬品の開発と承認審査……51
感染症領域を中心に
永井尚美

◉第3章
働くことに内在する「つながり」の視点……69
在宅勤務について考える
渡部博志

◉第2部◉倫理的アプローチ

◉第4章
自然の脅威とレジリエンスについて考える……79
中板育美

◉第5章
自然災害と感染症に立ち向かう倫理……97
大震災とコロナ感染症の中で「しあわせ」は成り立つか
一ノ瀬正樹

◉第6章
不可避な事態と幸福学……141
前野隆司

◉第7章
ブッダの言葉に見る不可避の老病死としあわせ……149
西本照真

◉第3部◉文化からの分析

◉第8章
日本における
仏教と疫病の歴史……167
日野慧運

◉第9章
鴨長明の『方丈記』と災害……193
藤原克己

◉第10章
病気と向き合う仏教……223
仏教者の役割を考える一つの視点
石上和敬

◉第4部◉パネルディスカッション
病災害の中のしあわせ……233
自然災害とコロナ問題を踏み分けて
一ノ瀬正樹・日野慧運・藤原克己・水谷哲也
永井尚美・中板育美

あとがき・西本照真……264

［序章］

「しあわせ」の二極性から「個人」概念の深みへ

一ノ瀬正樹

武蔵野大学人間科学科教授・哲学倫理学

Ichinose Masaki
武蔵野大学人間科学部教授、東京大学名誉教授。
オックスフォード大学名誉フェロウ。博士(文学)。哲学専攻。
おもな著書として『いのちとリスクの哲学』(ミュー)、『死の所有』(東京大学出版会)などがある。

本書は、表題が示す通り、津波震災などの自然災害やコロナ感染症などの病災害の中においても、私たちは「しあわせ」「幸福」を得ることができるのではないか、病災害のなかでも「しあわせ」を追求すべきなのではないか、いやむしろ、病災害の中でこそ「しあわせ」の真価が立ち上がってくるのではないか、という問題意識をめぐって編集された、「武蔵野大学しあわせ研究所叢書」の第1号である。私たちは、「しあわせ」ということで、平和で安定した状態の中での満たされた状態を連想しがちだが、必ずしもそれが「しあわせ」の本筋であるとは言えない。というよりも、この地球に暮らす私たちにとって、病災害に巻き込まれることが避けられない以上、平和で安定した状態の中でのみ「しあわせ」が成立すると解したならば、「しあわせ」を達成する見込みはもとからきわめて小さなものになってしまう。地球環境のデフォルトである病災害の世界がひたすらネガティブな事態としてしか表象されなくなってしまう。それは希望がない世界観なのではないか。この世界の不可避的条件を受け入れた上で語りうる「しあわせ」、そうしたものがあるはずなのではないか。「自然災害とコロナ問題を踏み分けて」という本書の副題にも、そうした困難性を完全に消去することはできず、踏み分けて前に進むしかないという認識が込められている。ではそのような病災害とともに前進し、「しあわせ」を達成するのはどのように可能か、あるいは、そうした「しあわせ」とはどのようなものなのか、と問わなければならない。この問いこそ、本書が少しでも解明すべく立ち向かう主題である。それは、本当の意味での希望に向けた挑戦である。

その挑戦への地ならしの意を込めて、この序章の場で編者が、自身の哲学専攻の立場から、「しあわせ」概念をめぐっていささかの事前的考察を記しておく。

ソクラテス的な瞬間

「しあわせ」とは何か。いわゆる「幸福論」の歴史は長い。西洋哲学の歴史で言うと、幸福の概念は、ギリシアの哲学者ソクラテスのいうところの「ダイモンの声」に一つの出自を持っていると言えそうである。「ダイモン」とは、いわゆる「デーモン」の語源であり、一種の霊のことにほかならない。プラトンの残した『ソクラテスの弁明』において、ソクラテスは、「わたしには、なにか神からの知らせとか、ダイモンからの合図とかいったようなものが、よくおこるのです……これは、わたしには、子供のときからはじまったもので、一種の声となってあらわれるのでして、それがあらわれるのは、いつでも、わたしが何かをしようとしているとき、それをわたしにさしとめるのでして、何かをなせとすすめることは、いかなるばあいにもないのです」（プラトン 1978, p.438）と述べている。こうした「ダイモンの声」が発生して、それに従っている状態のことが、ギリシア語では「エウダイモニア」と呼ばれる。これが「幸福」という概念の一つの原型である。これは瞬間的に現れる声、一瞬のためらいであり、「ソクラテス的な瞬間」といってもよい（合田 2013, p.36参照）。霊的なもの（もしかしたら悪魔的なもの）に突き動かされた「間（ま）」のような状態、これが「幸福」の概念だった、あるいはもっと正確には、「幸福」の概念の源泉だった、のである。こうした歴史のエピソードは非常に示唆的である。もちろん、別にソクラテス・プラトンだけが絶対の典拠になるはずもないが、いくつかの可能的な論点を抜き出したり、ヒントを得たりすることができることは間違いない。

一つは、幸福やしあわせという事態は、本質的に瞬間的なものなのではないか、という見方を導くことができる。しかし同時に、ギリシア的、ソクラテス的に言うと、死後の世界である「ハデス」に至るとき私たちは不死なる魂の姿となり、清らかな生を生きた人々はそのまま清らかであり続ける。『パイドン』の中でソクラテスはこうも言っていた。「肉体にかかわるもろもろの快楽や飾りを、自分とは異質的なもの、むしろ害をなすものとして、それらから離れ、学ぶことの喜びに熱中し、魂を異質的なものによって飾りたてたりせず、魂自身の輝きで、つまり、節制、正義、勇気、自由、真実などで飾り、そうして運命の呼び声にこたえてハデスへ旅立つ日を待つ人は、自分自身の魂について、心を安んじてしかるべきだ」（プラトン 1978、p.580）。

そしてソクラテスは「ぼくが毒を飲めば、もう君たちのそばにはいないで、ここを去って祝福された人たちの幸せな国へ行くのだ」（プラトン 1978、p.581）としてハデスへ赴いた。このような、死後の世界で立ちあらわれるしあわせは、決して瞬間的なものではない。つまり、私たちの人生の中で現れる「ダイモンの声」という「間」としての「エウダイモニア」は、おそらくそれ自体としては瞬間的なものなのだとしても、それはいわばかすかな残響として死に至るまで続き、死後の幸福の礎となっていくと解することができるだろう。死後の幸福とはなんのことか。はるか二〇〇〇年以上も前のギリシア人が語った単なるお話を後生大事に引用する意味などあるか。そう言われてしまうかもしれない。けれど、私たちが現在面している災害や病気は、「死」について考察することを強力に促している。「しあわせ」を語るときでさえ、「死」という問題を避けることはできない。ならば、学問は、こうした事態に真正直に立ち向かわなければならない。

さて、第二に導ける論点として、幸福の概念が「声」として理解されている点である。先の引用からも明らかなように、いわゆる肉体的な快楽のようなものとは別次元のありようとして幸福が捉えられている、という点が確認できる。「瞬間的なしあわせ」というと、一般に、食欲や性欲が満たされたときや、かゆいところを掻いたときのような、身体的な快楽が表象されがちであろう。それらは刹那的な快楽であり、時間とともに消滅していくし、過剰になると、あるいは長期になると、一転してかえって苦痛にさえなりうる。けれども、「声」として到来する「エウダイモニア」は、たとえそれ自体さしあたり瞬間的な「間」なのだとしても、そのような快楽と同次元のものとは到底思えない。しかし同時に、「声」もまたこの世の現象であり、

「聞かれる」ものではある。死後の世界ならぬ現世での経験的事象である。ソクラテスを立ち止まらせる、行動を差し止めるという仕方で、身体的余波をもたらす。そして、毒をあおるという意味での身体的なありようが、ハデスの世界での永遠的なしあわせの機会となっている。

第三に、「ダイモンの声」として導かれる「エウダイモニア」、すなわち「幸福」は、ソクラテスの行動を差し止めるものとして表象されていることから、幸福概念が動的（ダイナミック）というよりも静的（スタティック）な事態として捉えられていると理解できる点が挙げられる。「学ぶことの喜び」というソクラテスの言がそのことを例示しているだろう。しかし同時に、のちにはこうした「ダイモン」は、「悪魔（デーモン）」として理解されるようにもなっていった。幸福概念の源泉のところに、私たちがいまは「悪魔」として理解している様態が置かれていたのである。これはどのように受けとめればよいだろうか。

必要条件／十分条件

正直、しあわせや幸福の概念について、きちんと明確かつ説得的な見解を述べることは、おそらく、ほとんど誰にもできない。それは「水」をつかむようなもので、つかんだと思ったらこぼれ落ちていってしまう。いや、むしろ、幸福概念を捉えようとするときの捉えがたさが、まさしく幸福という事態の真相に対応しているのであり、幸福というのは本質的かつ実体的に「つかみきれない」ものなのだと、そのように言えるかもしれない。しかし同時に、私たちには幸福感を感じるときが確かにある。私だったら、瞑想にふけり風や鳥の音を明瞭に聞くとき、犬や馬に頬ずりをするとき、疑いなく幸福感を覚える。つまり、こうなのだろう。幸福は捉えがたいのだけれども、絶対に捉えられないものではなく、水をつかもうとしてもこぼれ落ちていってしまうが、それでも水滴が手のひらに残り、そのしずく、したたりを感触できるのと同じように、わずかな、かすかな証として現前しているのだと。「捉えがたさ」と「かすかな証」、こうした相対するような二極性が、幸福概念にはまとわりついているのではないか。だとしたら、それを見逃してしまうと、事態の真相に迫りきれないのではないか。実は、前段でソクラテスの議論から三つの論点を導いたとき、私が「しかし同時に」に傍点を振ったことが、こうした二極性への導線だったのである。

けれども、私たちはいま、「武蔵野大学しあわせ研究所」の活動として、「病災害」という切迫したリアルな問題を主題としている。こういう局面で、ソクラテスを持ち出したり、二極性がどうのとか、理屈めいたことを述べてもまったく説得性がないのではないか。むしろ不適切・不謹慎なのではないか。そのように言われるかもしれない。けれども、切羽詰まっているときには、理論的考察などしている暇はなく、ともかく有効な行動を直ちに行うべきだ、と考えることは本当に適切だと断定できるのだろうか。こうした、咄嗟的な直観に従った方策は「ヒューリスティックス」などと呼ばれる。しかし、心理学などの多くの実証的研究が明らかにしているように、「ヒューリスティックス」は、うまくいくときもあり、私たちの生存にとって有効な働きをするのだが、しばしばかえって事態を悪化させてしまうこともある。ならば、そうした悲劇を避けるため、私たちは考える機会があるときに、理論的な検討を重ねておき、より適切な対策につなげたり、将来の教訓をまとめたりするべきではないか。本書の意図はそこにある。

ここで私は、ソクラテスの思考を一つの導きの糸として、「しあわせ」の二極性の真相を明らかにするべく、二つの二極的構図を示してみたい。一つは、「しあわせ」に対する「必要条件／十分条件」(necessary condition／sufficient condition) という二極性である。「しあわせ」の必要条件とは、ラテン語の標語でいうところの「sine qua non」のことであり、「それなしでは当該事態が成立しない条件」のことである。端的に言ってしまえば、「しあわせ」の必要条件とは、まずは、社会のインフラや経済的安定のことであると言ってよいだろう。水道、ガス、電気、道路、交通機関、住居や建築物、衣類、食料、医療サービス、ゴミ収集サービス、そしてそれなりの収入、などである。これらがないと、やはり、「しあわせ」な生活を送るのは難しい。「たかが電気」という言葉が話題になったことがあるが、やはり物事の理解には想像力が必要である。電気がなければ、冷暖房も制限されるし、照明もきわめて不便となり、風呂に入るのも難儀なこととなる。それで「しあわせ」になるというのも、なかなか酷なことであろう。日本はインフラに相当に恵まれた国なので、インフラの重要性に気づきにくいかもしれないが、いま述べたように、想像力を働かせることが必要である。経済的な安定については、その必要性については言うまでもない。さらに、身体つまりは肉体があることも、さしあたり実は、「しあわせ」の必要条件であると言ってよい。ソクラテスの「ダイモンの声」も、身体があり声を聞く能力があることが実は必要条件になっている。「ダイモンの声」によって行動を抑制することも、そもそも身体があるからこそ「抑制」ということが意味をなしていることに注意してほしい。

こうした「しあわせ」の必要条件について、私が知る限り、哲学者たちはあまり注意を払ってこなかったように思う。確かに、必要条件が充たされていても、直ちに「しあわせ」になれるかというと、そういうわけでもないからである。インフラや医療サービスが整った環境に暮らしていても、様々な事情で不幸に感じる人はいる。そこで、「しあわせ」の十分条件が問題になる。これこそが、おそらく、哲学の幸福論の骨子だったのではなかろうか。いわゆる、ヒルティ、アラン、ラッセルの三人が著した三大幸福論も、こうした「しあわせ」の十分条件を論じていると理解してよいだろう。きわめて大胆に、誤解を恐れず三大幸福論の示す視点を単純化して述べれば、ヒルティの幸福論は「仕事に邁進しつつ信仰すること」に焦点を合わせ、アランの幸福論は「ポジティブで楽観的な気持」を勧奨し、そしてラッセルの幸福論は「外の世界に関心を向けること」にしあわせになる鍵を定位している、と概括できると思われる。いずれも滋味深い、示唆に富む考察が込められていて、いまも人々を魅了し、幸福にいざなう道標となっている。

「負の様態」におけるしあわせ

ただ、三大幸福論の示唆にのっとって暮らし、「しあわせ」を達成するのは、そもそも必要条件が満たされていないと困難であろう。私は、幸福論には、「しあわせ」の必要条件に対する眼差しが必要だと確信する。実際、津波震災に遭い、そして原発事故などに翻弄され、過酷な避難生活を送る方々、そして新型コロナ感染症に恐怖したり、それに罹患して呻吟する方々にとって、まずは「しあわせ」の必要条件を回復することが求められている。十分条件を云々する以前に、まずは必要条件の整備こそが求められているのである。

とはいえしかし、こうした必要条件／十分条件の二極性は、くっきりと境界づけられた峻別なわけではない。その境界線は本質的に曖昧で、揺れ動く。Covid-19によって生死の淵をさまよった方が、意識を取り戻し、回復した場合、喜びは大きく、「しあわせ」を感じることもあるはずである。しかし、ここでの必要条件／十分条件の基準で言えば、そうした状態は、単に平常の状態、つまり必要条件が満たされた状態に戻ったということであって、回復すれば「しあわせ」になるのに十分、とは言えないように思われたはずである。こうした場合、必要条件の領域に十分条件の範囲が侵食してきたと捉えられる。むろん、こうした「しあわせ」は、継続していけば平常に戻り、とりわけ「しあわせ」とは感じられなくなっていくだろう。このことは、「ソクラテスの瞬間」にて示唆されたような、「しあわせ」の瞬間性の現れかもしれない。

しかし、実はそれどころか、冷静に言って「しあわせ」の必要条件が満たされていない状態であると想定されるにもかかわらず、「しあわせ」を感得する場合ですら、ないわけではない。たとえば、それは病気に立ち向かうことの中における「しあわせ」である。この点において、やはり三大幸福論の潜在的な、そして不屈の説得性は大きい。たとえばアランは、こう言う。「注意すべきは、われわれはいつも自分の苦痛に対してはは耐えうるだけの力がそなわっていることだ。また、ぜひそうでなければならぬ。必然がその手をわれわれの肩に置く時、われわれはがっちりとつかまれてしまう。死ぬかさもなければ何とかかんとか生きるかのどちらかだ、たいていの人は後者を取る。生きる力というのは驚くべきものである……生きるのが困難になればなるほど、人間はよく苦労に耐え、より多くの楽しみを味わうと言ってもよいだろう」（アラン 1998、pp.197-198）。あるいはラッセルも「ほしいものをいくつか持っていないことこそ、幸福の不可欠の要素である」（ラッセル 1991、p.30）と述べ、同様な洞察を記している。飲んだり食べたりといった身近な楽しみに自分の全関心を注ぎ込み、それで満たされるからなのであろう。

つまり、幸福への感受性が高まり、ハードルが低くなり、些細なことに「しあわせ」を感じられるようになるということである。こうした「しあわせ」のありようは、まさしく二極的なその本性を露わとしている。そもそもソクラテスにおいては、「ダイモン」すなわち「デーモン」によって行動が抑制されること、それが「しあわせ」のありようだった。「デーモン」（悪魔）とか「抑制」とか、それらは私たちの幸福概念とはいささかずれている。しかし、ソクラテスもアランもラッセルも、そうしたいわば負の様態にこそ、「しあわせ」が立ちあらわれる源があると捉えていたのである。逆説的にさえ響く論立てである。しかし、そうした先人の洞察を咀嚼（そしゃく）するならば、もしかしたら、自然災害や感染症なども、それ自体で考えてさえ、「しあわせ」とは無関係とは言えなくなってくる。希望がふつふつとみなぎってくる。しかし、そう言い出すのは早計であり、そして不遜ではないか。少なくない方々が亡くなっているからである。死すこと、それは「しあわせ」とどう関わるか。この大胆かつ挑戦的な問いを回避しては、真相は見えてこない。

共時的／通時的

死にまつわる「しあわせ」、そして死者の「しあわせ」、これはきわめてデリケートな問題の立て方であり、現今の倫理観に照らすとき、不適切の誹り(そし)を招きかねない危険な主題である。けれど、学問にタブーを安易に押しつけてはならない。ましてや、人類の歴史に照らして、ソクラテスや多くの宗教において、実際上、「死」と「しあわせ」は関連づけられ、考察されてきたのである。魂が安らぎを得る「ハデス」、そして法然や親鸞の浄土思想など、思い起こしてほしい。それに、倫理観に一見反するように見えても、実は私たちは、哲学や宗教とまで行かずとも、「死」を「しあわせ」と結びつけるような文脈を一般的な言語空間においても受け入れている。「安楽死」といった概念がその例になるだろう。死ぬことによって安楽を得るという意味であり、安楽は「しあわせ」の一様態であろう。

それだけではない。私たちは、言語行為としても司法制度としても、死者の幸福を考慮に入れることがある。たとえば、ときに私たちは、死者の名誉を回復させ、汚名に甘んじてきた死者の「しあわせ」を達成する、といった行動を取る。たとえば、ローマ教会が一九九二年一〇月三一日にガリレオに対する裁判が誤っていたとして、ガリレオの死後三五〇年にガリレオに謝罪した。ガリレオの名誉回復を図ったわけだが、これはすなわち、ローマ教会はガリレオの「しあわせ」に、すなわち死者の幸福に、配慮したというように解釈可能であろう。日本でも同様な例がときどき発生する。徳川家康六男の徳川(松平)忠輝は、なぜか父家康や兄秀忠に疎まれ、改易そして配流を被ったが、死後およそ三〇〇年の後、一九八四年に徳川宗家によって赦免された。これもまた、死後三〇〇年の間徳川本家から勘当状態にあった忠輝の不遇を不憫に思い、死者ではあるとしても、その「しあわせ」に配慮した措置を施したと理解することができる。あるいは、司法の場でたまに発生する「死後再審」などもそうした例になる。たとえば「徳島ラジオ商事件」では、犯人と目され有罪とされた当事者が亡くなった後、その遺族が再審を請求し、当事者の死後に無罪が言い渡された。これも、構造としては、ガリレオや忠輝の例と同じで、死者の幸福を慮(おもんぱか)った出来事であろう。

すなわち、「しあわせ」という様態は、一方で「ソクラテスの瞬間」が象徴するように、そして私たちの直観的な幸福概念理解に照らしてもそうであるように、瞬間的・一時的であるのだが、同時に他方で、やはりソクラテスの言う「ハデス」での安らいのように、そうした瞬間的な「しあわせ」に比べて相当にかすかで穏やかな仕方ながらも、死後にまで連続的に成立しうるような、ある種の永続性をも有しているのである。これはかなり明確な二極性である。私は、これを「共時的／通時的」(synchronic／diachronic) という二極性として捉え返したい。

「通時的」という用語を用いることにはあまり問題は感じられないだろう。「しあわせ」は生死を貫く様相を持ちうるからである。しかし、「共時的」というのは奇妙に響くかもしれない。瞬間的な「しあわせ」は個人の内部で成立していて、どこともシンクロしていないではないか。この辺りから、議論はさらに深みに入っていかざるを得ない。私は「ミラーリング効果」のようなものを表象している。ある人が「しあわせ」を感じている瞬間には、それは他者にも影響を及ぼし、伝播していく。微笑みの威力を疑う人はいないだろう。逆も言える。不幸を感じ、しかめっ面をしていると、他者の気持を沈ませてしまう。だとしたら、私たちは他者に迷惑をかけないためにも「しあわせ」であるべきなのではないか。そう努力するべきなのではないか。このような見方が生まれても不思議ではない。実際、驚くべきことにアランは、このように述べていた。「幸福になろうと欲しなければ、絶対幸福になれない……自分の幸福をつくり出さねばならない。幸福になることはまた、他人に対する義務でもあるのだ。これはあまり人の気づいていないことである……われわれは、そういう毒気にうちかった人たち、そしてすばらしい手本を示すことによって、言わばみんなの人生を浄化してくれた人たちには感謝の念とオリンピックのメダルとを捧げねばならない」(アラン 1998, p.312)。「共時的」という用語を用いることには一定の理があると考えてよいのではなかろうか。

このように「共時性／通時性」という切り口で「しあわせ」について捉えてみると、そして先に触れた「必要条件／十分条件」という二極性も併せて考えてみると、一つの論点が浮かんでくる。それは、「しあわせ」

は、どうしても生きている一人の個人の内部の（刹那的でありがちな）満足感のようなものとしてのみ、言わば矮小化（わいしょうか）して理解されがちであるけれど、そしてそうした理解は一面の真理ではあるのだけれど、それでも、それに尽きるというものでもなく、もっと別の、一人の個人という枠をはみ出るような様相をもともと胚胎しているのではないか、という論点である。この点は、必要条件性や通時性については分かりやすい。「しあわせ」の必要条件をなすインフラ整備などは、明らかに個人のレベルを超えた事象であり、自分の死後も継続されうる。「しあわせ」の通時性についても、死後にまで持続しうる「しあわせ」の概念は、生きている個人の枠を定義的に超えている。その上、共時性として抜き出される瞬間的な「しあわせ」もまた、他者との調和の中に位置づけられるものだとするならば、やはり個人を超え出ていくことになろう。同じことは、「しあわせ」の十分条件性にも妥当する。信仰、楽観、外部への関心、といった三大幸福論が描き出す「しあわせ」の十分条件は、よくよく考えれば、実はもとから、神、他者、外部世界といった、個人の枠外の事象への浸透を志向していたものなのである。

個人概念から物体概念へ

以上のようなことは、少し冷静に考えれば理解可能なはずだが、なぜか必ずしもそうはならず、「しあわせ」は生きている個人の（おうおうにして刹那的な）満足感に集約されるような形で捉えられがちであり、それゆえに、死や病気や災害などと「しあわせ」はなかなか結びつけられて表象されにくいように思われる。私が思うに、ここには「個人」（individual）概念が、とりわけ「いのち」の本体・主体として解される「個人」の概念が、大きな影響を及ぼしているのではないかと感じられる。個人は独立し自立した人権主体であって、その「いのち」は神聖なものであり、尊厳あるものとして尊重されなければならない、といったような思考様式である。こうした考えは、日本国憲法にも実際に謳われている。「すべて国民は、個人として尊重される。生命、自由及び幸福追求に対する国民の権利については、公共の福祉に反しない限り、立法その他の国政の上で、最大の尊重を必要とする」(「日本国憲法」第一三条)、「すべて国民は、健康で文化的な最低限度の生活を営む権利を有する」(「日本国憲法」第二五条)。

このような個人の尊重、個人の尊厳、という思想に反対する人はまずいないだろう。そして、個人の有する人権の尊重という理念についてもかなり普遍的な同意が得られるはずである。実際、子どもの虐待といった、明確な人権侵害に対して、それを許容するような言説はまったくもって受け入れ不可能である。ただ、こうした個人概念に対して、ではそれへの尊重が実際上遂行できないような場合、すなわちまさしく病災害に面しているような場合、はどうするのか、という疑問が出ることはもとより避けられないのである。「健康で文化的な生活」といっても、コロナ感染症などにより、物理的・生物的条件においてそれが達成困難な場合、そして「死」が間近に迫っているような場合、はどうするのか、という疑問は押さえることはできないのである。本書でも扱うような「トリアージ」を考慮せざるを得ないような事態が、その象徴的な事例になるだろう。私の理解では、個人の尊重という理念は、こうした疑問に対して必ずしも明確な答えを提供してはくれないように思われる。実はこうしたことは、二〇世紀後半の生命倫理の文脈、とりわけピーター・シンガーが提起した、現代医療の中で発現してきた多種の生死にまつわる境界線的な事例を踏まえた、「生命の神聖性」(the sanctity of life) に対する疑念において、すでに明らかになっている事態であると言える。

しかし、では、個人の尊重という理念を実践できない事態においては、「幸福追求に対する権利」や「健康で文化的な生活を営む権利」はキャンセルされてしまうのだろうか。もしそうだとしたら、かなり哀しいし厳しい。しかし同時に、字義通りにそれを実践するのが難しい、という事態への対応がただいま現在問題として浮かび上がっているのである。このような問題性に対して、この場で編者が提案できるのは、第5章でも少し展開するような、「物体性」に目を向けた倫理の可能性である。すなわち、私たちは、一方で、尊厳を持つ人権主体としての個人として扱われなければならないが、他方で、個人概念が成立する前提として、この世界に存在する「物体」(corporeality)でもあるわけで、ある閾値(いきち)を超えたとき、すなわち個人概念の根底にまで事態が深部へと突入してきたとき、私たちは物体として表象されねばならず、だとするならば、その物体性の次元での「しあわせ」を語り始める言語を構築すべきなのではないか、とする提案である。究極的な意味での「しあわせ」の二極性である。

実際、虚心坦懐に考えて、他者から完全に自律した「個人」の概念というのは、ある種の抽象的虚構であって、厳密には不可能であることが分かる。まず、私たちは親から生まれ、DNAを親族と共有している。そして、場合によっては子孫を作り、DNAの共有者を残していく。また、一定の文化的背景のもとで多くの同胞とともに成長し、同様な言語による同様な教育を受ける。さらに、物理的に言って、私たちは新陳代謝をするとき、動物や無機物も含めた意味での「他者」を構成していたであろう原子分子レベルの物体を相互に交換し合っている。植物の匂いを嗅ぐとき、私たちは植物から発散された、植物を構成していた物質・物体(古代の人々が言うところの「エイドーラ」?)を取り入れている。人と会話するとき、相互に呼気を受け合い、それを取り入れている(コロナ騒動の中での「密を避ける」の意味の源泉であろう)。

私が表象するのは、こうした「物体」を通じた森羅万象のかすかな結び合いは、まさしく通時的で、たとえば、私たちの身体を構成する物質や物体は、中世代の恐竜の体を構成していたものであるかもしれないし、何億年後の地球の地表の一部となるものであるかもしれないという、そういう描像である。すべては、そのような物体性の次元で、かすかな仕方でつながり合っている。であるならば、「自律して独立した個人」なるものは、特定の観点からのみ焦点が当てられた、純度の高い虚構なのではなかろうか。人権主体としての生存している「個人」の概念は、もちろん、平和で安定した状況の中では十分に機能しているし、私たちはそれを尊重しなければならない（子どもの虐待など許してはならない）。けれども、それは、私たち存在者の、宇宙的視野から見たときにはたぶんに一時的な存在様態にすぎず、それゆえそれを簡単に絶対化・普遍化してしまうことは、宇宙的視点からすれば、虚構の捏造、ということにもなりかねない（『日本国憲法』の「公共の福祉に反しない限り」という但し書きも、そうした絶対化への留保を含意し、個人概念に可能的に胚胎される虚構性を一部見越しているのかもしれない）。

かくして、こう述べておきたい。人権主体としての個人の尊厳を尊重しつつ、同時に、そうした個人概念の深みにその基盤として潜在している様相、すなわち、物体性を根底として宇宙とつながり合っているという様相、をも心に留め対応していくこと、こうした究極の二極性への眼差しを持ってこそはじめて、病災害や死に面しても語りうる「しあわせ」の意義が浮かび上がってくるのではないだろうか。私たちは、ある閾値を超えた事態に遭遇したとき、個人概念から物体概念へと、視線を向け変えなければならなくなると、そしてそれをもともとから成立していた真の構造の顕在化なのだとして受け入れる道もありうると、そのように私には思えてならない。そして、それは決して「しあわせ」の反対事象ではないのだ、いや、反対事象だとしてはならないのだ、と。

この一〇年に私たちが受けた災害や病気は、編者には、以上のような考察を促す重大な契機となった。しかし、これはあくまで編者の議論であり、本書の他の著者の皆さんと共有するものではない点、強く注意をしておきたい。編者の責任として、問題提起と問題意識を、一つの可能な形として示さねばならないと考え、以上のように論じた次第である。

本書『病災害の中のしあわせ』は、目次にあるように、大きく3部構成となっている。第1部「現象への接近」は、ウイルス学、薬学、経営学、の観点から、コロナ問題をまずは発生した現象として捉えて論じている。第2部「倫理的アプローチ」は、看護学、哲学倫理学、幸福学、仏教学の観点から、病災害の中をどう生きるかについて論じている。第3部「文化からの分析」は、仏教学、日本文学などの観点から、人間が災害や病気に満ち満ちた世界をどのように表象してきたかを論じている。そして最後に、本書の母体となった二〇二一年一月のシンポジウムにおけるディスカッションの様子を記録して示した。「武蔵野大学しあわせ研究所」が総力を挙げて、この困難な時代に送る思考の記録である。読者の皆さんが、この困難さについて考えをめぐらす一つのきっかけとなることを切に望んでいる。

津波震災、度重なる自然災害、そしてコロナ感染症にて亡くなられた方々に謹んで哀悼の意を表しつつ。

◉参考文献

アラン 1998.『幸福論』、神谷幹夫訳、岩波文庫
合田正人 2013.『幸福の文法―幸福論の系譜、わからないものの思想史』、河出書房新社
ヒルティ C. 1961-1965.『幸福論』第一部・第二部・第三部、草野平作・大和邦太郎訳、岩波文庫
プラトン 1978.「ソクラテスの弁明」、田中美知太郎訳、『プラトンⅠ』世界の名著6に所収、中央公論社、pp.407-458.
プラトン 1978.「パイドン」、池田美恵訳、『プラトンⅠ』世界の名著6に所収、中央公論社、pp.489-586.
ラッセル B. 1991.『幸福論』、安藤貞夫訳、岩波文庫
Singer, P. 1994. *Rethinking Life and Death*. Oxford University Press. 邦訳『生と死の倫理』1998、樫則章訳、昭和堂

［第1部］

現象への接近

［第1章］

新型コロナウイルスのしあわせな終息にむけて

水谷哲也——東京農工大学教授、ウイルス学

Mizutani Tetsuya

東京農工大学農学附属感染症未来疫学研究センター　センター長、教授。

ウイルス学、感染症学。

おもな著書として「新型コロナウイルス　脅威を制する正しい知識」（東京化学同人）などがある。

はじめに

新型コロナウイルス感染症は歴史に刻まれる感染症になってしまった。著者の記憶では2019年12月中旬の新聞に小さな記事として「中国で謎の肺炎が発生」として報じられたときには、これほど世界に影響を及ぼす感染症になると予想していなかった。一般に急性で重症になる感染症は世界に広まりにくい。なぜならば重篤患者はすぐに病院に隔離されるのでそれ以上の感染拡大が起こらないからである。2002年11月に発生したSARSは重症急性呼吸器症候群という日本語名が付けられているように、急性で重症になるウイルス感染症である。SARSは発生から8か月後の2003年7月には終息宣言が出された。ところが、新型コロナウイルスは無症状や軽症の感染者が多く存在しているために、人知れず感染が拡大してしまった。しかし、この原稿を執筆している2020年4月の時点で新型コロナウイルスが終息する兆しがやっと見えてきた。ワクチン接種先進国といわれるイスラエルでは感染者の増加の封じ込めに成功した可能性がある(8月の校正時では再び感染者数が増加している)。その一方で、インドでは新たな変異株も出現し感染者は急増している。人類がしあわせになるためには、この未曽有の感染症が終息しなければならない。新型コロナウイルス感染症とは人類がこれまで経験してきた感染症にどのように位置付けられるのか、新型コロナウイルスの変異にどのように対応していくべきか、人類がしあわせをつかむために必要な情報をお伝えしていく。なお、新型コロナウイルスをめぐる状況は刻々と変わっているので、2021年4月の時点における解説が中心になることをあらかじめ断っておきたい。

祖先たちの感染症との闘い

人類は有史以来感染症に悩まされてきた。100万人以上の死亡者が出る大規模な感染症をこれまでに何度も経験してきた。紀元前から紀元後数百年までは天然痘が猛威をふるっていた。その後、1800年くらいまではペストの時代である。1800年から1900年代はインフルエンザ、2000年以降はコロナウイルスが何度も人類を襲っている。麻疹、コレラ、チフス、結核など感染症も世界の各国で出現し私たちの祖先を悩ましてきたことを忘れてはならないが、歴史上の感染症を大まかに眺めてみると、天然痘、ペスト、インフルエンザ、コロナというように移り変わってきたということである。そして、現代はインフルエンザの時代からコロナの時代に移り変わろうとしている。

インフルエンザについて詳しく見てみよう。季節性インフルエンザは日本においても致死率が約0・1%なので、決して侮ることはできない感染症である。季節性インフルエンザは毎年のように世界各国で発生しているが、時には強毒株が出現して猛威をふるうこともある。たとえば、1889年から1890年にかけて流行したロシア風邪は100万人の死者を出した。それから約30年後の1918年から1919年には有名なスペイン風邪が流行して5000万人以上の尊い命を奪ってしまった。その約40年後にはアジア風邪が110万人の死亡者を出した。さらに10年後の1968年から1970年には香港風邪が100万人の犠牲者を出してしまった。私たちの記憶に新しい新型インフルエンザは香港風邪から30年後の2009年から2010年のことである。新型インフルエンザは最大50万人の死亡者を出したといわれている。このように病原性の高いインフルエンザの出現には法則性はないものの、10年から40年周期で出現している。SARSコロナウイルスは2002年に中国広東省に出現した(表1)。10年後の2012年にMERSコロナウイルスが中東で出現したが、未だに消滅していない。そしてMERSから7年後の2019年に新型コロナウイ

時代	年	コロナウイルスの誕生など
中石器時代	BC8000	コロナウイルスの共通祖先の誕生
インダス文明	BC3000	$\alpha,\beta,\gamma,\delta$コロナウイルス属に分岐
鎌倉時代	AD1200	ヒトコロナウイルスNL63の出現
江戸時代	AD1800	ヒトコロナウイルス229Eの出現
明治時代	AD1890	ヒトコロナウイルスOC43の出現
	AD2002	SARS-CoV-1の出現
平成時代	AD2012	MERS-CoVの出現
	AD2017	SADS-CoVの出現
令和時代	AD2019	SARS-CoV-2の出現

◉ 表1

ルスが出現した。このようにコロナウイルスが出現するサイクルはどんどん短くなってきている。次のコロナウイルスはすでに出現している可能性もある。したがって、２０２１年に生きる私たちが考えておかなければならないことは、これから数年後に次のコロナウイルス感染症が出現し、10年から20年後には再び病原性の高いインフルエンザが襲ってくる可能性があることを覚悟しておくことである。目の前が真っ暗になるような話であるが、私たちの祖先も、天然痘、ペスト、結核などと闘い、命をつないでくれたのである。私たちの時代は祖先の時代よりも優れた検査体制や医療が整っていることを忘れてはならない。

歴史上の感染症の真偽

少しだけ話は脱線するが、上記のような歴史上に出現した感染症を真実ととらえて良いのかという疑問がある。この考え方はこの10年間、私の頭の片隅に絶えず存在しており、時折、頭いっぱいに広がる疑問である。それはなぜか。現代の感染症の検査方法はＰＣＲがメインである。ご存じのようにＰＣＲは病原体のゲノム（遺伝子）を検出するので、患者はその病原体が感染していることを証明できる。たとえば、新型コロナウイルスのＰＣＲ検査で陽性となった場合には、新型コロナウイルス感染症と診断されることになる。新型コロナウイルスの検査を行わずに、新型コロナウイルス感染症と診断されることはないのである。

日本では735年から737年にかけて天然痘が大流行し100万人が亡くなったとされている。時の権力者、藤原四兄弟が天然痘で亡くなったことは有名な話である。また、このとき飢餓などもあって聖武天皇は奈良の大仏を建立したといわれている。さて、PCRなどの検査のない時代になぜ天然痘の流行がわかったのであろうか。おそらく天然痘に似た記述が古文書に書かれていたのであろうが、水痘（水痘帯状疱疹）やサル痘、もしくはすでに絶滅した別の感染症の可能性はなかったのであろうか。実は、聖武天皇の時代には天然痘が存在していなかった可能性もあるのだ。2016年リトアニアのある教会の地下に保存されていた17世紀半ばに死亡した子どものミイラから天然痘ウイルスの遺伝子断片が検出された。そして、分子時計（モレキュラークロック）による計算から、天然痘ウイルスは1588年から1645年に共通の祖先から誕生したと推定されたのである。ちなみに、ジェンナーの種痘が最初に行われたのは1796年のことである。このことは日本で735年に流行したといわれている天然痘についても見直した方が良いことを示唆している。このような観点から、これまで紀元前1157年に天然痘で死亡したとされるファラオ・ラムセス5世の本当の病名は水痘だったのではないかと推測されている。

歴史上見直した方が良いかもしれない例はもうひとつある。1889年から1890年にかけてロシア風邪が世界的に流行したと書いた。この原因病原体はインフルエンザウイルスが最も有力であるが、まだ確定されたわけではない。一方、風邪のコロナウイルスOC43は分子時計の計算によると1890年ころに出現したとされている（表1）。現在ではコロナウイルスOC43に感染しても死亡することはない。むしろ、風邪のウイルスの症状としては弱い方である。しかし、このウイルスが出現した1890年ころには強毒であり、ロシア風邪の原因だったのではないかという推測がされている。

類似の感染症を鑑別する

さらに歴史と感染症について述べていこう。現時点で我々はタイムマシンを完成していない。したがって、過去に遡ることができないので、歴史上の人物がどんなウイルスに感染したのかについての証拠を得ることができない。ウイルスは細胞内でものすごい勢いで増殖していくが、自然界ではすぐに死滅してしまう。ウイルスは直径100㎚前後の球形で主に蛋白質で構成されており、その中にはゲノム（核酸：遺伝子情報）が入っている。このような小さな存在はすぐに壊れてしまい、跡形もなく消えてしまう。ウイルスは氷河などの氷点下で保存されていない限り、歴史上のウイルスが現代によみがえることはない。上述のように、歴史上に現れる感染症は古文書に記載されている症状から判断されている。一方、現代はPCRによるゲノムの検出が主流である。もちろん症状からも診断する場合もある。筆者は獣医学が専門なので、牛の下痢症を例に挙げて説明する。ある牛の牧場で冬に子牛が次々と下痢を起こしたとしよう。この時点で原因ウイルスは牛ロタウイルスか牛ウイルス性下痢ウイルス、牛コロナウイルスを疑う。獣医師は下痢便を家畜保健衛生所に送り、これら3種類のウイルス検査を依頼する。そして、PCRで牛コロナウイルスが陽性になれば、獣医師は牛コロナウイルス感染症と診断をくだす。このように、ある症状には類似の疾患（診断確定された牛コロナウイルス感染症に対して牛ロタウイルス感染症と牛ウイルス性下痢症が類似疾患である）がいくつか存在しているので、PCR検査を行うまで確定診断ができない。

このように、古文書から推測された感染症と現代科学から推定される感染症には違いがあるケースをご紹介した。著者はこのような研究に興味があり、日本史における感染症の真実を解き明かしたいと考えている。

コロナウイルスの誕生

長年ウイルスを研究していると、ウイルスはいつ誕生したのだろうかという思いに耽(ふけ)ることがある。ウイルス学はヒトや動物が病気になったり死んだりすることに直面する学問である。したがって、ウイルス学の王道を歩んでいると閉塞感を抱くことがある。過去のウイルスに思いを馳せることは、王道のウイルス学にはないロマンである。この世に最初に誕生したウイルスはどんな形をしていたのだろうか、どんな動物に感染していたのだろうか、もしかしたら三葉虫にもウイルスが感染していたのだろうか、などの空想は楽しい。しかし、これまで述べてきたようにウイルスは短期間で跡形もなく消えてしまうのである。もっとも保存状態の良い化石中の遺伝子は約680万年で完全に消滅するという研究結果がある。三葉虫は5億年くらい前の生物なので、三葉虫の化石からウイルスの遺伝子を解析することは不可能である。しかし、ひとつだけ過去に遡ることができる方法がある。それが分子時計である。コロナウイルスOC43が1890年に誕生した可能性を書いたが、これは分子時計による計算値である。極めて簡単に説明すると、あるウイルスの3年前のゲノムと現代のゲノムの塩基配列を比較して、どれくらいの割合で変異が入ったかを確認する。そして、1年あたりの変異率を割り出す。さらに、過去に遡りそのウイルスが誕生した年を計算で割り出すのだ。実際にはもっと複雑な計算が行われる。このような計算により、ヘルペスウイルスは約4億年前に誕生し、インフルエンザウイルスは約1億年前に誕生したという報告がある。この説を信じると三葉虫や恐竜にウイルスが感染していた可能性がある。それでは、新型コロナウイルスの祖先のコロナウイルスはいつごろ誕生したのだろうか。分子時計による計算では約1万年前らしい（表1）。ヘルペスウイルスやインフルエンザウイルスに比べると歴史の浅いウイルスである。1万年前の地球は旧石器時代から新石器時代への移行期にあたり、牛や豚などが次々と家畜化されていった。家畜化によりウイルスはその動物で固定化され、飼育する人

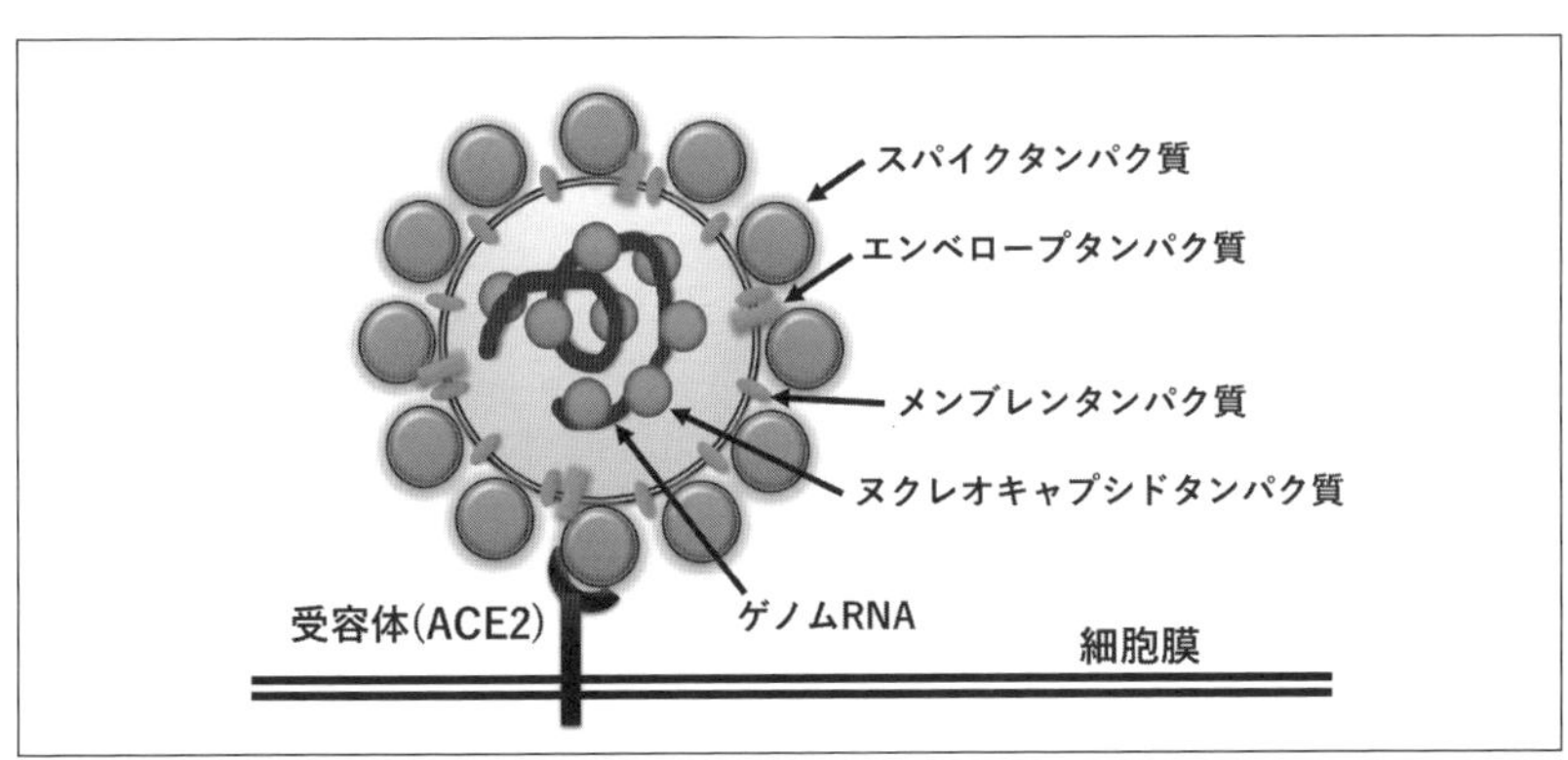

◉ 図1

との距離が近くなることから人獣共通感染症を生んでいったと考えられる。そんなときにコロナウイルスは誕生したのである。なお、コロナウイルスの祖先は2万年前、10万年前には誕生していたという研究はあるが、誰も確かめようのないことである。

新型コロナウイルス出現まで

新型コロナウイルスが誕生するまでのコロナウイルスの歴史をたどってみよう。１９６４年にヒトに風邪を起こす原因としてのコロナウイルスが初めて電子顕微鏡で撮影された。コロナウイルスは直径１００㎚の球形のウイルスである（図1）。当時はＰＣＲの技術がない時代なので、光学顕微鏡では観察できないのだ。培養細胞に感染させたり電子顕微鏡で撮影してウイルスの姿を確認していた。その姿が太陽のコロナに似ていたことからコロナウイルスという名が付いたのである。ヒトを中心に考えると１９６４年が初めてコロナウイルスが認識された年になるが、それ以前に動物のコロナウイルスは発見され研究されていた。たとえば、マウス肝炎ウイルス、鶏伝染性気管支炎ウイルス、豚伝染性胃腸炎ウイルスである。これらのコロナウイルスは未だに実験動物のマウスや養鶏、養豚に感染し被害を出している。さて、１９６４年から数十年の間に10種類くらいのヒトに感染するコロナウイルスが発見されていくのだが、おそらく現存しているウイルスはヒトコロナウイルスOC43とヒトコロナウイルス229Eだけである（さらにSARS後に発見されたヒトコロナウイルスは2種類であることは下記を参照）。1964年に発見されたヒトコロナウイルスB814はすでに消滅したと考えられる。そして、2002年中国広東省からSARSコロナウイルスが出現した。SARSコロナウイルスは瞬く間に世界を駆け巡り、8000人を超える感染者と約10％の致死率を出したことは衝撃的であった。SARSは2003年に終息し、それから約10年間、コロナウイルスは出現していなかった。しかし、2012年に中東からMERSコロナウイルスが出現した。このコロナウイルスは濃厚接触でしか感染できないので爆発的な感染拡大は起こっていないが、未だ終息には至っていない。2017年にはSARS発症の地である中国広東省で、コウモリ由来のSADSコロナウイルスが発生し子豚の大量死が起こった（表1）。このSADSコロナウイルスは2019年にも再び発生している。その2019年末に新型コロナウイルスが出現し、今に至っているのである。

そして次のコロナウイルス感染症

現存しているヒトに感染するコロナウイルスは、新型コロナウイルス、MERSコロナウイルス、コロナウイルスOC43、コロナウイルス229E、コロナウイルスHKU1、コロナウイルスHKU1とNL63はSARSの出現以降に発見された風邪のコロナウイルスである。これら2つのコロナウイルスはSARS以前から存在しており、SARSの研究過程で発見されたと考えられる。分子時計による計算では、コロナウイルスNL63は鎌倉時代、コロナウイルス229Eは江戸時代、コロナウイルスOC43は上述のように明治時代に出現したと報告されている（表1）。これらの風邪のコロナウイルスは出現時には強毒化しており多数の感染者と死亡者を出したものもあったかもしれない。21世紀になって突如コロナウイルスが出現し猛威をふるっているように見えるが、昭和よりも前の時代にも強毒のコロナウイルスは出現していたのかもしれない。新型コロナウイルスが終息しても、次のコロナウイルスは必ず出現してくる。今、ワクチンや治療薬を確実に開発しておくことは、次のコロナウイルス感染症に対する備えにもなるのである。

変異と修復酵素

ここからは現実に目を向けて、新型コロナウイルスの変異について考察していく。人類がしあわせになるためには新型コロナウイルスの変異株の感染を克服しなければならない。最初に述べておきたいことは、新型コロナウイルスは変異しにくいウイルスであることだ。RNAウイルスは変異しやすいけれども、DNAウイルスは変異しにくい、ということを聞いたことはないだろうか。変異とはウイルスが複製中に起こすコピーミスである。もう少しウイルス学的にいうと、ウイルスゲノムを複製するときに間違った塩基を取り込んでしまうことである。このように変異はウイルスにとって必ずしもポジティブなイメージではない。むしろ、変異が入ることによりウイルスの蛋白質が機能しなくなるケースや、弱毒化するケースは多いと考えられる。強毒化するケースはおそらく稀であろう。ウイルスでも哺乳類でも複製中のコピーミスはある一定の確率で発生する。そこで、コピーミスを修復する酵素（修復酵素）が必要になる。一般にDNAウイルスは修復酵素を持っているが、RNAウイルスは修復酵素を持っていない。その主な理由は、ゲノムが長ければ長いほどコピーミスが起こりやすいので、ゲノムが長いDNAウイルスは修復酵素を持っているのである。一方、RNAウイルスは10000塩基以下のゲノムであることが多い。これくらいの長さは変異が入りにくいので修復酵素を持つ必要はない。むしろ、ウイルスにとっては少し変異が入ることにより免疫から逃れるウイルスがたまに出現するので都合良いといえる。コロナウイルスのゲノムの長さは上記のＲＮＡウイルスの約3倍である。この長さは短いゲノムを持つＤＮＡウイルスに匹敵している。それゆえ、コロナウイルスは修復酵素を持つに至ったのである。

コロナウイルスが修復酵素を持つなら変異しないはずである。ところが、一般のＲＮＡウイルスよりも変異率は低いが変異は起こるのである。ここでは修復酵素の機能がやや低いと理解しておいていただきたい。新型コロナウイルスは2週間に1度くらいの割合で変異が起こるといわれている。感染者が多くなれば変異する機会は多くなることになる。新型コロナウイルス感染症を終息させるにはどうしたら良いかと聞かれることが多いが、感染者数が少ないときに、すなわち変異が起こる前に患者の徹底隔離とワクチン接種で感染拡大を防止するのが最良の方法であろう。

次々と出現する変異株

２０２1年4月までに新型コロナウイルスは大きく3段階の変異を遂げている（図2）。1段階目は武漢型から欧州型への変異である。2段階目は欧州型から英国型への変異である。そして、3段階目は欧州型もしくは英国型からブラジル型や南アフリカ型、インド型などへの変異である。本稿では変異型を２０２1年4月時点の表記にしている。

まず、1段階目の変異で何が起こったのかを見てみよう。２０２０年の夏ごろ、欧州型の出現が話題になった。これは別名Ｄ６１４Ｇ変異といわれている。新型コロナウイルスのスパイク蛋白質の６１４番目のアミノ酸がＤ（アスパラギン酸）からＧ（グリシン）に変異したという意味である。欧州型新型コロナウイルスの

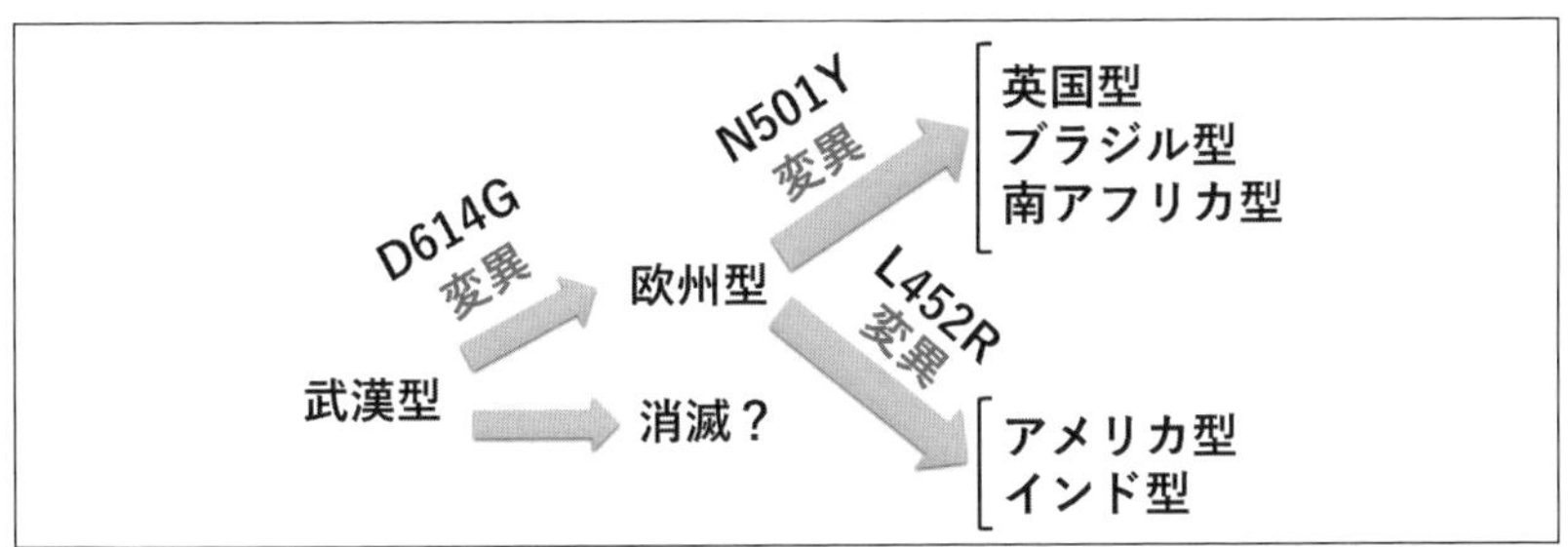
D614G 変異
N501Y 変異
L452R 変異
武漢型
欧州型
消滅？
英国型
ブラジル型
南アフリカ型
アメリカ型
インド型

◉ 図2

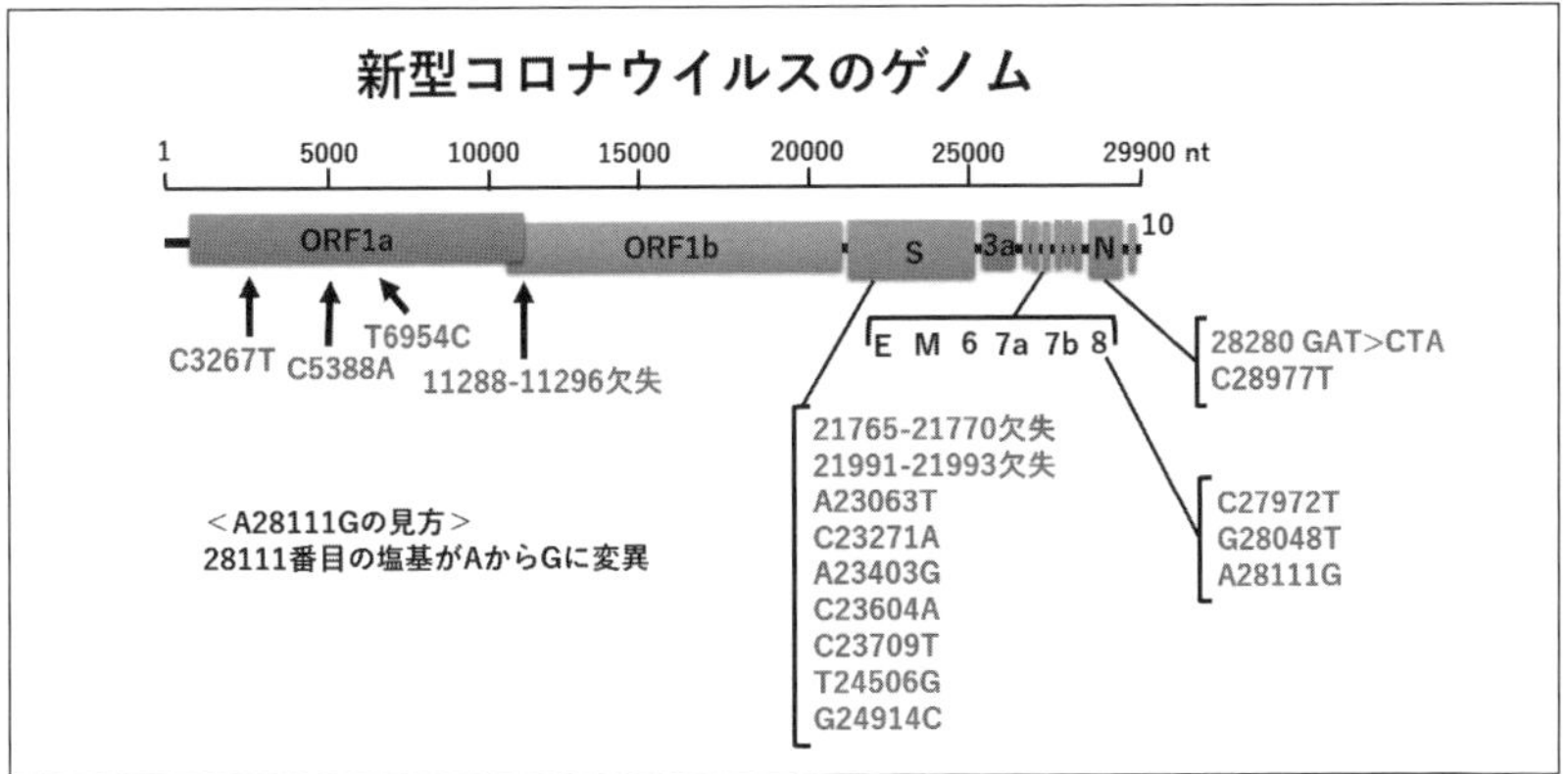
新型コロナウイルスのゲノム
1
5000
10000
15000
20000
25000
29900 nt
ORF1a
ORF1b
S
3a
N
10
E M 6 7a 7b 8
C3267T
C5388A
T6954C
11288-11296欠失
28280 GAT>CTA
C28977T
21765-21770欠失
21991-21993欠失
A23063T
C23271A
A23403G
C23604A
C23709T
T24506G
G24914C
C27972T
G28048T
A28111G
<A28111Gの見方>
28111番目の塩基がAからGに変異

◉ 図3

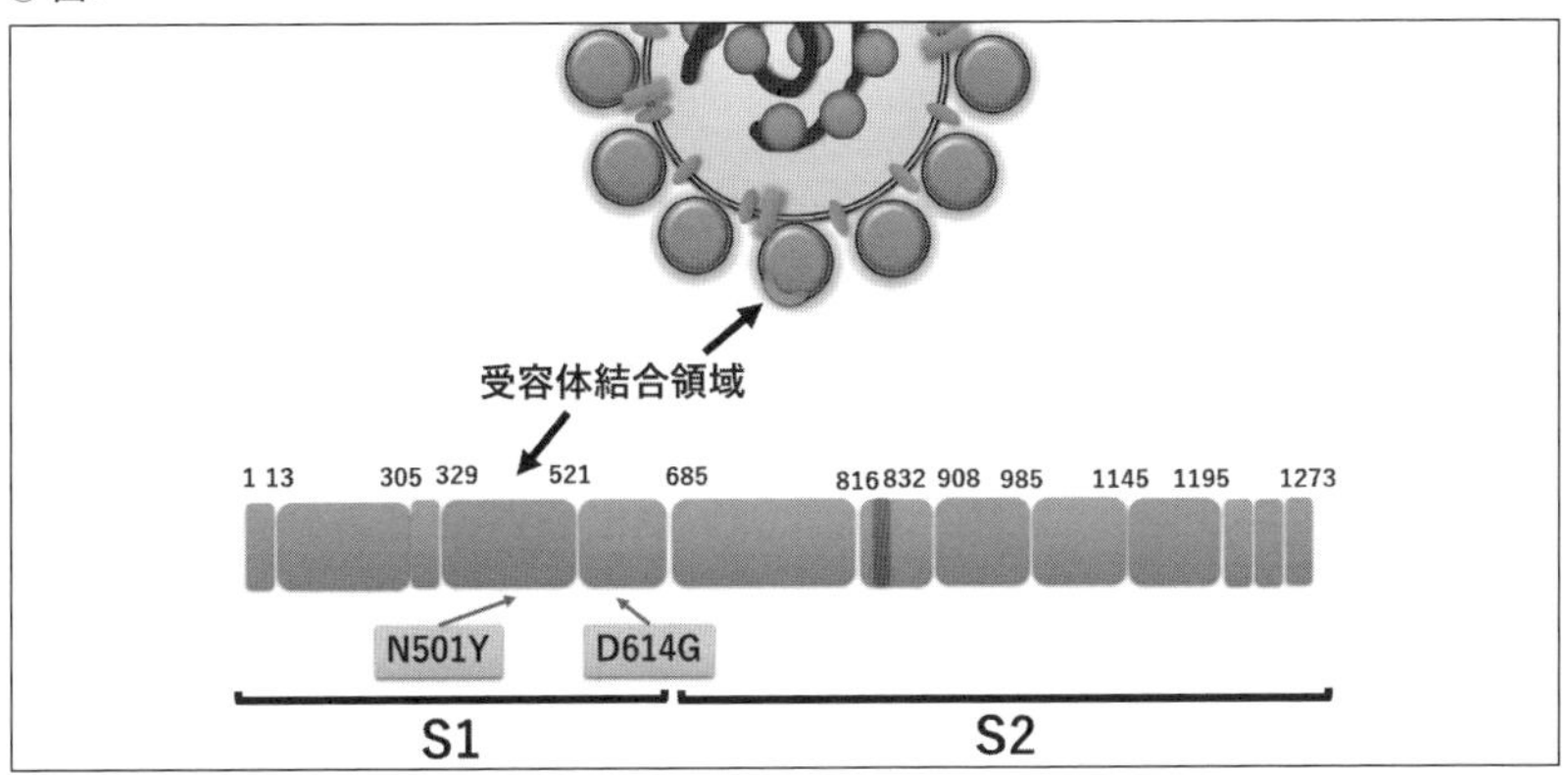
受容体結合領域
1 13
305 329
521
685
816 832 908 985
1145 1195
1273
N501Y
D614G
S1
S2

◉ 図4

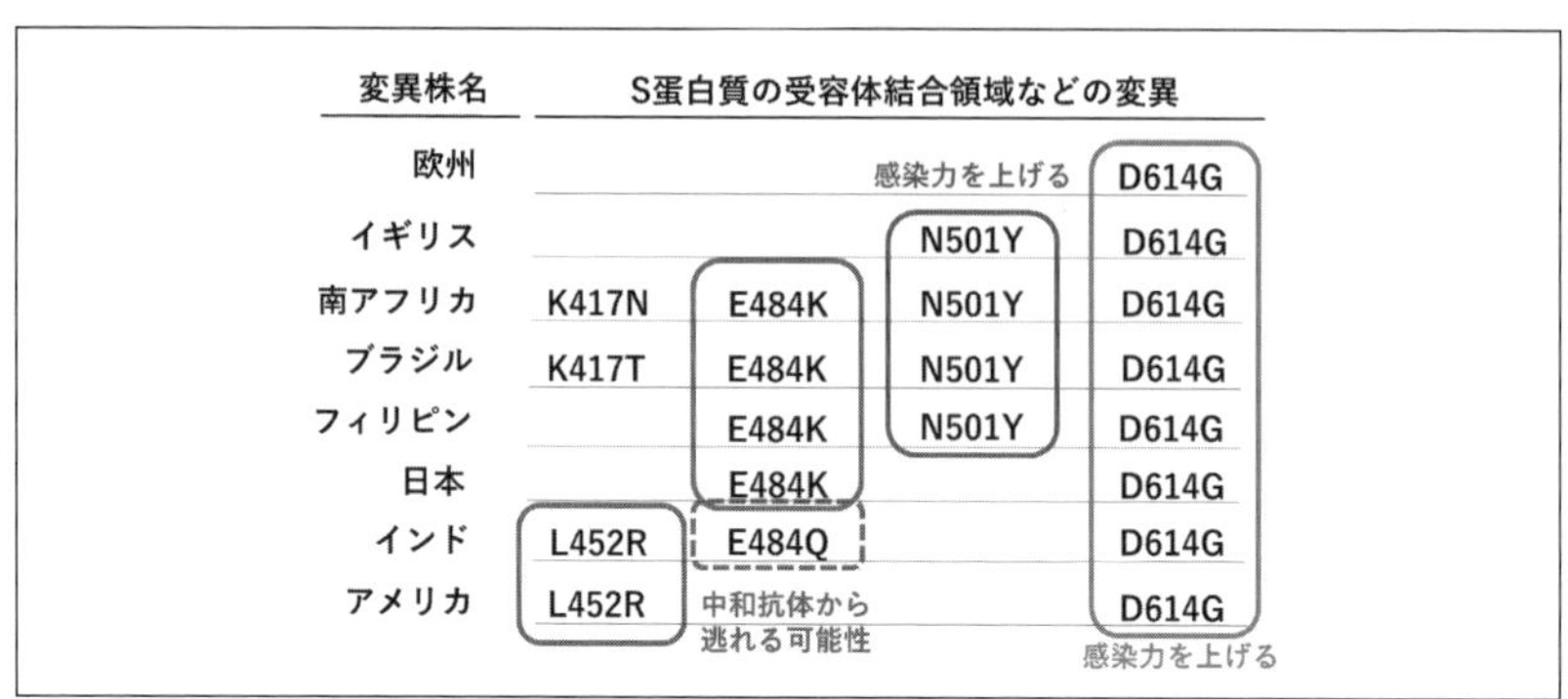

変異株名	S蛋白質の受容体結合領域などの変異			
欧州				D614G
イギリス			N501Y	D614G
南アフリカ	K417N	E484K	N501Y	D614G
ブラジル	K417T	E484K	N501Y	D614G
フィリピン		E484K	N501Y	D614G
日本		E484K		D614G
インド	L452R	E484Q		D614G
アメリカ	L452R			D614G

◉ 表2

ゲノムの他の部位でも変異は起こっているのだが、ウイルスにとってもヒトにとっても重要なのは、Ｄ６１４Ｇ変異だけであった。Ｄ６１４Ｇ変異が起こったスパイク蛋白質は新型コロナウイルス粒子の表面に出ている突起である（図１）。しかもスパイク蛋白質内の受容体結合領域というところで、細胞表面の受容体と結合することが感染の第１歩である。ここからは少しややこしい話になるが、Ｄ６１４Ｇ変異は受容体結合領域以外の位置で起こっている（図３・４）。しかし、この変異は受容体結合領域にも影響を与えているのである。具体的にはＤ６１４Ｇ変異が起こると受容体結合領域が持ち上がり、受容体に結合しやすくなるという論文が報告されている。

２０２０年末から日本にも侵入を始めた英国型変異は欧州型が変異したものである（図３・４）。したがって、英国変異株はＤ６１４Ｇ変異を持っている。英国変異株ではこれにＮ５０１Ｙ変異が加わった。この変異も感染力を上げる変異であるが、Ｄ６１４Ｇと異なる点は受容体結合領域内に起こった変異であることだ。英国の変異株は感染力が強くなるといわれている。感染力が強くなれば感染者数が増える。感染者数が増えると重症患者や死亡者が増えることには注意しておきたい。ブラジルや南アフリカ変異株ではＤ６１４ＧとＮ５０１Ｙに加えてＥ４８４Ｋという変異が入っている（表２）。Ｅ４８４Ｋも受容体結合領域内にあり中和抗体（下記で説明）から逃避できる可能性が示唆されている。

ｍＲＮＡとアデノウイルスワクチン

変異株が出現するとワクチンのことが心配になる。現行ワクチンは変異前のウイルスの遺伝子情報を元に作製されているからである。現在のワクチンはどのような種類があるかを説明する。新型コロナウイルスが出現する以前のウイルス用ワクチンは、弱毒生ワクチンか不活化ワクチンであった。ユニットワクチンというウイルス蛋白質の一部を使うワクチンもあるが不活化ワクチンに分類しておく。ところが、新型コロナウイルス感染症に対するワクチンでは、ｍＲＮＡワクチンやアデノウイルスベクターワクチンというこれまでとは別の種類のワクチンが開発され接種されている。予め断っておくが、どちらのワクチンも新型コロナウイルスが出現してから考えられたものではなく、長い年月を費やして研究されてきたワクチンである。この点が一般の方々には誤解されているようで、急に考えられたワクチンは信用できないという世論を形成してしまっているのかもしれない。ｍＲＮＡワクチンはモデルナ社などがいくつかのウイルスなどで治験を行っており、アデノウイルスベクターワクチンはエボラ出血熱に対するワクチンとして承認されている。ワクチンは被接種者の細胞内でウイルス蛋白質の一部を作らせる。私たちの体はウイルス蛋白質を異物として認識し抗体を産生する。したがってワクチン接種は、感染を安全に経験することにほかならない。産生される抗体は大きく分けて2種類ある。中和抗体と中和抗体ではない抗体である。中和抗体とはウイルス感染を防御できる抗体である。中和抗体は主に細胞側の受容体とそれに結合するウイルス側の蛋白質に割って入ることで、感染をくいとめる。具体的には新型コロナウイルスのスパイク蛋白質の受容体結合領域に結合する抗体である。この部分を細胞内で発現させるのである。ｍＲＮＡワクチンは受容体結合領域をコードしているｍＲＮＡをリボソームなどに包んで細胞に取り込まれやすくする工夫がされている。アデノウイルスベクターワクチンはアデノウイルス粒子の中にあるアデノウイルスゲノムの中に受容体結合領域をコードする遺伝子が組み込まれている。私たちは夏風邪（プール熱）などいくつかのアデノウイルスに感染しているので、ウイルスベクターを作製する場合にはできるだけ流行していない株を選ぶことになる。上述のモデルナ社やファイザー社はｍＲＮＡワクチン、アストラゼネカ社などはアデノウイルスベクターワクチンを作製している。

ワクチンは本当に安全なのか

２０１９年の12月からこの稿を執筆している4月中下旬までの新型コロナウイルスに関する話題は、もっぱら変異とワクチンである。多くの人が変異に対しては恐怖を感じ、ワクチンに関してはこれまでとは違うワクチンに対して、猜疑心を持っているといったところであろうか。そもそもほとんどの人はこれまでの人生において、変異やワクチンに関してこれほど対峙してきたことはなかったと考えられる。たとえば、市民公開講座で新型コロナウイルスに関する講演を行うと、ｍＲＮＡワクチンは細胞の核内に取り込まれ染色体に挿入されると聞いたが本当か、という質問を受けることがある。つまり、ウイルスの遺伝子が人の遺伝子の中まで潜り込めるのかという質問である。これに対しては大学で生物学を習った人なら容易に答えることができる。少し難しい話になるが、ｍＲＮＡは核から細胞質への一方向にしか進めないのだ。私たちの体は絶えず様々なｍＲＮＡを核内で作っている。ｍＲＮＡは核膜孔を通って細胞質の小胞体という器官にあるリボソームに到達する。リボソームではｍＲＮＡがスキャンされて蛋白質に変換されるのだ。なぜ、核から細胞質への一方向にしか進まないのか、ｍＲＮＡはリボソームでスキャンされると分解される運命にある。だから、核へは戻れないのだ。新型コロナウイルスのｍＲＮＡワクチンを接種すると、ｍＲＮＡは細胞質の中に放たれ、リボソームに到達して蛋白質に翻訳される。そして、分解される運命にある。だから、核内へは侵入することもなければ染色体に取り込まれることもない。もっと冷静な考え方もある。上述のように、mRNAワクチンからは新型コロナウイルスのスパイク蛋白質内の受容体結合領域が作られる。つまり、mRNAワクチンは新型コロナウイルスの一部なのである。新型コロナウイルスに感染した人の細胞では、mRNAワクチンよりもはるかに大量の新型コロナウイルスのmRNAが作られている。もしmRNAワクチンが染色体に取り込まれるなら、新型コロナウイルスに感染した人の細胞内にも取り込まれているはずだ。しかし、そのような事実はない。もしかすると、mRNAには特殊な仕掛けがしてあるという人もいるかもしれない。いわば市販されているワクチンがどのようなものなのかは、普通に分子生物学の研究を行っている研究室ならその成分を数日で明らかにできてしまう。このようなことから、mRNAワクチンには抗体を産生させるような仕掛けはあるが、悪質な仕掛けは施されていないことは明らかである。ワクチンは健康な人が予防のために接種されるので、副反応の出現には十分な注意が必要である。今回の新型コロナウイルスのワクチンは開発から接種まで短期間であったことから不安が大きいのは仕方がない。それを判断するためには、上記のように科学的に考えることが重要である。もしくは、世界のワクチン接種回数は2021年4月時点で約9億回であり、問題とされる副反応についてはジョンソンエンドジョンソン社のワクチンのように一時的に接種が中止になって議論するシステムがあることを思い出してほしい。それでもワクチンを接種しないという選択肢を選ぶことを否定するものではない。

PCR陽性者は感染者なのか

各国の感染状況やワクチン接種状況について見ていくが、その前に感染者の定義をしておきたい。PCR陽性者を感染者として良いかについては議論がある。たとえば、ある人の鼻腔内に新型コロナウイルスが付着していた場合に、検査で鼻腔拭い液を採取してPCR検査を実施すると陽性になってしまうのである。このケースを陽性者としてカウントして良いかという質問を受けることがある。このようにウイルスが偶然に付着してしまうケースがどれほどあるのかわからないが、かなり少数であることは間違いない。また、このケースを付着であり感染ではないと証明するためには、少なくとも1週間後に抗体検査をする必要がある。抗体検査陽性ならば感染が成立していることを示し、陰性ならば感染していないことになる。今はどの国でもPCR陽性者に対して抗体検査を実施する余裕はないであろう。また、PCR検査陽性後から抗体検査の結果までその人は隔離されるべきかしないでもよいのか、議論が分かれるところであろう。このように、PCR検査を実施した時点で感染しているか否かを厳密に判定するためには、その後の抗体検査もセットで行う必要がある。もしくは、PCR検査から数日後に2回目のPCR検査で確定する方法もあるが、2回の採材ともウイルスが付着している可能性を排除できない。現時点で感染者をここまで厳密に定義する必要はない。それゆえ、私はPCR陽性者=感染者というカウントで良いと考えている。

ワクチン優等生国のイスラエル

イスラエルはワクチン接種が最も進んでいる国である。英国では2020年12月8日に接種を開始し、2021年4月19日現在3200万人以上の国民がワクチンを1回以上接種している。しかし、2回のワクチン接種を完了したのは約940万人であり国民の14％になっている。一方、イスラエルは2020年12月19日からワクチン接種が開始され、ワクチン接種が完了した人は国民の約57％になっている。国民の約6割が抗体を持つと集団免疫の最低ラインをクリアしたことになる。イスラエルがこのように最速でワクチン接種を実施できる理由は、全国民が医療保険機構に加入することが義務付けられており保険会社がワクチン業務を執り行っているからである。また、イスラエルではITを取り入れたデジタルヘルスを実施しているので医療に関する個人情報が管理されておりスムーズなワクチン接種が可能になっていることも要因であろう。イスラエルは2020年9月下旬に第1波に襲われ（9月30日にピーク：9078人）、2021年1月中下旬に第2波を経験している（1月27日にピーク：11934人）。そして、2021年4月になると感染者は数百人（4月15日は312人）におさまっている。このような状況下でイスラエル政府は4月18日に国民に義務付けていた屋外でのマスク着用義務を1年ぶりに解除した。このようにイスラエルではワクチン接種開始後約4か月で効果が現れてきた可能性がある。しかし、海外からの入国による変異株の流入を抑えるために、入国制限は続いている。

この原稿を執筆している時点（4月）における本当のワクチン接種率1位（1回接種）の国はブータンである。ブータンでは2021年3月27日から1週間集中的にワクチン接種を実施して国民の約62％が1回の接種を受けたことになった。ブータンの人口は約77万人、1日の感染者数は約10人であり、ここまでの総感染者数は1000人以下である。また、1人の死者を出している。ブータンのような小国はワクチンによる感染症の制御モデルになるので注目していきたい。

ワクチン模範国の英国

上記のように英国は世界で最も早くワクチン接種を開始した国である。2021年4月19日現在、ワクチン接種回数は約4200万回、ワクチン接種が完了した人は約940万人にのぼる。英国では2021年1月上旬から感染者が減少し始めている（ピークは1月8日：68053人）。このように1日あたり数万人の感染者を出していたが、2021年4月上旬には2000人から3000人の感染者に抑え込んでいる。感染者数は決して少ないとはいえないが、死亡リスクの高い80歳以上の高齢者の半数以上が2回の接種を完了している（2021年4月）。このようにワクチン接種による高齢者の死亡リスクを減らすことにより、全体の致死率は激減すると考えられる。英国家統計局の2021年3月下旬の発表によれば、国民の半数以上が抗体を保有しているという。これに伴い徐々に行動制限の緩和が行われている。

感染者数の多いアメリカの場合

アメリカは2020年3月中旬に初めての感染者を出し、4月から今日に至るまで毎日数万人の感染者が報告されている。最近の感染者のピークは2021年1月2日に約30万人が報告され、その後徐々に減少している。しかし、2月中旬に感染者数は下げ止まり、4月中旬まで毎日4万人から7万人もの感染者が出ている。2021年4月19日現在、世界の総感染者数は約1億4千万人であり、アメリカは約3千万人である。世界の感染者の約20％に及んでいる。また、世界の死亡者が約300万人に対して、アメリカは約57万人の死亡者を出している。死者数も世界の約20％を占めているのである。アメリカは新型コロナウイルスが流行する直前の冬季にインフルエンザの大流行が起こっており、おそらく2千万人が感染し約1万人が死亡している。この数を見ると改めて新型コロナウイルスの致死率が高いことがわかる（約2％）。アメリカではワクチン接種が急ピッチで進められている。接種回数は世界で最も多く、2021年4月19日現在2億回を突破した。ワクチン接種が完了した人数も8千万人以上になっている。ワクチン接種が完了した人の割合は約25％で、国民の4分の1にのぼっている。

要注意のインド

インドは2021年3月下旬から感染者数が急増し、4月中旬の新たな感染者数は25万人を超えている。インドは2020年9月中旬をピークとした第1波を迎え（1日あたりの感染者数約8万人）、その後感染者数は減少していった。2月下旬には1日あたりの感染者数が約1万数千人になったが、再び急増した。インドからも変異株が出現している。スパイク蛋白質の受容体結合領域内でE484QとL452Rという2つの変異が特徴的である（表2）。E484Qはブラジルや南アフリカ変異株で見られたE484Kと同様に中和抗体から逃れる可能性がある。今はE484Kと同じような変異であると考えておいた方が良い。一方、L452Rはアメリカのカリフォルニア変異株でも見られる。これも中和抗体から逃れる可能性を持つ変異である。スパイク蛋白質の受容体結合領域内で2つの変異が起こっていることから「二重変異」と呼ばれている。しかし、これは科学的な用語ではないことを付け加えておく。4月下旬には日本にもインドの変異株が侵入していることが明らかになった。さらに、4月下旬にはE484QとL452Rに加えてV382Lの変異を持つウイルスが発見され、「三重変異」と呼ばれている。しかし、このV382Lの変異が病原性などにどのような影響を持つのかはわかっていない。

ブラジルと変異株

ブラジルは感染者数が減少しない国である。感染者の大きな波が形成されず、2020年6月あたりから1日数万人の感染者を出している。アマゾナス州のマナウス市では2020年秋に新型コロナウイルスに対する抗体陽性者が70%を突破したと伝えられた。これは自然感染による集団免疫を獲得したことになる。そのために残念だが多くの死者を出してきたことも付け加えたい。集団免疫を獲得すると感染症は終息に向かう。このニュースは希望を持って伝えられたのだが、2020年末から感染者数が再び増加してきたのである。その原因はいくつか考えられている。第1に抗体検査の実施方法が甘かったのではないかという指摘がある。第2に変異株が出現し自然感染で獲得した抗体が効かなくなっているのではないかという懸念である。科学的根拠に乏しいかもしれないが、ブラジル型変異株は2020年11月にアマゾナス州で発生し、マナウスで急速に感染拡大したといわれている。しかも、マナウスでは2021年1月までに確認された感染者のうち73%が変異株だったといわれている。これは最悪のシナリオで、新型コロナウイルスのスパイク蛋白質内の受容体結合領域に起こった変異（E484K）は感染者が獲得した中和抗体から逃れる可能性を支持するデータになってしまう。このことはブラジル変異株よりも前のウイルス株で作製されたワクチンも効果が薄れる可能性を示唆している。ブラジル変異株は世界に拡大しているので、変異株に合わせて修正したワクチンを普及させていく必要がある。2021年4月にモデルナ社は変異ウイルスに対応したワクチンを年内に供給できるとの見通しを発表した。モデルナ社のmRNAワクチンは28日間隔で2回の接種を行うが、2度目の接種から6か月後に3度目の変異株対応ワクチンを接種することで予防効果が得られるかについて治験を行っている。

感染者を抑え込んだ中国

新型コロナウイルスが発生した中国では、2020年2月上旬から中旬にかけて感染者のピークを迎え、3月上旬にはほぼゼロになっている。その後、2020年4月中旬と2021年1月中下旬に感染者は出たが100人から400人程度に収めることができている。2021年4月19日現在、中国のワクチン接種回数は1億8千万人を超えている。中国はシノバック社など数社が自国のワクチンを開発・製造してチリなどに輸出している。ここでは2019年12月から感染者が集中した中国湖北省武漢市の華南海鮮卸売市場のその後をお知らせしたい。この市場は2020年1月1日から閉鎖されていた。中国疾病予防管理センターはこの市場から585サンプルを採集し33サンプルから新型コロナウイルスを検出している。市場の名称から魚介類を扱っているような印象を受けるが、コウモリ、タケネズミ、アナグマなどの野生動物が売られていた。その後、この市場は再開のめどがたたないまま、2021年1月下旬から2月上旬にかけてWHOの国際調査団の現地調査を受けた。しかし、新型コロナウイルスの発生源の特定はできなかった。そして、2021年4月上旬になると市場を取り壊す計画があるという報道があった。

新興感染症とイノベーション

世界的に蔓延するほどの新興感染症はイノベーションを起こすことがある。新型コロナウイルスの発生においても様々な場面でイノベーションが起こっている。2020年の春ごろから新型コロナウイルスの感染防止のためにテレワーク（リモートワーク、在宅勤務）を導入する会社が急増した。そのために会社組織の在り方が見直され、ZOOMなどのクラウドコンピューティングを使用するWeb会議システムが発達した。わずか半年くらいの間に働き方改革が実現してしまったのだ。科学の面でもイノベーションは起こっている。2020年前半は新型コロナウイルスの検査数が足りないといわれていた。このような問題を解決するために、迅速な検査法、多検体を処理できる検査法、全自動の検査法などが次々と開発されている。これまで述べてきたようにワクチンはこれまでの弱毒生ワクチンや不活化ワクチンからmRNAワクチンやアデノウイルスベクターワクチンが世に出ることになった。これらのワクチン自体が新しいのだが、いくつかの課題もある。たとえば、限られた施設でしか製造できないこと、高価であることなどが挙げられる。そして早くもこのような課題を解決するための新しいワクチンが開発されつつある。テキサス大学などが開発したNDV-HXP-Sというワクチンは鶏卵を使うので、安価に大量生産できることが期待されている。NDV（Newcastle disease virus：ニューキャッスル病ウイルス）を使ったウイルスベクターである。2021年4月の時点でタイなど4か国において臨床試験が始まっている。新型コロナウイルスのワクチンは短時間で多くの人を対象に接種しなければならないし、集団接種のための場所も必要である。接種する医師や看護師の数も確保しなければならない。この課題を克服するために、貼るタイプのワクチン（マイクロニードルパッチ）や鼻に噴霧するワクチンや飲むワクチンなどが開発されている。これらの技術が実用化されるとアフターコロナにおいてもワクチン事情が大幅に変わることになるかもしれない。注意しておきたいことは、これらの技術の多くは新型コロナウイルスが発生してから考案されたのではないことである。世界中には様々な研究者が多様な研究をしており、その結果数多くの技術が蓄積されている。研究者たちが新型コロナウイルスを克服するためにその技術を投入しているのである。その意味でも、基礎的研究の重要性が再認識され、今後もそこに研究費が投入されることを望んでいる。

微生物でしあわせになる

人類をしあわせにするような感染症は存在しない。感染症とは微生物（ウイルス、細菌、カビ）が人に感染することにより、その健康を損なう疾患のことである。一方、人類を幸せにする微生物は存在している。たとえば、腸内細菌である。適切な腸内細菌が腸管内に棲息することにより、食物の消化や栄養分の吸収が適切に行われる。また、腸内細菌は直接的、間接的に腸以外の臓器の健康維持にも貢献している。その他にも発酵食品に使われている微生物は人の役に立っているといえる。新型コロナウイルスはどうであろうか。もちろん、新型コロナウイルスは人を幸せにするような感染症ではない。しかし、ここまで述べてきたように世界に影響を及ぼすような感染症はイノベーションを起こす。このことは長い目で見れば人類にとって大きな進歩となることであろう。世界規模で感染拡大する感染症は今後も出現してくると断言できるので、その時にも新型コロナウイルスで開発された技術は十分に生かされるのである。

未来疫学とは何か

上述のように2002年のSARSから2012年のMERSまで10年、さらに7年後の2019年に新型コロナウイルスが出現した。このように新興コロナウイルス感染症の出現期間は短くなってきている。たとえ新しいコロナウイルスが出現しなくても、鳥インフルエンザウイルスなど様々な感染症が次々と私たちの生活を脅かしている。数年後に新型コロナウイルス感染症が終息すると、多くの人は日常で感染症を意識しなくなる。しかし、次の新興感染症は出現すると断言できる。そしてこれまでと同じ対応ならば、また新しい感染症は世界をかけめぐって数多くの犠牲者を出してしまうはずである。新しい感染症は検査法、治療法、ワクチンが開発されていないために対応が後手に回ってしまう。一方、感染症は気が付いたときにはすでに感染が拡大していると考えておいた方が良い。新型コロナウイルス感染症の場合にも各国への侵入は公式発表よりも少なくとも1か月前には始まっていたと考えられている。それでは新興感染症に対して我々ができることは何であろうか。後手の防疫を反省して、先回り防疫をすることである。そのために、未来に出現してくる感染症を予測しておき、その対応をあらかじめ講じておく必要がある。そこで、著者の所属する東京農工大学農学部附属国際家畜感染症防疫研究教育センターは2021年4月1日から感染症未来疫学研究センターに改組・改称し、未来に出現する感染症に焦点を当てるセンターに生まれ変わった。

おわりに

新型コロナウイルスは様々な造語を生み出した。コロナ禍、ウィズコロナ、アフターコロナなどである。世界中の人がコロナのことを考えない日はないといっても過言ではないかもしれない。コロナに対する政策の失敗は政権を揺るがすことになる。ロックダウンや緊急事態宣言は適切であったのかを問われることになる。そんな中でも人類はイノベーションを起こし収束に向けての努力を怠っていない。新型コロナウイルスが蔓延することは決してしあわせなことではない。今、私たちにできることは、次に出現する感染症では同じ轍を踏まないために新型コロナウイルスから学ぶことである。感染症が出現してもしあわせを維持できる社会を創っていきたい。

［第2章］

医薬品の開発と承認審査

感染症領域を中心に

永井尚美
武蔵野大学薬学部薬学科

Nagai Naomi

武蔵野大学薬学部、教授。医薬品評価科学、臨床薬理学、薬物動態学。

おもな著書として「医薬品評価概説」(共著、東京化学同人)、「臨床薬学テキストシリーズ：薬学倫理・医薬品開発・臨床研究・医療統計学」(共著、中山書店)などがある。

1.――はじめに

新型コロナウイルス感染症に対するワクチン接種が世界的規模で進められている。一方、強力な感染力を有する変異株が登場している。医療体制への影響が取り除かれ、生活における様々な制限が解除され、感染症が終息したと宣言できるには、まだ時間が必要である。しかしながら、現在までに診断、治療、予防のための複数の手段が実用化され、感染症終息に向けた新たなステージに入ったことが感じられる。今般の新型コロナウイルス感染症を考えてみても、医薬品の恩恵と医療現場での迅速な使用推進の意義は大きい。では、特定の医薬品が医療の現場で使用できるようになるためには、どのようなプロセスが必要で、どのような規制の枠組みがあるのか、また、今回のような緊急時には、医薬品に関わる規制の中でどのような対応を取り得るのか、私たちができることは何かといった点について、感染症領域を中心に述べる。

2.――医薬品とは?

医薬品は、「物質」プラス「情報」と言うことができる。「物質」は、化学的に合成した、あるいは生物に由来する生命関連物質である。医薬品の候補として見出された「物資」に対して、必要な手続きを経て、様々な検討が行われ「情報」が収集される。このようにして得られた「情報」が「物質」に付加され、科学、医学、薬学、生物統計学等の学問領域、また規制といった観点から客観的な評価が行われた後、国が認可して医療現場に登場することになる。このプロセスが医薬品開発、審査と承認であり、「医薬品、医療機器等の品質、有効性及び安全性の確保等に関する法律」(略称:「医薬品医療機器等法」又は「薬機法」、旧「薬事法」)は、このプロセスに関わる最も重要な位置付けの法規制と言うことができる。この法律による規制の対象は、医薬品、医薬部外品、化粧品、医療機器及び再生医療等製品、並びに指定薬物（従来、違法又は脱法ドラッグと呼ばれ、現在は危険ドラッグと呼ぶ物質のうち、医薬品医療機器等法で指定する薬物）である。これら規制対象に対して、①品質、有効性及び安全性の確保並びにこれらの使用による保健衛生上の危害の発生及び拡大の防止のために必要な規制、②指定薬物の規制に関する措置、③医療上特にその必要性が高い医薬品、医療機器及び再生医療等製品の研究開発の促進のために必要な措置を講ずることにより、保健衛生の向上を図ることが医薬品医療機器等法の目的である。

医薬品医療機器等法による医薬品は、①日本薬局方に収められている物、②人又は動物の疾病の診断、治療又は予防に使用されることが目的とされている物、③人又は動物の身体の構造又は機能に影響を及ぼすことが目的とされている物であり、②が私たちが一般的に「医薬品」と認識している物でワクチンや治療薬が含まれる。日本薬局方とは、性状や品質の基準を記した公定書であり、生体に対する作用や医薬品としての薬理作用を期待しない添加物等も収載される。「日本薬局方」が付されたデンプンや（精製）水は、医薬品として、成分本質や各種試験法に関わる様々な情報が必要となる。日本薬局方デンプン以外のデンプン、特定の地域や大学ブランドのペットボトル水は食品であり、規制も異なる。医薬品医療機器等法による「医薬品」に該当するかどうかは、物質の原材料（成分本質）、剤形や容器等の形状、表示された効能又は効果、用法及び用量、販売方法やその際の演述等を検討して判断される。このように、医薬品医療機器等法による医薬品とは、使用目的による概念であり、様々な要素の総合的な判断に基づくことが特徴である。

3.――医薬品のライフサイクル

新医薬品（新薬）の一般的なライフサイクルの概要を図1に示す。承認・発売を境に「創薬」と「育薬」

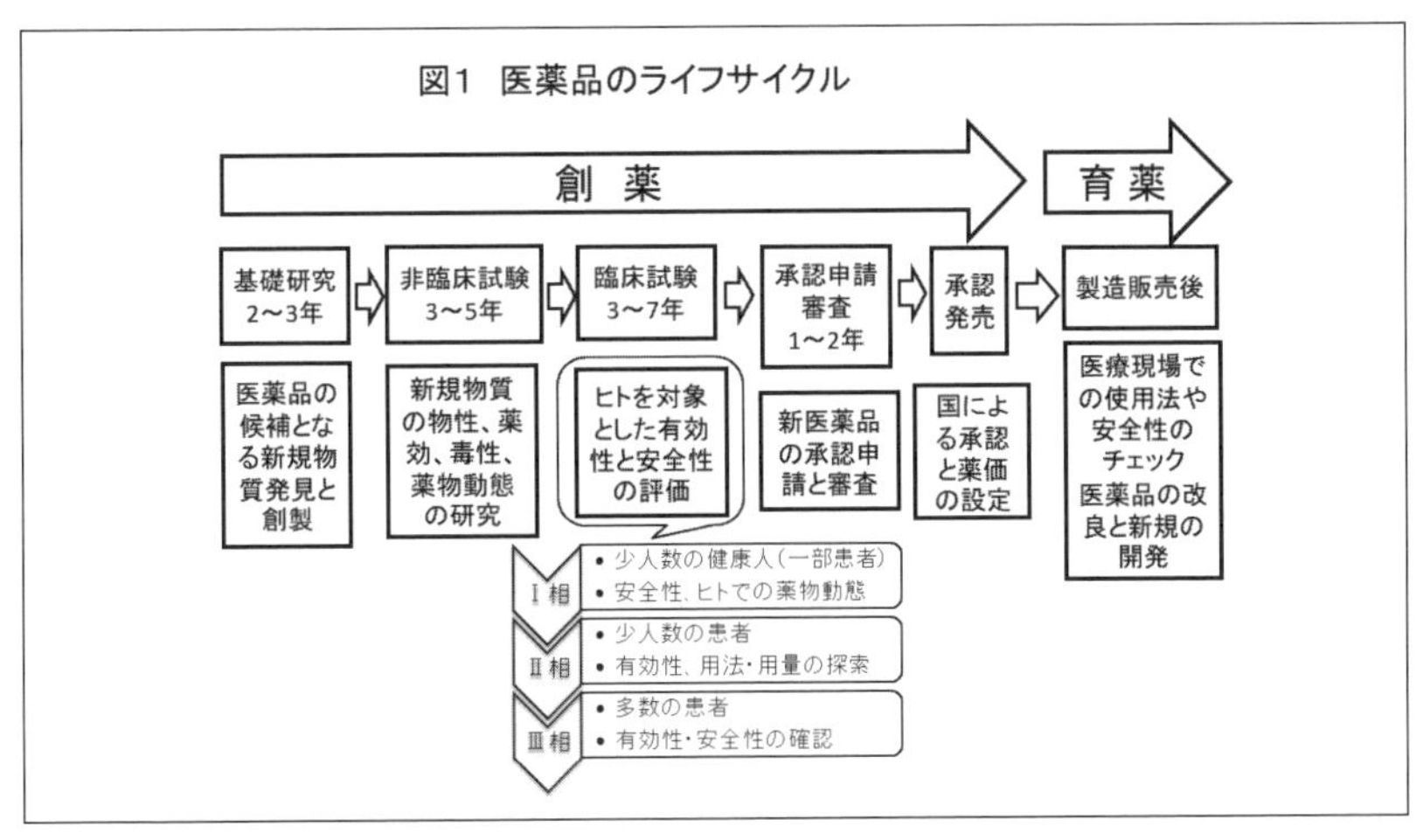

図1 医薬品のライフサイクル

の段階に大別される。「創薬」は、新規物質の発見と医薬候補品の創製、物質自体の物理的化学的な特性、動物や細胞を用いて薬理効果・毒性・生体内挙動（薬物動態）を検討する非臨床試験、ヒトに投与して有効性と安全性を確認する臨床試験、承認申請と国による審査及び承認までの段階である。新薬候補の発見から、医薬品として承認・発売され医療現場で用いられるようになるまでには、このように複数の段階を経て、通常、10～15年前後の長い年月と莫大な費用が必要である。非臨床試験までの段階において、新薬候補物質のヒトへの投与が可能か、可能な場合には、ヒトで期待される効果が得られるにはどれくらいの用量を投与する必要があるのか、また安全に投与するために必要な対応は何かといった情報を収集し、ヒトを対象とする初めての試験で用いる投与量を推定する。臨床試験の段階では、大きく3つの相に分けて医薬候補品のヒトにおける評価を行う。特に実際の医療現場を想定して多数の患者を対象に有効性と安全性を確認する第Ⅲ相が重要である。疾病の予防・治療方法、原因や病態解明、患者の生活の質の向上のために、様々な医学系の研究が行われるが、創薬段階で実施されるヒトを対象とした研究（臨床試験）は、医薬品医療機器等法第2条17項において定義され、「治験」と呼ばれる。

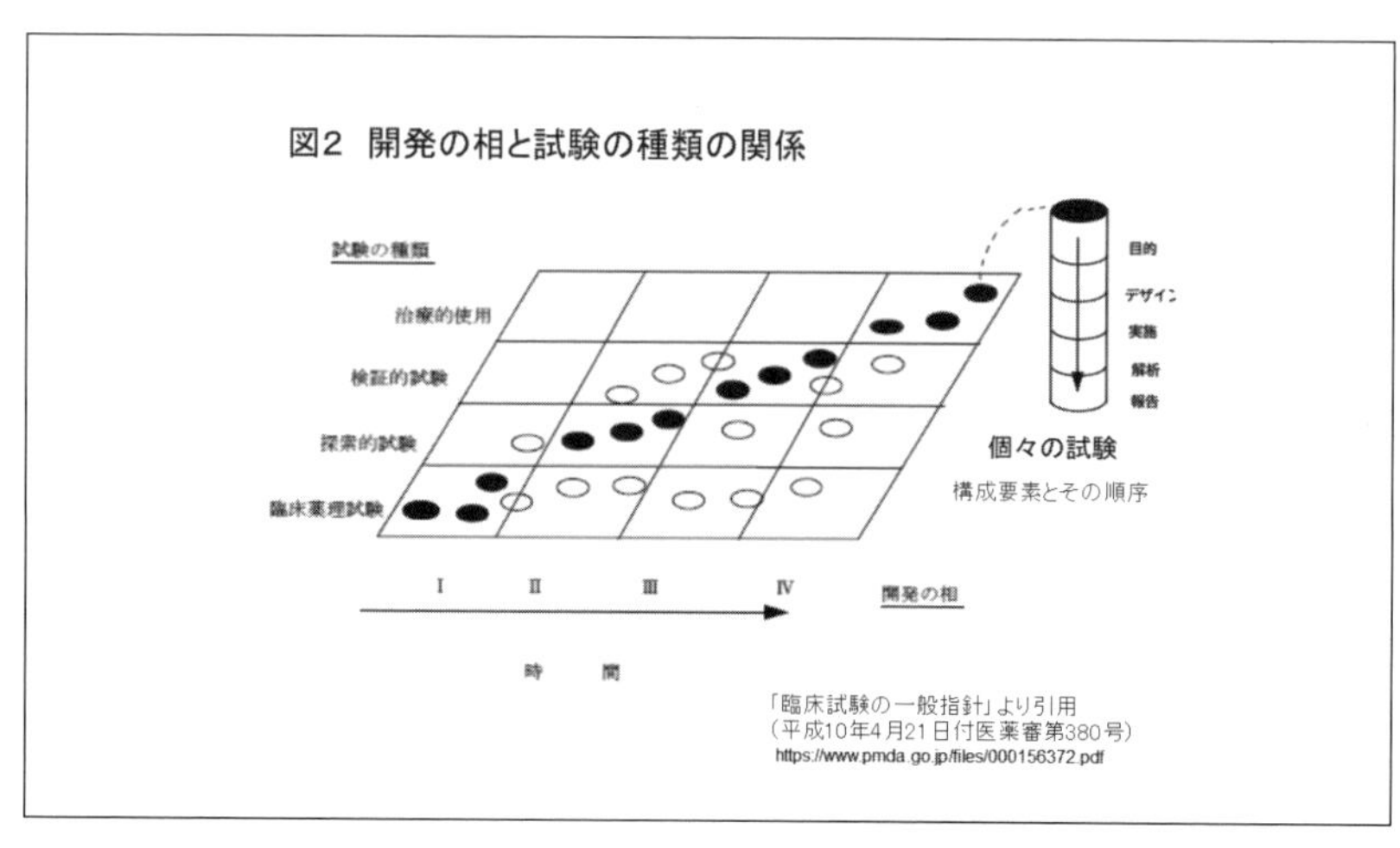

臨床試験を、開発の相と試験の種類で分類し、その関係を図2に示した。臨床開発の相は、時間軸に沿ってⅠからⅣまで4つの段階があり、Ⅲ相とⅣ相の間が審査と承認である。臨床試験の種類も4つに分類することができる。臨床薬理試験では、通常、新薬候補品の忍容性とヒトにおける薬物動態を検討する。探索的試験では、目標とする効能又は効果に対して有効性の手応えを確認して、医療現場での使用を前提とした有効性と安全性を検討するための最終段階の試験で用いる用法及び用量を推測する。検証的試験とは、医療現場での使用が想定される患者集団における有効性の証明と安全性プロフィールについて最終的な確認を行う試験であり、新薬候補品の承認に必要なベネフィットとリスクの判断根拠を得る最も重要な試験である。医薬品として承認された後の治療的使用では、医療現場での幅広い患者集団におけるベネフィットとリスクや用法及び用量に関わる情報、出現頻度の低い安全性の問題の検出、また他の治療法との医療経済学的な検討等が行われる。図2の中で、黒丸（●）は特定の開発の相で最も一般的に実施される試験を示し、一般的な医薬品開発では、時間軸に沿ってⅠ～Ⅲへと開発の相が進行するに従い、個々の試験は、臨床薬理試験、探索的試験、検証的試験との種類に対応して左下から右上に実施される。同じ

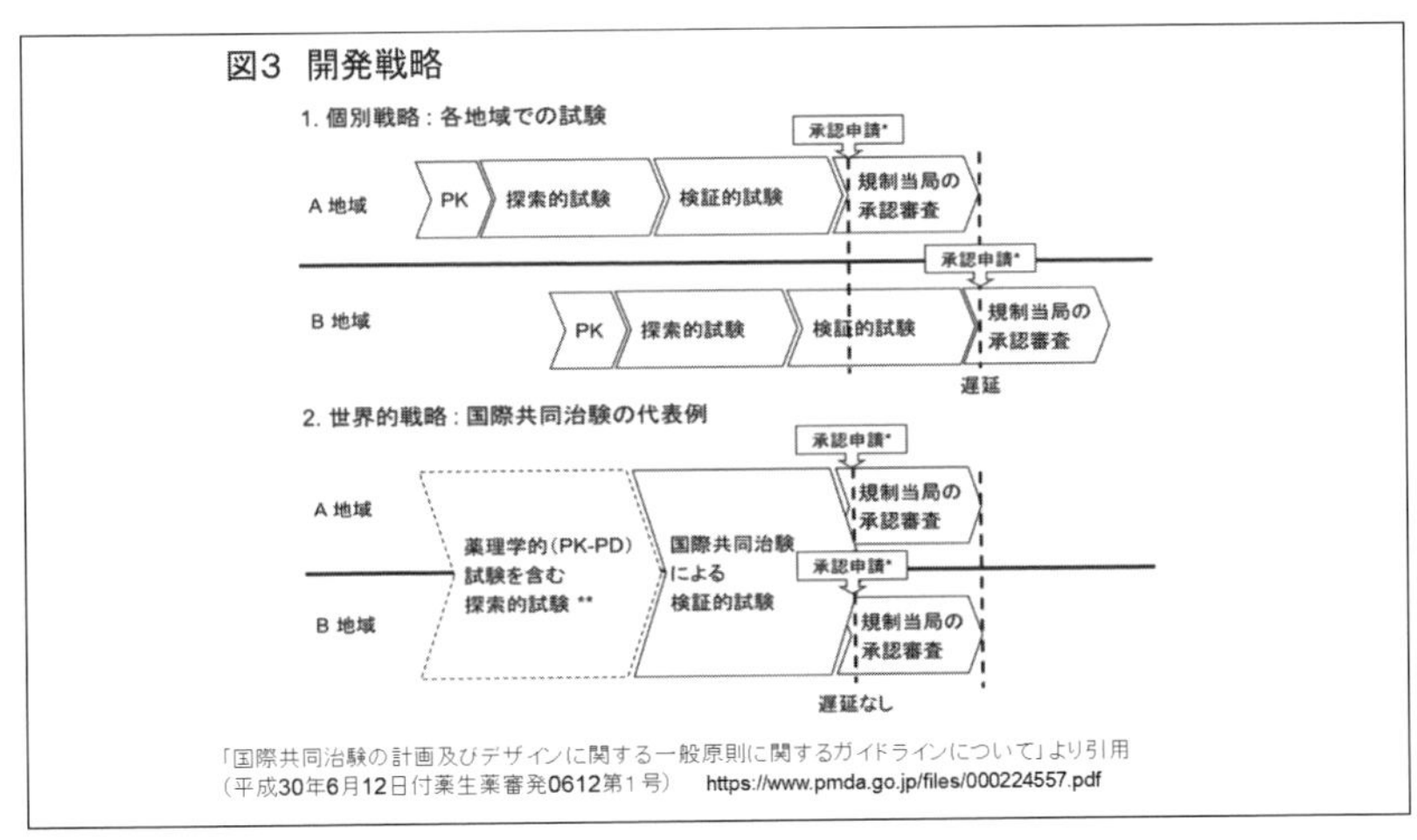

「国際共同治験の計画及びデザインに関する一般原則に関するガイドラインについて」より引用
（平成30年6月12日付薬生薬審発0612第１号）　https://www.pmda.go.jp/files/000224557.pdf

試験の種類は、同一の開発相で実施されることが多いが、白丸(○)で示すように、臨床開発が進んだ段階で改めて臨床薬理試験を実施する場合があったり、試験の種類や目的によってII/III相として実施されたり等、開発の相と試験の種類は、必ずしも1対1の関係とはならない。治療薬開発の場合、臨床薬理試験の対象は一般的に健康な人、探索的試験と検証的試験の対象は、目的とする適応を有する患者である。一方、ワクチン開発の場合、全ての開発の相・試験の種類において健康な人が対象となることから、臨床試験でのベネフィットとリスク評価において、治療薬の開発とは異なる視点が必要である。また、今般のようなパンデミックの場合では、承認後のIV相段階において、ワクチンの投与対象が短期間に急激に拡大され、一般的な治療薬の使用実態とは大きく異なる。このように、治療薬とワクチンは、いずれも医薬品医療機器等法では、人又は動物の疾病の診断、治療又は予防に使用されることが目的とされている物と定義されるが、臨床開発の進め方や承認後の使用、ベネフィットとリスクの評価において異なる点があることに留意する。

これまでの医薬品開発は、特定の国や地域の薬事規制を念頭に置いて、それぞれの国や地域で臨床試験を計画して実施する個別戦略により行われてきた。近年では、複数の国や地域の薬

表1　新型コロナウイルス感染症に対する医薬品

医薬品名[1]	効能及び効果	承認	開発相	開発戦略	無作為化/盲検化/比較対照
レムデシビル	**SARS-CoV-2**による感染症（肺炎を有する患者）	特例承認	Ⅲ Ⅲ（Ⅱ/Ⅲ） Ⅲ（Ⅱ/Ⅲ）	国際共同 国際共同[2] 国際共同[2]	無作為化/二重盲検/プラセボ対照 無作為化/非盲検/標準治療・用法用量違い 同上
カシリビマブ/イムデビマブ（遺伝子組換え）	**SARS-CoV-2**による感染症（肺炎を有する患者）		Ⅰ/Ⅱ/Ⅲ	海外[2]	無作為化/二重盲検/プラセボ対照
バリシチニブ	関節リウマチ アトピー性皮膚炎 **SARS-CoV-2**による肺炎	一変承認（優先）	Ⅲ	国際共同	無作為化/二重盲検/プラセボ対照
コミナティ筋注	**SARS-CoV-2**による感染症の予防	特例承認	Ⅰ/Ⅱ/Ⅲ	国際共同[2]	無作為化/単盲検/プラセボ対照
COVID-19ワクチンモデルナ筋注			Ⅲ Ⅱ/Ⅲ	海外[2]	無作為化/単盲検/プラセボ対照 無作為化/単盲検/プラセボ対照
バキスゼブリア™筋注			Ⅰ/Ⅱ Ⅰ/Ⅱ Ⅱ/Ⅲ Ⅲ	海外[2]	無作為化/盲検/比較4試験併合 ・単盲検/髄膜炎症ワクチン対照 ・二重盲検プラセボ対照 ・単盲検/髄膜炎症ワクチン対照 ・単盲検/髄膜炎症ワクチン対照
デキサメタゾン	重症感染症	既承認			（無作為化/非盲検/標準治療）[3]

1）治療薬は有効成分名、ワクチンは商品名、2）検証的試験が海外又は日本を含む国際共同治験で計画・実施され、日本での承認申請の際に当該試験の海外成績を利用、3）既承認の範囲で使用可能、承認申請資料との位置付けではない

事規制に適合する同一の計画のもとで試験を実施する国際共同治験の成績を利用するといった世界的戦略での医薬品開発が増えてきている（図3）。世界的戦略での開発により、治療効果に影響する可能性がある地域や民族間の相違とその要因を検討することも可能となる。医薬品開発で収集された様々な情報は、コモン・テクニカル・ドキュメントと呼ばれる統一様式で編集され、承認申請のための資料が作成される。コモン・テクニカル・ドキュメントは5つのモジュールに分かれ、国や地域の薬事規制情報である第1部、医薬品開発で実施された品質、非臨床及び臨床試験の個々の報告書（第3〜5部）とそれらのサマリー（第2部）から構成され、第1部以外のモジュールに格納される情報は国際的に共通である。医薬品開発のための臨床試験（治験）や承認申請資料を国際的に統一することにより、異なる地域で同時期の承認申請や審査の可能性を高め、新薬へのより早期のアクセスが世界的に達成される。2021年7月末現在、国内における新型コロナウイルス感染症に対して使用される医薬品を表1にまとめた。コロナウイルス感染症の治療薬として承認されたレムデシビルやワクチンの臨床開発においてもこのような世界的戦略による国際共同治験と共通様式の資料が活用された。

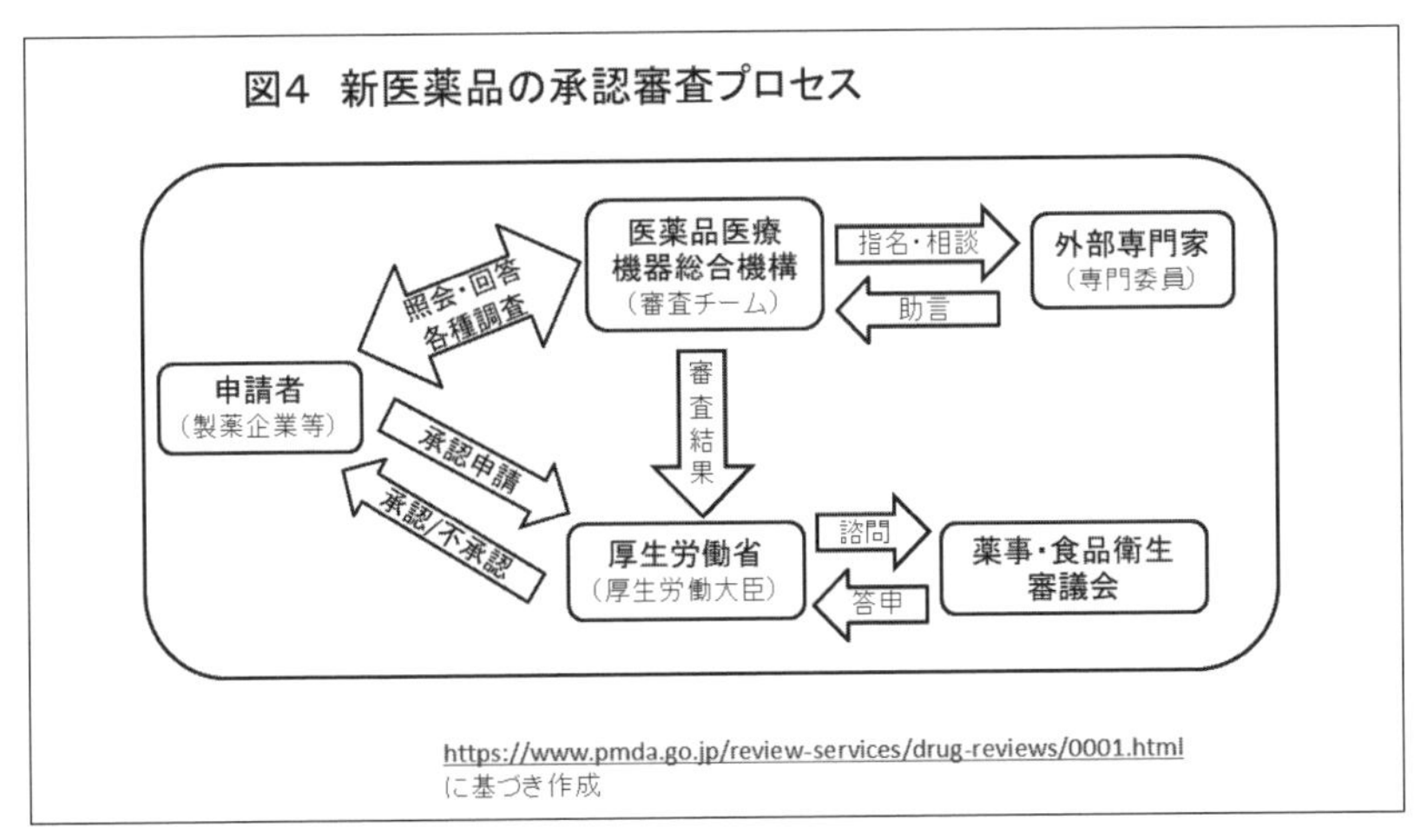

医薬品のライフサイクルの最後の段階が製造販売後の「育薬」である（図1）。承認までに得られる情報には限界があり、承認後の医療現場で様々な背景の患者に投与されて使用法や安全性のチェックが行われる。医薬品は医療現場で使用され収集された情報に基づいて、使用方法や剤形の改良や新たな開発が行われ、ライフサイクルを通じて育てられていく。

4.―医薬品の承認審査

医薬品は、一部の物を除き、品目ごとに製造販売についての厚生労働大臣の承認を受けなければならない（医薬品医療機器等法第14条第1項）。日本における新薬承認審査の概要を図4に示す。厚生労働省（厚生労働大臣）への承認申請後、医薬品医療機器総合機構（PMDA）が承認審査に関わる実務を行う。PMDAの担当部署において、承認申請された品目に関する品質、有効性、安全性に関する審査と様々な種類の調査が並行して進められる。医薬品の審査は、薬効又は疾患領域別に編成された審査チームにより品目毎に行われる。2021年時点のチーム数は16で、複数の審査チームが一つの審査部に所属する。ワクチン等の生物由来の医薬品を担当する部が2つ、それ以外の医薬品を担当する部が5つある。個々の審査チームは、医学、薬学、獣医学、生物統計学等の専門性を有する審査員と全体を統括するメンバー計10数人で構成され、新型コロナウイルス感染症の治療薬は、エイズ医薬品を除く感染症の治療薬全般を担当する第4分野チーム、ワクチンは別のチームが審査を行う。審査チームは、申請者との間で照会及び回答のやりとりを行い、申請者より提出された資料の概要、審査における検討に基づき、承認の可否に関わる主要な問題点を整理する。医療現場の医師を中心とした専門家（専門委員）への相談及び助言を受ける専門協議を経て、最終的な審査結果を含めた報告書をまとめ、厚生労働大臣に提出する。厚生労働大臣は、諮問機関である薬事・食品衛生審議会の意見を聴いて承認の可否を判断する。申請から承認まで、通常の医薬品では1年、特に必要な場合で優先的に審査が行われた場合は9カ月である。作成された審査報告書とコモン・テクニカル・ドキュメントの第2部は、医薬品が承認された後に公開される。これらの情報はPMDAのホームページから閲覧可能であり、医薬品開発において実施された品質、非臨床及び臨床試験の概要、並びにどのような審査を経て承認されたのかについて私たちも知ることができる。

5.——医薬品の特例承認

前項では、法に基づく医薬品承認審査の基本的枠組みを紹介した。新型コロナウイルス感染症の治療薬やワクチンに関する報道の中で「特例承認」との用語を頻繁に耳にするようになった。医薬品医療機器等法では特例承認の制度があり、新型コロナウイルス感染症に対する医薬品の承認に適用された。特例承認は、以下の2つの要件①②いずれも満たす医薬品として政令で定めるものである場合に与えられる。①は国民の生命や健康に重大な影響を与えるおそれがある疾病のまん延その他の健康被害の拡大防止のため緊急に使用することが必要であって、且つ当該医薬品の使用以外に適当な方法がないことである。②は、日本と同等水準の医薬品等の承認制度を有している国での使用が認められている医薬品である。２０２１年7月末現在、新型コロナウイルス感染症に対する治療薬及びワクチン計5品目が特例承認されている（表1）。レムデシビルは、米国において重症入院患者に対する緊急使用許可（EUA, Emergency Use Authorization）が出され、その根拠となった臨床試験データをもって、米国でのEUA取得後短期間で特例承認された。その後に提出された新たな情報に基づいて、２０２1年1月には、SARS-CoV-2による肺炎を有する中等症の患者へも投与可能となっている。レムデシビル以外の治療薬として、軽症患者への抗体カクテル療法、また、新型コロナウイルスに対するワクチンも特例承認された。バリシチニブは、既承認医薬品であり、前項図4のプロセスにおいて優先審査の対象とする等により承認事項一部変更承認された。ステロイド（デキサメタゾン）は既承認の効能及び効果のうち重症感染症、また、ヘパリンは抗凝固薬として、既存の承認範囲において使用可能である。以上述べてきたように、国際共同治験等のグローバル医薬品開発、法に基づく承認制度と様々なインセンティブを活用することにより、医療上の必要性や位置付け、開発品の特性に応じて、国の承認を得た医薬品の適時の使用が可能となる。

6.——医薬品のベネフィットとリスク

医薬品の承認は、一部を除いて、品目ごとの個別承認であることを述べたが、個々の品目承認の可否はどのように判断されるのだろうか。医薬品医療機器等法第14条第2項では、医薬品、医薬部外品及び化粧品の個別承認の要件を規定している。第2項は、4つの号から成り、第3号が「物」の要件である。第1、2及び4号は医薬品を製造販売する者や場所、第3号のハは、省令で定める場合であり、「物」自体の要件は、医薬品の品質、有効性及び安全性に関する事項の審査に基づいて、申請する効能、効果を有すると認められ

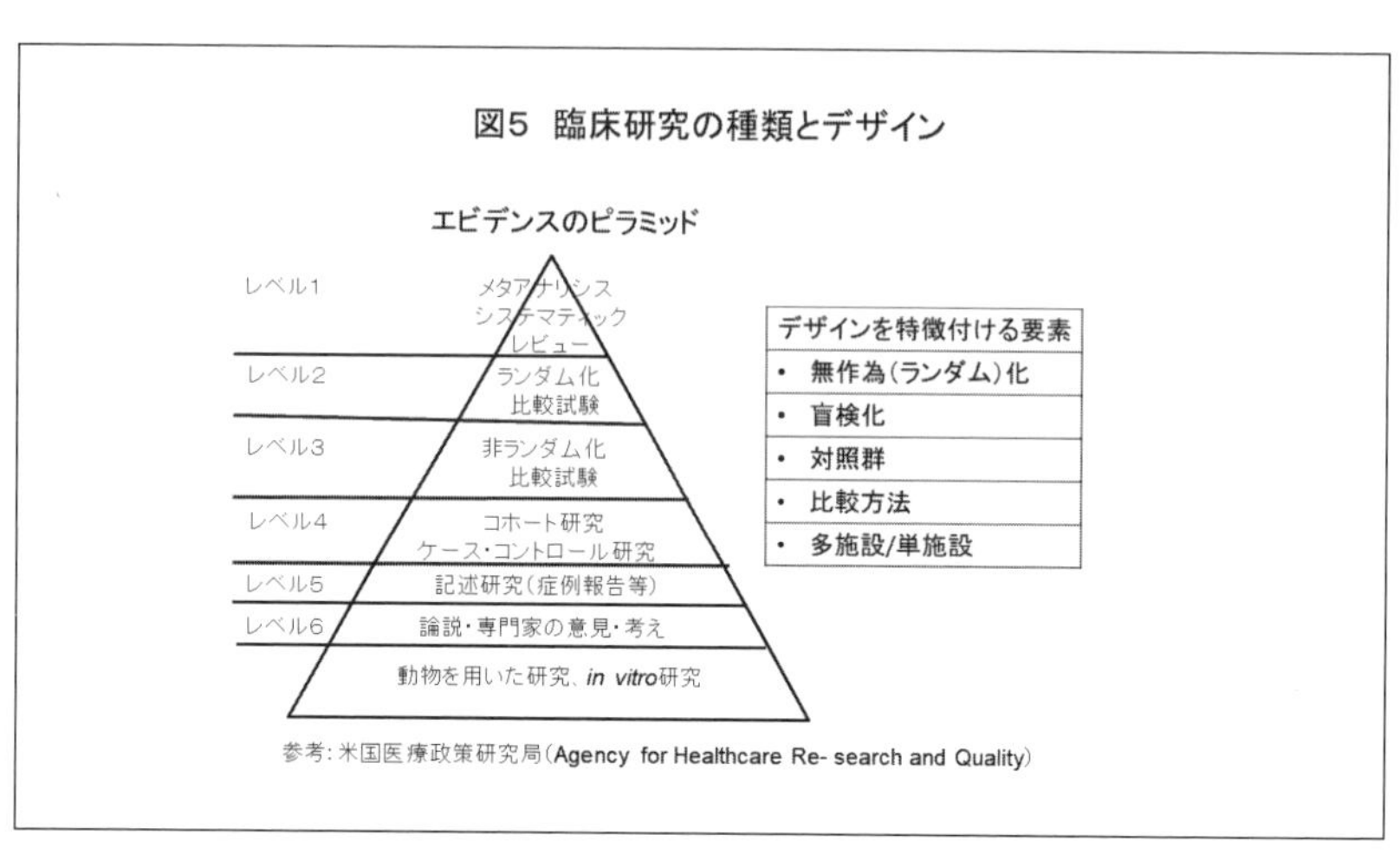

図5　臨床研究の種類とデザイン

ないとき（第3号イ）、効能、効果に比して著しく有害な作用を有することにより、医薬品として使用価値がないと認められるとき（第3号ロ）であり、この場合は承認不可と規定されている。要するに、医薬品としての臨床使用においてベネフィットとリスクのバランスが受け入れ可能かどうかにより承認の可否が判断される。

ヒト及びその試料を用いる臨床研究の種類とデザインを図5に示す。図の左はエビデンスのピラミッドと呼ばれ、上部に位置する研究ほど偏りや偶然に影響されず信頼性の高い情報が得られる。医薬品の有効性を証明するためには、一般的にレベル2以上の研究すなわち無作為化（ランダム化）比較試験又は複数の無作為化比較試験のメタアナリシスやシステマティックレビューが必要である。図の右に研究デザインを特徴づける重要な要素を示す。これら要素とエビデンスレベルは密接に関わる。無作為化とは、有効性を証明したい医薬候補品と比較対照を服用者に無作為に割り付けることである。割り付け方法として、サイコロを振ったり、硬貨を投げて表裏で判定したり、コンピュータープログラムを用いたり、様々な方法が考案されている。無作為割り付けにより、証明したい医薬候補品の効果以外の因子による系統的な偏りが排除される。盲検化とは、医薬候補品の服用の有無がわからないようにすることである。投与する側とされる側の両者が医薬候補品か比較対照のどちらが投与されたのかわからない方法が二重盲検、投与する側のみ情報を把握している方法が単盲検と呼ばれる。対照群と比較方法は、証明したい仮説に応じて設定される。新薬の開発では、通常、効果がないことが判明している偽薬（プラセボ）や低用量の投与に対して効果が優越すること、医療現場で標準的に使用されている医薬品に対して効果が劣らないことを証明するなどの方法がとられる。後発（ジェネリック）医薬品の開発では、標準薬となる先発医薬品を対照群に設定し、同等であることを証明する。証明したい仮説検証に必要な症例数、薬事申請や医療プラクティスに基づき、単一施設あるいは多施設、国内あるいは複数の国や地域で試験を実施するのかを決定して、偏りを回避して信頼性の高い情報が得られるよう試験を計画し、得られた試験結果に対して統計的手法により有効性を評価する。

新型コロナウイルス感染症の治療薬やワクチンの国内での承認の際、有効性評価に用いられた主要な臨床試験の要素情報を表1にまとめた。新型コロナウイルス（SARS-CoV-2）に対する適応を有する医薬品として最初に承認されたレムデシビルでは、米国の緊急使用許可や日本での特例承認に際して、国際共同第Ⅲ相試験として無作為化二重盲検プラセボ対照比較試験と標準治療又は異なる使用方法（用法用量：5日又は10日間投与）による無作為化非盲検比較試験の速報値が有効性の主たる根拠となった他、投与経験に関する情報も提出されている。これら比較試験はその後も継続され、最終成績は最新の添付文書にも掲載されている。承認条件として後日提出された臨床試験成績に基づき、中等症患者に対しても効果が認められると判断され、2021年1月には、肺炎像が認められる中等症Ⅰの患者にも投与可能となった。なお、別の国際共同第Ⅲ相試験では、重症者に対する有効性については、標準治療に対するメリットが示されなかったとの結果が得られ、WHOからもその旨の勧告が出されている（N Engl J Med 2021; 384 : 497-511.）。レムデシビルの特例承認は、速報値ではあるもののエビデンスレベルの高いデザインで計画された複数の試験成績に基づくこと、承認後にも新たな情報が継続して追加され、現在までに、複数のレベル2エビデンスから支持される有効性を基盤とした臨床使用が確立してきたと言える。バリシチニブは、関節リウマチとアトピー性皮膚炎に対する適応を有する承認医薬品であり、レムデシビルとの併用の有効性をプラセボ併用と比較する無作為化二重盲検国際共同第Ⅲ相比較試験により、前項で述べた審査プロセスにおいて優先審査が行われ、承認事項一部変更承認された。デキサメタゾンは、英国で実施された無作為化非盲検での標準治療との多施設比較試験の成績が報告されている。当該成績に基づく承認申請・審査は実施されていないため SARS-CoV-2 による適応は有していないが、既承認の効能又は効果である重症感染症の範囲において使用可能である。SARS-CoV-2 に対する中和抗体薬カシリビマブ（遺伝子組み換え）／イムデビマブ（遺伝子組み換え）は、海外第Ⅰ／Ⅱ／Ⅲ相として実施された無作為化二重盲検プラセボ対照比較試験における有効性の成績、また、日本人を対照とした第Ⅰ相試験と海外の臨床薬理データとの比較が行われ、これらの成績が特例承認の主たる根拠となった。ワクチンの開発と承認審査において、コミナティ筋注では、無作為化単盲検プラセボ対照第Ⅰ／Ⅱ／Ⅲ相試験、COVID-19 ワクチンモデルナ筋注では、無作為化単盲検プラセボ対照のⅡ／Ⅲ及びⅢ相の2試験、バキスゼブリア™筋注では、実施中の5つの臨床試験のうち、無作為化盲検で実施されたプラセボ又は新型コロナウイルスに関連しないワクチン（髄膜炎症ワクチン）を対照とした計4試験を併合した解析に基づき、SARS-CoV-2 による感染症の予防を効能又は効果として特例承認された。このように、新型コロナウイルスに対する医薬品の開発では、種類や目的によって複数の開発相を含む試験を実施したり、海外での検証的試験の利用も念頭に個別地域（日本）で第Ⅰ相臨床薬理試験を計画・実施して海外試験や国際共同試験の海外成績を利用したり等、国際的・時系列での多様な情報利用によって承認に必要な有効性検証のためのエビデンス構築が行われている。

医薬品医療機器等法第14条第2項第3号ロの要件、効能、効果に比して著しく有害な作用を有することにより、医薬品等として使用価値がないと認めるかどうかについて、サリドマイドを例に説明する。当初の開発目的であった睡眠に対する効果は認められたものの、睡眠・鎮静とのベネフィットを凌駕する催奇形性の有害作用から医薬品としての使用価値はないとの判断に至り、薬事法上の承認整理となった。その後、新たな薬理作用が見出され、自己免疫疾患や悪性腫瘍に対する医薬品としての開発がなされ、新薬として承認されて、現在、医療現場で使用されている。物質が有する催奇形性のリスクは、新たな適応のもとでも存在する。しかしながら、既存治療では有効性に限界のある疾患に対して、リスクに対する最大限の注意喚起と特別な安全管理を行うことにより、適切な用法及び用量で使用された場合にはベネフィットがリスクに勝るとの判断がなされた。医薬品等の承認は、まず有効性が証明されることが必須であるが、有効性が証明されても承認されない場合、同じ医薬候補品であっても適応疾患によってベネフィットとリスクのバランスが異なり承認可となったり不可となったりする場合、サリドマイドのように、不可となった物質が医学や科学技術の進歩を背景に新たなデータが提出されて承認可となる場合等がある。また、ワクチンは、基本的に健康な人が対象であり、治療薬とは異なる安全性の視点が必要である。このように、ベネフィットとリスクの判断は相対的であって、あらゆる情報を総動員してその時点での最も適切な判断を行わなければならない。

新型コロナウイルス感染症に対する医薬品の殆どは特例承認品目であることから、承認時における有効性、安全性、品質に関わる情報は極めて限られ、引き続き情報収集中である旨の注意喚起がなされている。育薬段階における新たな情報に基づいて有効性のエビデンス、ベネフィットとリスクの関係、保存や使用に関わる品質情報が比較的短期間でアップデートされることに注視したい。

7.―おわりに

医薬品は、国による承認がゴールではなく、ライフサイクルを通じてベネフィットとリスクを評価する必要がある。医療従事者のみならず私たち使用者も一緒に医薬品を育てていくことが求められる。基礎研究の段階では、海の物とも山の物ともつかぬ物質に関して、非臨床及び臨床試験で収集される情報、それら情報に基づく創薬各プロセスでのベネフィットとリスク評価、さらに医薬品として上市（じょうし）された後の育薬段階での情報収集、科学的評価及び規制に基づき、ベネフィットとリスクの最適化が継続される。しかしながら、このプロセスだけでは医薬品のリスクをゼロにすることはできず、最終的には社会的な救済システムが必要である。日本では、このような健康被害に対する公的制度として、医薬品副作用被害救済制度や生物由来製品感染等被害救済制度がある。

医薬品医療機器等法第1条では、先に述べた目的条項に続いて、第1条の2から5において、国・都道府県等、医薬品等関連事業者等、医薬関係者の責務、第1条の6では、国民の役割が規定されている。国民の役割として、医薬品等の適正な使用、有効性・安全性に関する知識と理解を深めるよう努めなければならない旨が記載されている。医薬品は生命関連物質であり、常にベネフィットとリスクのバランスのもとで使用されること、そのような性質を有していることを理解し、使用する医薬品についての知識を深め、コロナ禍が長期化して数多くの情報が交錯する中、必要な情報を入手し、吟味して納得のうえで医療の恩恵を受けていただきたい。

本稿は、2021年1月に開催された武蔵野大学しあわせ研究所シンポジウム「不可避的な病災害のなかでのしあわせ学」序説での講演内容に、7月末までの情報を追加して文書化したものであり、個々の医薬品や規制に関わる内容を含む。これらには、参考資料で示した情報に基づく個人的見解も含まれる。医薬品等に関しては、参考資料もご覧いただきたい。本稿がコロナ禍にあっての一助となれば幸いである。

◉参考資料

「新型コロナウイルス感染症（COVID-19）診療の手引き」第5.2版
https://www.mhlw.go.jp/content/000815065.pdf

日本感染症学会「COVID-19に対する薬物治療の考え方」第8版 ２０２１年7月31日
https://www.kansensho.or.jp/uploads/files/topics/2019ncov/covid19_drug_210731.pdf

医薬品医療機器総合機構
承認情報：医療用医薬品、情報検索
https://www.pmda.go.jp/review-services/drug-reviews/review-information/0002.html
https://www.pmda.go.jp/PmdaSearch/iyakuSearch/
承認審査業務
https://www.pmda.go.jp/review-services/drug-reviews/0001.html

厚生労働省、国立感染症研究所、国立医薬品食品衛生研究所のホームページ

「臨床試験の一般指針」（平成10年4月21日付医薬審第380号）、現在「ICHE8（R1）臨床試験の一般指針ガイドライン（案）」検討中
https://www.pmda.go.jp/files/000156372.pdf

「国際共同治験の計画及びデザインに関する一般原則に関するガイドラインについて」（平成30年6月12日付薬生薬審発0612第1号）
https://www.pmda.go.jp/files/000224557.pdf

［第3章］

働くことに内在する「つながり」の視点

在宅勤務について考える

渡部博志

武蔵野大学経営学部准教授・しあわせ研究所主任

Watanabe Hiroshi
武蔵野大学キャリア開発部長、経営学部准教授。
おもな著書に『企業戦略白書Ⅶ－日本企業の戦略分析：２００７』（共著、東洋経済新報社）がある。

新型コロナウイルス感染症の感染拡大は、日常生活に大きな変化をもたらした。特に、感染拡大を防ぐための行動抑制によって、これまでに経験したことのない日々を強いられる人々が多数生じた。ここでは、働き方という点に焦点をあてて、私たち社会が直面した変化を中心に考察を加えたい。

今になって振り返れば、日本で初めての感染者が報告された２０２０年1月中旬頃は、「コロナ」という言葉は今のように一般的には広まっておらず、未知のウイルスに対する恐れは、その時点では想像上の恐怖にとどまっていたように思われる。このころまでは、軽い風邪や微熱では仕事を休むということにはなりづらく、体調が悪くても無理をしてでも仕事に向かうということがある種の「美徳」のような社会的風潮すら一般的に存在していた。もちろんこのような風潮は企業レベルのみならず業界によっても異なるであろうし、いまだにそのようなことが必ずしも廃れず残っているところもあるかもしれない。

しかし、その後ももたらされる中国における感染拡大のニュースや、クルーズ船での集団感染の報道から、徐々に現実的なものとして恐怖が広まり、体調が芳しくない者が外出していることを社会的に非難するような風潮が生まれてきたように思われる。だからといって体調不良時に仕事を休むということが推奨されていたかというとそうでもなく、中には、むしろ体調を管理できない個人に非があると捉えられるために出勤してしまうという不合理すら存在していた。

そのような中で、働き方が変わるきっかけとなったと考えられる出来事として二点挙げたい。一点は２０２０年2月末に出された小学校・中学校・高校の臨時休校の要請、もう一点は緊急事態宣言である。前者は特に小学校低学年の子を持つ家庭を中心に、日中保護者が在宅せざるを得ない状況が作られた。そして後者では、政府によって在宅勤務等の推進が要請された。世の中の全ての職業において働き方が変わったわけではないのだけれども、これまでは絵空事に近かった在宅勤務が実現された職場も少なくなかった。

働く場所がオフィスから自宅に変わるだけだと考えれば、どこで働くのかによって行うべき仕事が変わるわけではない場合、在宅勤務は環境さえ整えば有効な働き方の一つであるはずである。たとえば、次期商品やサービスについて考えること、部署や企業の方向性について検討することなどは、どの場所にいようともやるべきことが変わるわけではない。すなわち将来実現すべきアイデアを創出することは、勤務環境に依存することなく担当する職務としてその個人が取り組めるものだと考えられる。あるいは営業職も「直行直帰」(職場に立ち寄らず直接用務先を訪れ、その後に職場に戻ることなく帰宅する)という言葉があるように、顧客との接点そのものは自社のオフィスの有無に関わらない。多くの場合、既存顧客との間で構築された関係性の維持にオフィス自体が果たす役割はほとんどない。もっとも感染拡大防止の観点から顧客と直接対面ができなくなるという影響は生じるものの、オンライン上で接触するのであればオフィスに出社せずとも在宅勤務でも可能なのである。

職種は限定されるとしても、理屈の上では在宅勤務はもっと普及してもよさそうなものである。在宅勤務のメリットを挙げる調査結果もこの1年で目にする機会が増えたように思われる。通勤時間を削減できるというメリットを挙げるものもあれば、労働生産性が上がったという調査も見られる。しかし、在宅勤務へのシフトが加速したかというと必ずしもそうとは言えない。２０２０年の春先であれば自宅からのインターネット接続が整わず、ヘッドセットやウェブカメラが品切れになる等のオンライン環境の準備に困難が生じたり、企業側でも在宅勤務の前提となるようなシステム構築が新たに求められたりと、在宅勤務実現へのハードルは高かったかもしれない。しかし、それから時間を経ている。むしろ初めて緊急事態宣言が発出されたときと比べると、2度目、3度目の緊急事態宣言発出時は、職場への出社が全体的に増えたような感じさえある。

なぜ、それほどまでに出社するのだろうか。

一つ考えられることとしては、在宅勤務を阻む、非合理的なシステムの存在である。日本特有の「判子文化」は、業務のオンライン化を阻む象徴的な事例として取り上げられた感があるが、このように出社しなければ実行できないことではあるけれども、本質的には同様の機能を果たすことが可能であるにもかかわらずその方法に固執することは、非合理的なシステムといえる。情報を確認したことを形に残す押印は、その代わりになるものをオンライン上で構築することも可能なはずである。このように考えると、業務のオンライン化を阻害するのは、企業側の対応力不足が根本にあるのかもしれない。言い換えれば、企業が本来有するべき合理性に欠き、それに向けた努力もなされないために在宅勤務が推進できていないという可能性である。

ただ、在宅勤務が進まないことに焦点を絞って検討するとしても、私たちはそのシステムの背景や関係する諸施策にも目を向ける必要があろう。そもそもシステムとは、複数の要素が有機的に関係しあい、全体としてまとまった機能を発揮している要素の集合体のことである。デジタル化がなされていることそのものを指す言葉ではない。表面的な事象としてはオンライン化できることであっても、システムとして機能する際には別の役割が併存していたり、あるいは働き方に対する根本的なスタンスが表出していたりするものであれば、オンライン化することが組織に及ぼす影響は多岐にわたることになる。

たとえば、稟議書における物理的な押印が、内容を確認したことを形に残す以上の情報を持つ組織もある。にわかには信じられないかもしれないが、押印の場所、印影の傾きや濃さから、その稟議に対する押印者の意見が示されるのである。納得してはいないけれども自分が押印しなければ全体の業務が停滞するので、しぶしぶ判子を押すというような場合、それが印影から読み取れるというのである。そのような組織では、押印された稟議書を受け取る側も「印外」の意味を読み取り、場合によっては押印者に連絡を取ったり、起案部署に追加での説明を求めたりすることが起こる。このような慣習を反映するオンラインシステムを作ることもできるかもしれないけれども、この事例における根本的な問題は、組織内のコミュニケーションあるいは業務分掌である。押印から読み取るようなコミュニケーションを行うのではなく、直接意見して徹底的に議論する関係にないことこそが根本的な問題なのである。

在宅勤務を実施するにしても、これまでとは異なるスタイルでのコミュニケーションが余儀なくされるからこそ、情報共有の仕組みやルールも検討する必要がある。Web 会議システムが活用できるとしても、対応が難しいシチュエーションもある。たとえば、同時に複数人が声を上げる場面がそれである。対面であれば発言者との距離や声の大きさ、それに仕草といった情報が付加されて、注目するべき情報が選択され、それぞれの人の頭の中で処理されるが、Web 会議ではそうはいかない。行儀よく順番に発言するか、あるいは行儀の悪い人の発言を聞かされ続けることが往々にしてある。いずれにしても、これまでに対面時であれば取捨選択されていた付加的な情報が得られなくなる。人数が多くなればなるほどこの問題が如実に表れることを念頭に置けば、単純に Web 会議システムを導入すればよいだけではなく、組織におけるコミュニケーションのあり方を再考しなければならないはずである。

コミュニケーションは一方的に情報を伝えて終わりではなく、相手方の反応をフィードバックとして受け取るところまで含まれる。カメラオフにして行われる Web 会議では音声以外の情報が削ぎ落とされることでフィードバックの情報も減少する。それでも問題がない場合もあれば、フィードバックを受けられないことで伝わったのかと不安を感じることもあるだろう。これは相手との関係性や共有される内容によっても異なる。カメラもマイクもオフであれば、画面の向こうには誰もいないかもしれない、ということを確かめる手段がない。仮に画面の向こうに「いた」としても、反応がなければ「いない」のと同じであって、その相手をわざわざ会議のメンバーに加える必要はないとも考えられるし、あるいは会議そのものを行う必要はないとも考えられる。そうであれば、対面会議を常に Web 会議に代替することが望ましいとも限らず、これまでは大人数で会議を開催して共有していた内容を文書回覧に変更して情報を共有することも対応策の一つとして考えられる。このようにこれまでと同じコミュニケーションがはかれないからこそ、仕組みやルールもそれにあわせて考えることが必要とされるはずなのである。

もちろん、システムとして捉えた場合の影響の大きさがあるからこそ、コロナ禍を契機として働き方そのものを変えていくこともできる。在宅勤務を制度化することを通じて、個々の職務の見直しを進め、漫然と行われていた業務を改めるきっかけにもなる。オフィスという同じ空間にいる場合には業務の進捗を把握できるかもしれないが、在宅勤務であれば報告の機会を意図的に設定して進捗を確認する必要があるかもしれない。そうだとすれば、目標管理制度（MBO）や職務記述書に基づく業務遂行は、より原理的な運用と親和性が高くなる。プロセスの個人貢献度を観察から評価するよりも、成し遂げるべき事が明確に規定されて進捗度を測れる方が、評価する側も評価される側も納得できる環境にあるからである。

したがって、表面的な在宅勤務の推進は、かえって部署全体の業務効率を下げる可能性がある。それは、単に慣れていないから業務効率が落ちるという話ではなく、在宅勤務という施策が及ぼす影響に十分な注意が払われていないことで生じると考えられるものなのである。判子だけの問題ではない、その企業の働き方に対する根本的なスタンスが背景に存在するのである。

では、在宅勤務が進まずオフィスへの出社が減らないのは、働き方というシステム全体を整合的に変革する力が企業にないからなのだろうか。実際はそうなのかもしれない。もちろん中には安易にジョブ型雇用といった流行に乗るようなことをせずに、自社を取り巻く環境と企業文化を理解した上で、将来のために整備すべき施策の深遠さに真摯に向き合った結果、在宅勤務を含めた働き方の変革に取り組んでいる企業もあるだろうし、真摯に向き合ったからこそ部分的な対応にとどめた企業もあるだろう。しかしそのような企業は少数派であって、結局多くの企業は、これまでの働き方を変えることが手間なのであり、事態が許せばこれまでと同じやり方をし続けたいという慣性が働き、在宅勤務を拡大させていないのかもしれない。このような企業は、今後も直面するであろう変化の波への対応に困難を抱えるであろう。

しかし、もしもこの慣性の背後に、対面コミュニケーションへの愛着があるとすると、合理性と異なる次元の課題に私たちは直面するように思われる。変わることにエネルギーを投じず単に楽をしたいという慣性を超えた、人間が社会的存在であることと関わることとも言えよう。対面でのコミュニケーションへの渇望は、自粛を要請されても仲間内で宴席を設ける人間がいることからも推察される。それが職場の仲間との間でも成り立つと考えれば、オフィスへ出社して対面で話をすることで、人と人との繋がりを感じられ、職場での幸福感を得る人もいるであろう。

科学技術の進歩によって空間的に同じ場所にいなくても「つながる」ことはできるようになった。むしろ今までであれば空間的な隔たりのために繋がりにくかったこと、たとえば海外に住む人と繋がることが、オンラインを通じて自宅からでも可能になった。しかし、私たちがこれまでに対面コミュニケーションでの経験をしてきたが故に、技術を介した繋がりに慣れるまでは、あるいは在宅勤務のベースとなるコミュニケーションを含む働き方が整理されて定着するまでは、出社が減らないのかもしれない。

そもそも組織は一人でできないことを為すために他者と協働するために作られるものである。働くことに内在する「つながり」の視点を改めて考えれば、組織が合理的なシステムとして機能するように諸制度を設計することが重要であると同時に、対面を求める心理的な側面も無視できない。唯一絶対の解はないと考えられるけれども、複数の要素が有機的に繋がっているからこそ、それぞれの要素を単独で吟味するだけではなく、その繋がりにも目を向けて検討していくことが、コロナ禍で働くことを考える際には重要であると思われる。それは、しあわせな職場を実現していく一助ともなるであろう。

［第2部］

倫理的アプローチ

［第4章］

自然の脅威とレジリエンスについて考える

中板育美
武蔵野大学看護学部教授、レジリエンス

Nakaita Ikumi

武蔵野大学看護学部教授。

国立保健医療科学院上席主任研究官、公益社団法人日本看護協会 常任理事を経て現職。

おもな著書として「周産期からの子ども虐待予防・ケア」(明石書店)、「これで使える！ 保健師のためのデータ活用ブック」編著(東京図書)、「新ちいさい人」監修(小学館)などがある。

1.――はじめに

新型コロナウイルス感染症（COVID-19 = coronavirus disease 2019）は、感染者のくしゃみや咳によって飛んだ「しぶき」と一緒にウイルスが放出され、それを吸い込んで感染する飛沫感染や、感染者がくしゃみや咳を手で押さえた後、その手で周りの物に触れ、誰かがそれに触れてウイルスが付着し、その手で口や鼻を触り粘膜から感染する接触感染で広がっていく。それも比較的容易に感染すること、そして感染しても無症状で経過することもあり、必ずしも感染者を早期に見分けられるわけでもないことから、予防的にも、マスクはもちろん、周囲の人と一定の距離をとること（ソーシャルディスタンス）を意識することが大切になる。

ワクチン接種が進み、ワクチンによる発症予防効果が確認されたり、重症化予防効果についても成果が報告されている。一方で強い感染力と言われるデルタ株による流行といってもいい第5波が、オリンピックの開幕を前に徐々に感染拡大のペースを上げてきた。その中には、ワクチン接種完了後の「ブレークスルー感染」や感染による有症状が増加し始め、現段階でコロナ禍の収束は困難で、長期化の様相は否めない。

このような未曽有の感染症を経験する中、我が国は、ロックダウンの法的手段がない中で、社会的信頼や人々の結束を大事にする強み、優れた戦後の結核対策の実績を踏まえた接触追跡調査の応用、効果的な検査の運用、国民への知識の普及という種々のアプローチを導入して、このパンデミックに対応し続けている。

感染拡大を防止し、医療の逼迫を防ぐためにソーシャルディスタンスを取り入れた「新しい生活様式」が、必要であることは国民の多くが理解し、テレワークにも一定程度順応し、宴会や旅行など娯楽を我慢するなどの相応の努力もしてきている。しかしながら先の見えない政策に対し、長く強い緊張感を強いられ続ける自粛は、その効果と自粛疲れのバランスに限界をもたらしていると判断する専門家もいる。

人が集まり会話をしたり、握手やハグ、食べ物を取り分けながら楽しむ食事、歌を一緒に歌うなど直接コミュニケーションをとる手段が奪われ、今までの「あたりまえの日常」が一変し、不慣れな生活が長引いているのである。コミュニケーションの大半を顔が見える距離で直接対話したり、時にスキンシップやボディランゲージを交えつつ話すことをしてきた我々にとって、アクリル板越しの対話は、やはり、不自然であり、不十分なコミュニケーションに限界を感じている人が多いのはあたりまえなのではないだろうか。

すでに感染症を「災害」という概念で括っている国もある。国際災害データベース（EM-DAT）は、気象災害・地質災害とともに感染症を生物災害とし、3つの災害の一つに位置付けている。ウイルスが変異して猛威を振るう中、感染拡大防止のために人流を減らすなど緊急事態宣言を複数回にわたって発出しているCOVID-19も、もはやこれに相当すると考える専門家もいるだろう。

感染症は不可避であり、この不可避な病災害に向き合い続けなければならない。闘い、勝つというよりも感染拡大のスピードを弱め、共存していくしかない。人は一人では生きていけず、コミュニケーションのありようは、あらためて考えていかねばならない課題であるが、これまでも我々は、互いに支えあい、多くの災害や災難を経験し、そしてそこから立ち上がってきた。この困難に、立ち向かえる力、受けてもそこから立ち上がる力、あきらめずに幸せを追い求める力（well-being）、そんなレジリエンスを蓄えたいものである。

2.——COVID-19の脅威

人々は、災害や感染症に限らず、様々なリスクや困難に脅かされながら社会生活を送っている。リスクや困難には、仕事上や人付き合い上でのストレスといった誰もが少なからず経験しているレベルのものから、個人的・家族病理に端を発する虐待やいじめといった根深く深刻なもの、そして、突然のように我々に襲いかかる大災害や感染症パンデミックのように多くの人々のいのちを一度に奪ったり、脅かすものまで相当の幅がある。

ＷＨＯ（世界保健機関）は、２０２０年3月11日、コロナウイルスの感染拡大がパンデミック（＝世界的な大流行）になったとの認識を示した。人々はそのウィルスの脅威に、程度の差こそあれさまざまな不安や恐怖を抱えることになった。

―見えないウイルスへの脅威―

ウイルスそのものに関し、感染確率や発症の確率、致死率などの情報とCOVID-19による各方面の被害・影響（impact）の両方の情報が必要である。自然の恐ろしさは、今昔変わらず、闇への恐怖、見えないもの／得体の知れないものがわれわれに危害を与えるのではないかという未知に対するものである。昔との違いは、科学の進歩であり、放射線や化学物質、まさに病原体も現代の科学は多くを可視化してきており、その貢献は大きい。しかしながら、人々のそこから波及する不安は、今も昔もあまり変わらない。

COVID-19においても医学・医療は、慎重にいくつもの研究や実績を重ね、多くの専門家が長期にわたって繰り返し検証することで、正しい内容に近づいていくし、当然ながら尽力されている。コロナ禍完全収束にはまだ相当程度の時間を要するのではあろうが、ワクチン接種による集団免疫の獲得だけでなく、効果的な治療薬の実用化も進み、共存の日を目指して、我々ができることは、きちんと理解して自分が感染しないこと、そして、人に感染させないことを実践するたゆまぬ努力をもうしばらく続けることである。

―長期化がおよぼす脅威―

ウイルスのように見えない相手との共存には、ストレスに耐えられる精神的なタフさ、柔軟さが求められる。しかしながら、それも長期戦となると対処しきれず、以下のような心理的影響をもたらしかねない。

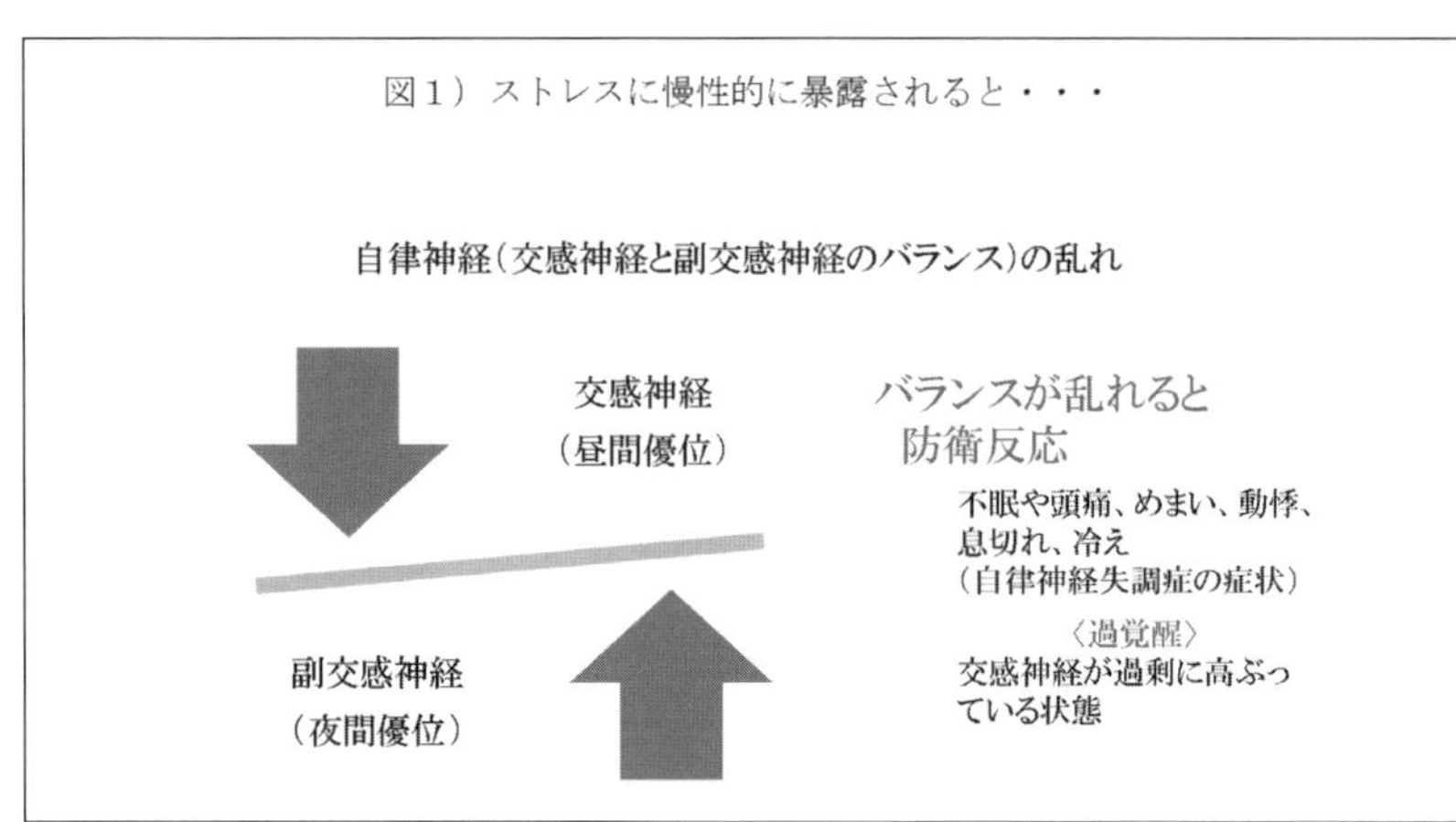

図1）ストレスに慢性的に暴露されると・・・

〔1〕自分が感染するのではないか、他者を感染させてしまうのではないかなどの不安や、感染リスクおよび感染そのものが引き起こす差別や偏見も含めた心理的反応

〔2〕自粛や隔離などの行動制限により家族の密集性が高まることで起こる負の影響（DVや児童虐待など）

〔3〕経済的打撃による生活全般の変化に対するストレス

〔4〕情報による混乱や誹謗中傷や差別・偏見、社会への不信感など

ストレスに長期にわたって晒され続ければ心身の不調など影響を与えることもある。交感神経と副交感神経のバランスが崩れ、不眠や疲れ、寝つきが悪いなど「自律神経失調症」の症状を引き起こすことも考えられる（図1）（*1）。

また、外出の制限や人との間の距離は、閉塞感をもたらし、結果的に孤立・孤独を強いており、「コロナうつ」などの言葉も生まれている。在宅勤務が続き、自宅での飲酒開始時間も早まり、飲酒量も増えていることも懸念されている。窮屈さがストレスとなり、自律的なリズムを保ちきれず、メンタルヘルスに不調をきたす人がいてもごく自然なことであるといえる。中には、心理的影響を強く受け、外傷後ストレスの症状（Post Traumatic Stress Disorder＝PTSD）を呈して苦しむ人もいる。

一般的にストレス負荷の長期化は、特に高齢者、障害者、非正規雇用者、シングルマザー、そしてその子どもなど、社会的に弱い立場にある人たちがまず影響を受けると言われている。現に休校や外出自粛などによるステイホームは、ＤＶ（ドメスティックバイオレンス）被害が昨年度比で１・６倍増（内閣府男女共同参画局、2021）、児童相談所における児童虐待相談対応件数も前年度比18％増と報告されている（厚生労働省、2021）。これらの数字にはさらなる「潜在化」の件数も想定され、深刻さが懸念されている。

対人接触業務が前提である宿泊業、飲食業、生活関連サービス業、娯楽業や各種イベント、旅行や観光業、またそれらに間接的に関連する業種等は、宣言等の繰り返しにより、人々の外出などを依然として抑制しているため、売り上げの減少に歯止めがかからず、痛手を被っていることが明らかである。ちなみに完全失業者数は、１８８万人で前年度同月より12万人増加したという報告（総務省統計局、2021）もあり、自殺者は前年比で11・５％増加している。（厚生労働省自殺対策室、2021）

―心を揺さぶり冷静さを奪う脅威―

終わりの見えない不安・恐怖心を抱く人々（特に、高齢者など）は、情報を得ようと日中の情報番組を視聴するらしいが、視聴者の不安が危機情報やセンセーショナルでネガティブな情報に集中しがちになり、その結果、より恐怖と切迫感は煽られてしまうことが度々ある。アメリカの心理学者オルポートとポストマンは、デマや過剰な情報の流布量はこのＡ（重要さ）とＢ（曖昧さ）の積（Ａ×Ｂ）に比例すると述べており、どちらか一方がゼロであれば、デマは生じない。重要な問題にさらされた状態であり、かつその状況が〝曖昧〟であればあるほど、デマの量が増えたり、不安や不満は生まれやすく、人々はよりネガティブな情報に怯えやすくなるものである。混迷の最中に相互コミュニケーションが断たれている状況ではなおさらである。「今は、煽りやデマが生じやすい状況である」ことを意識できる人は、その犠牲になりにくいと言われているので、いわゆるメディアリテラシーを高める必要もある。その力は、自分の身を守るための力になり、レジリエンスを高める一つにもなる（G・W・オルポート著『L・ポストマン』1957）。

―相互監視と他者批判の脅威―

誰が感染者であるかわかりにくいために生じる疑心暗鬼もその苛立ちからくる感染者への理不尽で過剰な怒りも、不安の表れである。

また、「自粛」や「マスク着用と会食（人数）制限」などの行政指導は、一部の市民にマスク警察や自粛警察などの言葉も生まれるほど、「相互監視と他者批判」を助長したように思える。大義名分の名のもとに、（少なくとも）自分より弱そうな相手を見つけてマスクのつけ方を非難し怒鳴ったり、飲食店などに嫌がらせの貼り紙をしたりする、一見、正義を振りかざす行動は、一側面から見れば恐怖ゆえの過剰防衛の一つであるとも考えられる。正邪判断の基準が歪められ、地域住民間の社会的距離にとどまらず、関係の遮断まで生み出してしまうのは望まれていることではないはずである。

―感染症と差別や偏見の歴史―

COVID-19の猛威は、私たちに、感染症対策に「絶対」がないこと、人々の意識や生活の仕方に大きな変化をもたらすなど、世界に様々な影響と多くの教訓を、与え続けている。

感染症の関わりの歴史は古く、１９１８（大正7）年のスペイン風邪などを例に見ても、感染症は多くの命を犠牲にしてきた。ワクチンの開発や抗生物質の発見が進み、感染症をもたらす病原体や対応策は飛躍的に進歩し、１９８０（昭和55）年には天然痘の根絶宣言がＷＨＯから出された。その一方で、エボラ出血熱やエイズ（ＡＩＤＳ、後天性免疫不全症候群）など新たな感染症も発見されている。

19世紀後半、ハンセン病は、当時は、コレラやペストなどと同じ恐ろしい伝染病であると考えられており、１９３１年（昭和６）の「癩予防法」の成立で、患者を撲滅することによってハンセン病を撲滅するということを対策の軸とし、患者を徹底して隔離した。行政機関の職員や医師らが警察官とともに患者のもとを訪問し、その様子が近隣に見られて知られ、患者だけではなく家族も偏見や差別の対象となったという話は、学生時代に学んだ強烈な記憶である。実際にはハンセン病は、感染力が弱く、１９４６年（昭和21）には適切に治療・服薬すれば治る病気になっていたにもかかわらず、１９５３年（昭和28）の「癩予防法」の改正においてでも、患者の隔離政策は続いた。家族は、公衆浴場も使えない、患者の子どもは学校にも行かせてもらえない、就職できない、中絶を強要されるなど、人権侵害といえる偏見と差別に満ちた政策が助長され続けたのである。昭和30年以降、徐々に自主的に療養所を退所する人も出てきたようでしたが、長年にわたった家族との断絶のくらしに落とした影響は大きく、隙間は埋められず、高齢化も進んでいたことから、頼る場も人もいないのが現実であり、結局療養所に戻らざるを得ない人も少なくはなかったようである（無らい県運動研究会著、2014）。結核やＨＩＶの歴史においても、社会は、常に「うつされる人」「うつす人」という図式を作り出し、差別や偏見を助長してきたのである。

差別や偏見における歴史を踏まえた反省は、今こそ、時代を超えて、生かされなければならない。

3.――レジリエンスとは

レジリエンスの定義は、分野や論者によってばらつきがある。元は物理学用語で「外力による歪み」を意味して使われていたが、Wikipedia によると、心理学におけるレジリエンス（resilience）の定義として、「社会的ディスアドバンテージや、己に不利な状況において、そういった状況に自身のライフタスクを対応させる個人の能力である。それは、脆弱性の反対の概念であり、自発的治癒力の意味である」と書かれている。また、アメリカ心理学会（APA）では、レジリエンスは「逆境、心的外傷、悲劇、脅威、あるいは家族や人間関係問題、深刻な健康問題などから派生したストレスに直面したときに、それにうまく適応するプロセスである」と定義しており、逆境から素早く立ち直り、成長する「能力」つまり、回復する力や適応する力を指している（Karen .R 2015）。なかでもフロマ・ワルシュ（Walsh, Froma 1996; 1998; 2006）は、さらに逆境にあっても回復する可塑性、復元力を促進する個人のみならず、家族レジリエンスの有用性を論じている。

我が国では、「困難で脅威的な状況にさらされることで一時的に心理的不健康の状態に陥っても、それを乗り越え、精神的病理を示さず、よく適応しているさま」（小塩、中谷、金子ら、2002）などを、わかりやすく打たれ強いこと、折れない心、心のしなやかさなどと表現したり、そのままレジリエンスと表記して用いることが多くなっている。保健学分野、社会福祉学分野、心理学分野などでは、個人のレジリエンスについて取り上げられることも増えてきている。

レジリエンスの研究領域は、戦争や自然災害などの外傷体験に暴露されたにもかかわらず、抑うつ症状やＰＴＳＤ（＝Post Traumatic Stress Disorder：心的外傷後ストレス障害）のような外傷性精神疾患を発症しない人もいたり、あるいは貧困、親の精神疾患、幼小児期の被虐待体験、重度のＤＶなどのような持続的・反復的に長年月にわたって被る家族間葛藤という危険要因にさらされながらも、ほどほどに健康で望ましい成長を遂げる子どもがいるなど、その保護的、あるいは緩衝的に作用している要因の解明や、社会にも適応して生活する子どもの健康促進へ影響を与える変数の解明などが起点になっている。国内でのレジリエンス研究は、まだ歴史は海外に比べて浅く、阪神・淡路大震災発生後の３年間におよぶ母子関係の調査を行った小花和（1999）の研究などは有名である。

緊急事態、災害などにより社会が抱えてしまうトラウマからの脱却や、自然の脅威により喪失を体験した者の回復プログラム、逆境体験にさらされた子どものケアのプログラムなどにもレジリエンスの概念は生かされ、広がって応用されている。

―災害とレジリエンス―

最近では、〝災害を乗り越える力〟について、「災害レジリエンス」という考え方も耳にする（林、2016）。いわゆる防災など、災害が起こることを前提に被災時の準備性を高めることに加えて、被災から立ち直る過程までも防災・減災に含めて考えることが、レジリエンスを高めるという考え方もあり、レジリエンスと予防という観点で興味深い。

一度被災すると、個人や家族など家単位、地域単位レベルで機能の一部または全部が失われる体験を伴う。そこから回復に向かうプロセスが始まるが、そのプロセスでは、以前と何も変わらずそのまま現実に戻すことが従来のレジリエンスの考え方である。しかし、新しい現実に合わせて変えた方がよいもの、自分たちが変わらなければならないことなどに突き当たり、健康で社会的なつながりはどうしたら維持できるのかなども考えなければならないことに気づく。また、どこでどのように暮らすか、どのような生き方があるのか、どのような仕事の仕方に変わらなければならないかなど、社会・経済的安定の享受にも、単に元に戻すことでは解決せず、よりよい方向への転換に対応する力が求められ、これらの要素がレジリエンスに関わってくる（林、2016）。

Covid-19の感染拡大を災害と捉えれば、この災害時のレジリエンスは、十分に参考になる要素が詰まっている。

―レジリエンスの形成―

リジリエンスは、「リスク」あるいは「逆境」と「それを乗り越え、よい形で社会に適応する」という2つの要素があって成立する概念である。苦難を経験するからこそ、発動し、育まれていくとも言える。そのように考えるとレジリエンスは、生まれつきの能力ではなく、また特別な才能でもないようである。回復する必要がある状況下で、必要に応じて形成される器のようなものともいわれたりもする。

この器は、個人のネットワークや倫理的な行動規範、個人の生育環境に基づく自発的意図的になされる愛他的行動や共感性などの影響を受ける。また、個人だけではなくソーシャルネットワークや互助などの環境要因の影響も受けて形成されていく。

また、レジリエンスの形成には、「思いやりのある向社会的な大人との関係」や「良好な知的機能が働くこと」が形成に関わっているとも言われている（Masten, A. S., & Coatsworth, J. D.,1998）。

形成されたこの器は、個人、家族、そして家族外のように大きさも多様であるが、単に前の状態に戻るという「復元」ではなく、大きな経験を経て得た力が加わるという意味が込められており力強い。Gilligan（2004）は、倫理的的行動規範が常に求められる医療関係職や福祉職などのソーシャルワーカーは、相談援助を進める上でも、レジリエンスや種々の保護因子に関心を持つべきだと述べている。

―ストレス耐性とレジリエンス―

ストレスは、生きていれば避けては通れないものである。ストレスが影響し心身にダメージを与えたとしても、（すぐに）適応できる状態や自尊心などを取り戻すことができる要素の解明も進んでいる。このストレス耐性は、レジリエンスと混同して使われることもあるが、山下、甘佐、牧野（2011）は、レジリエンスを「しなやかさ」や「疾病抵抗性」とし、ストレス耐性をその下位概念の一つとして整理している。すなわち、ス

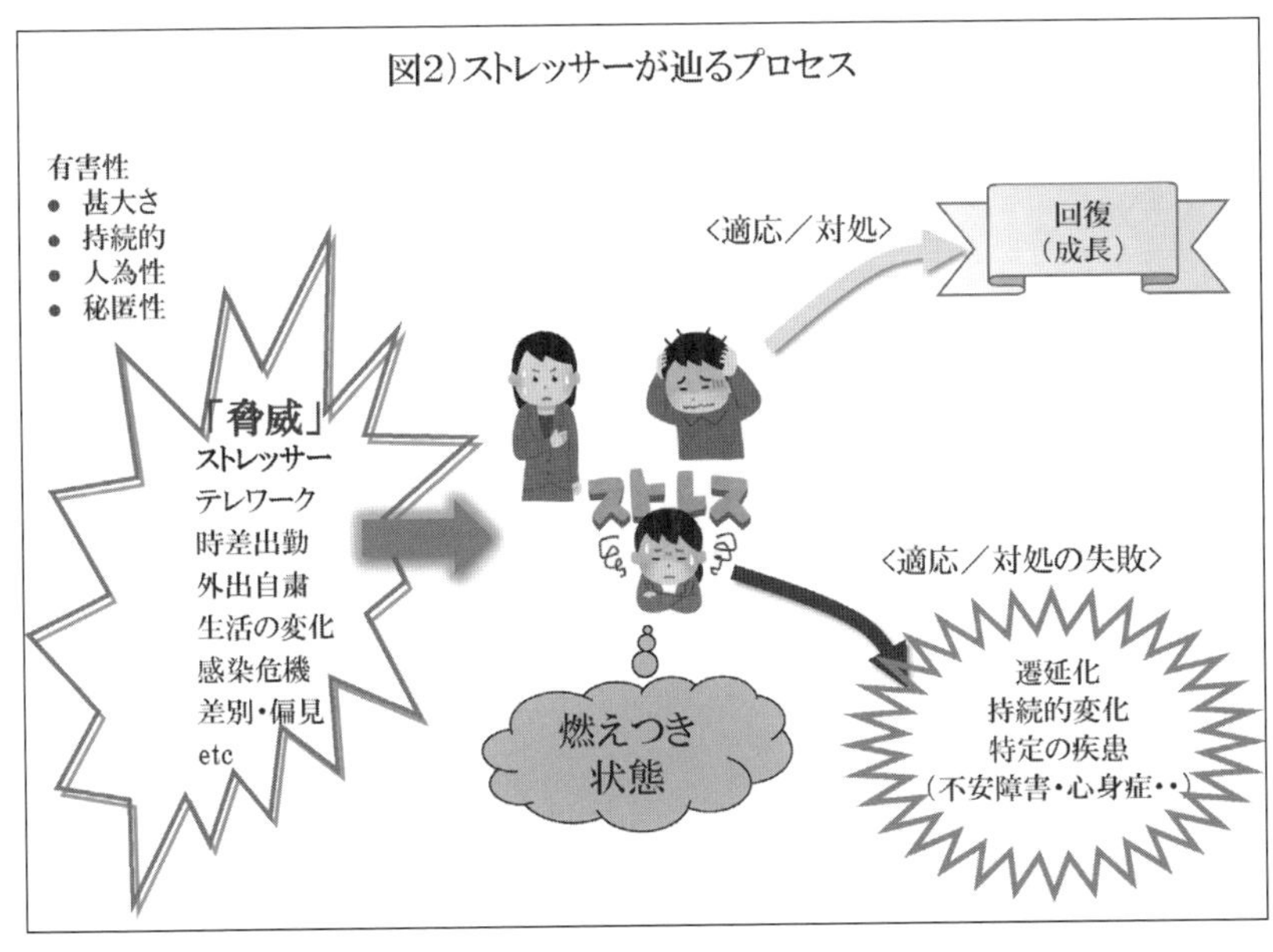

トレス耐性を高めることはレジリエンスを高めることにも繋がるといえる。

コロナ禍においてストレッサーは、自身の感染危機不安はもちろん、慣れないテレワークや時差通勤、普段いない夫や子どもが常時家にいる状況が、終わりが見えない中持続することである。この生活が長期化すれば、育児や介護負担、家庭内暴力（DV）、虐待リスクが増加する可能性もある。飲食業などの人たちにとっては、先の予測がつかないままの度重なる休業要請や経済的負担と将来への不安だろう。失職や休職、倒産による経済的困窮、自粛警察と化す内実不安を抱えている住民、コロナ禍初期に見られたが医療従事者の家族が感染者扱いされる理不尽などもストレッサーとなり得る（図2）。その有害性は、ストレッサーの甚大さ、持続性、人為性、秘匿性の影響を受ける。ストレッサーに対し、何らか適切な対処がなされ、回復ないし成長を遂げる場合も多いが、一方でコーピング行動がとれなければ、ストレス反応が出始めることがある。それが遅延化すると不安障害や心身症などを発症する場合もある

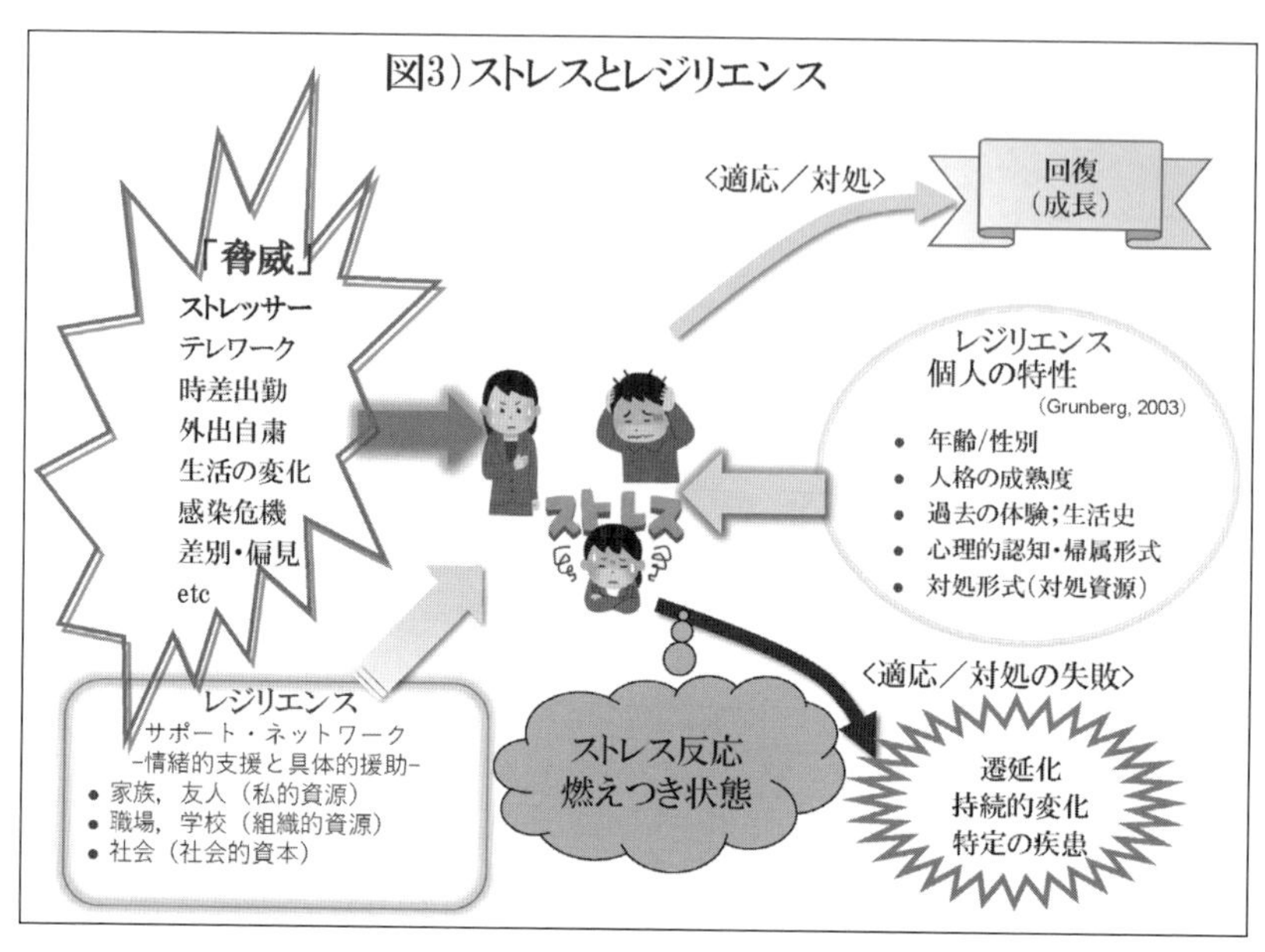

（山下、甘佐、牧野、2011）（図2）。

―レジリエンスは後天的に獲得される―

レジリエンスは、もともとストレスにさらされるのを予防する段階で働くのではなく、過大なストレスによって危機状況にある状態からの立ち直り、回復する段階で作用する跳ね返す力、回復力である。繰り返しになるが個人のパーソナリティとして生得的に獲得しているだけではなく、周囲からの働きかけや支援によって後天的に獲得する個人的特性である（平野、2012）。

このことは、意図的な介入によって、危機状況に必要なレジリエンスの要素を各々が得ることが可能であることを示唆しているといえる。

少し具体的に言えば、個人特性として評価される人格の成熟度などは、大いに生活史に基づくし、心理的認知機能の高さなども過去のさまざまな体験の帰結である。山下ら（2011）が示すストレス耐性以外のレジリエンスの構成要素である共感性や社会的外交性などのソーシャルスキル、楽観性、感情調整などの自己統制、そのほか忍耐力や抵抗力などの気質も後天的に育まれる部分が多い。ただし、生まれながらにして自己肯定が高まる環境にいない場合には、そもそもレジリエンスが高まりにくく、後天的にもレジリエンスが高まりにくいと考えられており、そこには、他者による（専門的）支援が有効な場合もある。

―レジリエンスを機能させよう―

レジリエンスが機能するということは、冷静に物事が捉えられるようになり、心に強さとしなやかさがもたらされ、思考を透明化できるようになることで、つまり心の安定を保てることに繋がる。また、児玉、辻（2020）は、ストレスの中でも特にうつ気分や不全感、自律神経症状は幸福感に負の影響をおよぼすが、レジリエンスが働くことによって、全般的に幸福感を高めることに寄与していると述べている。

適度にいい加減にふるまう心の余裕や適度にわがままになれる大らかさも必要である。考えすぎて不安に駆られてしまい、先々を憂いてしまったりする場合、リラックスできずに自分のからだと心を内から責めるのではなく、内なる自身の声を聞き、不安、焦り、羞恥心、疲弊、無力感を認め（ラベリング）、全身の力を抜いて目の前のできることに集中しよう。ときに逃げ込める保護的関係性（または相互依存的関係性）を保持しておくことも大事である。適度かどうか感情を分かち合える確かめあえる友人・先輩の存在もまた重要である。

4.――結びに代えて――「人」は、「人」の助けなしに生きていくことは難しい

東日本大震災の後に人々のつながり「絆」が見直され、当たり前だと思っていた日常的な毎日が、いかに幸福であるかが再評価されている。困難で脅威的な状況にさらされることで一時的に心理的不健康の状態に

陥っても、それを乗り越え、精神的病理を示さず、よく適応しているレジリエンスは、幸福感を高める要因の一つとなり得る。

生きていく上で特に重要な資源は、「人」である。「人」の助けなしに生きていくことは難しい。そして目の前の人に手を差し伸べずにはいられないのも「人」である。われわれは、様々な有事に、その「人々」が繋がり合って挑み乗り越えて、立ち上がってきたし、立ち上がる力がある、そしてその力を獲得していく理論も深めることができるようになってきている。

感染の不安や先の見えない脅威によって、しばし崩れかけた生活の変化にも、しなやかに対応し、相互に苦悩を和らげるレジリエンスを発動させること、そのための無理なく自分にできる小さな試みを粘り強く探してみよう。

CPVID-19禍において、看護者のストレスも相当のものと想像はしやすい。看護者自身も自分を大切にし、自身の未来に繋がるレジリエンスを発動させたい。なぜなら、看護には、あらゆる健康レベルの人々の心身の健康状態を見極め、今より楽に、今より少しでも良い方向に導く役割があり、そしてそれを側方／後方的に支援し、生きる力を絶やさぬ努力、周囲との繋がりを紡ぎ続けるという重大な役割を担い続けていかなければならないからである。

（本論は２０２１年1月11日に開催された第５回 武蔵野大学しあわせ研究所シンポジウムにて筆者が担当した発表内容を参照して記述した）

◉註

＊1　数々の新たなストレスに私たちも日々さらされている。日常生活環境に大きな変化を強いられているような状況下では、ストレスに立ち向かう戦闘モードに入り、交感神経と副交感神経のバランスが崩れることがあり、「自律神経失調症」を引き起こすことも考えられる。昼間優位になるのが交感神経、夜間優位になるのが副交感神経だが、このバランスが崩れると、夜間も交感神経が優位となり、それが原因で動悸がしたり、血圧が上昇することがある。また不眠や食欲減退、疲労感、倦怠感などの症状からさらに進展し、頭痛、めまい、息切れ、冷えなど自律神経失調特有の症状が出現することがある。これが長期にわたればやがて心臓や血管へのダメージとなって現れることになる。

◉参考文献

Gilligan, Robbie. (2004). Promoting resilience in child and family social work. *Social Work Education*, 23 (1) ;93-104.

G・W・オールポート、L・ポストマン著、南博訳『デマの心理学』岩波書店。1952. 10

林 春男 (2016)「災害レジリエンスと防災科学技術」『京都大学防災研究所年報』59：(A); 35–45

平野真理 (2012)「生得性・後天性の観点から見たレジリエンスの展望」『東京大学大学院教育学研究科紀要 52』411–417

カレン・ライビッチ著、アンドリュー・シャテー著、宇野カオリ翻訳 (2015)。『レジリエンスの教科書 逆境をはね返す世界最強トレーニング』草思社

厚生労働省 https://www.mhlw.go.jp/stf/seisakunitsuite/bunya/kodomo/kodomo_kosodate/dv/index.html (accessed2021.8.20)

児玉 恵美、辻 隆司 (2020)。「ストレスおよびレジリエンスが幸福感に及ぼす影響」『健康科学研究：3 (2)』39–49

Masten, A. S., & Coatsworth, J. D. (1998). The development of competence in favorable and unfavorable environments: Lessons from research on successful children. *American Psychologist*, 53, 205-220.

無らい県運動研究会著、内田博文・徳田靖之編集（2014）『ハンセン病絶対隔離政策と日本社会』六花出版

内閣府男女共同参画局局 https://www.gender.go.jp/policy/no_violence/sp_index.html（accessed.2021.8.13）

小塩真司、中谷素之、金子一史、長峰伸治（2002）。「ネガティブな出来事からの立ち直りを導く心理的特性－精神的回復力尺度の作成－」『カウンセリング研究：35（1）』57-65

小花和 Wright 尚子（1999）。「震災ストレスにおける母子関係」『日本生理人類学会誌：4（1）』17–22

総務省統計局。統計局ホームページ／労働力調査（基本集計）2021年（令和3年）7月分結果 (stat.go.jp) (accessed.2021.8.26)

The American psychological Association：The Road to Resilience on-line, http://helping.apa.org/ resilience.(accessed2021.8.3)

山下真裕子、甘佐京子、牧野耕次（2011）「レジリエンスにおける心理的ストレス反応低減効果の検討」『日本精神保健看護学会誌20（2）』11–20

［第5章］

自然災害と感染症に立ち向かう倫理

大震災とコロナ感染症の中で「しあわせ」は成り立つか

一ノ瀬正樹

武蔵野大学人間科学科教授・哲学倫理学

Ichinose Masaki

武蔵野大学人間科学部教授、東京大学名誉教授。

オックスフォード大学名誉フェロウ。博士(文学)。哲学専攻。

おもな著書として『いのちとリスクの哲学』(ミュー)、『死の所有』(東京大学出版会)などがある。

1―「無常」ということ

最初に明言しておこう。私たちが日常的に捉えている「しあわせ」は決して永続的なものではない。必ずどこかで終焉する。なので、「しあわせ」であり続けようとすると、無理であることを思い知らされ、かえって大きな不幸感にとらわれてしまう。しかし、一時のもの、刹那的なもの、だとしても、「しあわせ」や「幸福」は成立し、存在する。というより、そういうものとして成立する以外に「しあわせ」なるものはありえないのである。それゆえ、幸福感の後に「しあわせ」でない状態に直面したとしても、「しあわせ」ではなかったことにはならない。「しあわせ」とは、本質的に、そういう、いわば揺れ動き浮動しゆくものであり、そういう仕方で立派に私たちの生を彩っているのである。

しかし、人は、なぜか永続するものを求める。そのことは、「真理」という言葉に典型的に現れる。宇宙の真理、この世の真実、それは人間の小賢(こざか)しい思惑や計略などには左右されず、永遠に成り立ち続ける。水素分子の構造、放射性物質の半減期、それらは人間が存在していようがいまいが、同じ形で恒久的に成り立ち続ける。そのように私たちは思っているのではないか。けれども、私のように哲学倫理学を一旦学ぶと、必ずしもそうは思えなくなる。「永遠に成り立つ」。なぜそんなことが私たち生身の人間に分かるというのか。二億年後も同じであり続けるなどと本気で確言できると思っているのか。冷静に考えて、神ならぬ人間に、そんな経験したこともない遠い未来のことについて100%の自信を持って確言できるはずもない。

だったら、そのまま素直に、「真理」と言われているものでさえ、永続するものとは言えない、分からない、と認めてしまえばよいのではないか。すべては可変的で流動的で、たまたま私たちの近傍の身近な時間軸のなかで不変的だと思われているので、一見永続的に見えるにすぎないのだと。しかし、実は理論的には、一瞬先にすべてが変容してしまって、これまでの真理や法則性が覆されてしまう、という可能性、これはどうあっても否定できないのだと。これは、もちろんのこと、「しあわせ」や「繁栄」にも妥当する。しあわせや、栄耀栄華は、わずかな一時のことで、流れゆく浮動の一片にすぎない。こんなこと、実際、私たち日本人にとっては当たり前の世界観ではなかったか。「祇園精舎の鐘の声、諸行無常の響きあり。沙羅双樹の花の色、盛者必衰の理をあらはす。奢れる人も久しからず、ただ春の夜の夢のごとし」。言わずと知れた『平家物語』冒頭の一節である。だからといって、私たちは平家の人々の栄華をなかったとは思わない。むしろ、滅びゆく運命の切なさのゆえにこそ、その栄華のありようが一層際だってくるのではないか。

こうした「無常」の世界観は、西行法師、そして「ゆく河の流れは絶えずして、しかも、もとの水にあらず」と述べられる鴨長明の『方丈記』など、日本文化のなかに脈々と息づいている。いや、私はそう思っていた。しかし、どうやら実態は必ずしもそうではないようなのである。そのように気づき始めたのは、2011年の東日本大震災と福島第一原子力発電所事故のときであった。原発は安全だと政府や電力会社がずっと言ってきたのに、事故を起こしてしまった、ずっと嘘をついていたのか。そうした批判が一部に発生した。私は耳を疑った。原発は安全だなどと言い切る方も言い切る方だが、それをまともに信じる方も常軌を逸しているのではないか。「常に安全」などというものはない、無常、なのは、普通に考えて分かることではないのか。原発というのは人間が作った機械である。ならば、事故になったり、壊れたりすることはある。永遠に安全などということはないことは、最初から自明である。

しかし、いわゆる「安全神話」が、たぶん本当には誰も信じていないはずなのに、流通していき、大騒ぎとなってしまった。それを発端として、さらには放射線被曝の意味や実態についての理解不足も相まって、私たちは混迷の10年を過ごす羽目になってしまったのである。なにしろ、透明で清浄な世界を生きていた私たちの体を、悪魔のような放射線が突き刺していく、といった思考様式で事態が捉えられるという、驚きの反応さえ発生したのである（そのように記した人を私は知っている）。こうした思考様式は、そもそも私たちは原発事故にかかわりなくいつも放射線被曝をしているという事実への無知に加え、さらには、放射線被曝という汚染（?）を免れて常に清浄でいたいという、絶望的な歪みによって醸成されてきてしまった。つまり、ここにも「無常」観という伝統的世界観に必ずしも合致しない捉え方の影が垣間見えるのである。

2――「無常」観からの逸脱

この混迷の10年をもたらしてしまった要因が、無常観からの逸脱にあるのかどうか、それは見方次第かもしれない。けれども、清浄であり続けたいという非無常的な願望がさまざまな問題を陰に陽に動機づけたと私には感じられてしまう。福島原発事故の後、今から振り返ると驚くべき差別的反応が発生した。陸前高田の薪を五山送り火で燃やそうとしたら、京都中に放射能がまき散らされるとクレームが来て中止になったり、福島で子どもを育てていると子どもが死んでしまうので、前もってお葬式をしてあげるというデモが大阪で行われたりした。福島の国道6号線の清掃作業に参加している高校生の隣で、わざわざ道端の草地の放射線量を測って、こんなイベントはいのちを危険にさらすと喧伝したり、大学講師が福島出身の学生のいる教室で照明を消して、「あなたは福島出身で放射能を浴びているから、暗くすると光ると思った」と述べたりなど、本当にそんなことが起こったとはにわかに信じられないような、常軌を逸した差別的事態が生じたのであった。国道6号線の清掃活動の一件は、なんとなしに、今日のコロナ騒動における、いわゆる「自粛警察」を想起させる。自分自身の願望に沿わない事態に対して、なんとかして自身の願望に合う世界にしてしまおうという、強い思い込みの力が感じられる。そのように思い詰めてしまうこと自体、当人にとってストレスフルなのではないかとも危惧される。

確かに、福島原発事故によって平時より多い放射性物質が飛散して、周辺の方々は一定の余分な放射線被曝をしたはずである。しかし、放射線というのは自然現象であって、私たちは平時から浴びている。よって、どれくらい浴びたのかという「量」を問題にして考えていかないと頓珍漢（とんちんかん）なことになってしまう。どうしてこんなことになってしまうのか。日常の事態とは異なること、それが耐えられないからなのではないか。同じ平安な状態であり続けたいからなのではないか。常なる安心を求めているからなのではないか。気持ちは分かる。私とて同じだ。けれど、私たちはいつも刻一刻と変化し、世界も刹那刹那に変化し続けている。太陽でさえ、一瞬一瞬寿命の尽きる時間、消滅する時間へと、近づき続けている。常なるものはないのである。そうした無常のありようは、おそらく、冷静に考えれば理解できるはずである。けれど、なぜか私たちはそれを忘却し、慌てふためきがちなのだ。

こうした「無常」観からの逸脱という事態は、実はもとからそうだった（無常などといった捉え方はもとからなかった）のか、それともいつからかそのようになってしまったのか、それは私には分からない。しかし、そうした兆候はいろいろなところに窺われる。一つには、戦争と平和の問題がある。日本は第二次大戦後ずっと戦争に加担することも、直接的に巻き込まれることもなかった。実際日本は、憲法という最高規範のもと、戦争を放棄しているのである。世界のどこかでほぼいつも戦争や紛争が起こっている中で、一国だけ平和ならばよいのか、という問題はあるにせよ、戦争をせずに生活できてきたということは双手を挙げて素晴らしいことであると称賛できる。けれども、である。無常観をそのまま受け取る態勢に立つならば、このような事態が永遠に続くなどということは想像できず、どのような形かは予測できないが、日本でさえ戦争あるいは武力衝突に巻き込まれるということは想定できるし、たぶん想定しておかなければならない。犯罪はない方がいいに決まっているが、残念ながら発生が想定されるので、その備えとして警察を置いているのが私たちの社会の実相である。国と国の間の関係にも、同様なことを考えていく必要があるのかもしれない。無常観に立つならなおさらであろう。

つまりこういうことだ。私たちにとって正的に評価される事態、しあわせや幸福なありよう、安全、平和、それらは可能な限り維持していこうとすることは、いわば私たちの本能であり、道徳的に尊いことである。それゆえ、それをないがしろにすることは決して正当化されない。発電所やその他のプラントを安全に運営していくこと、これらは関係者そして私たち市民の責務である。けれども同時に、その背景において、「無常」観についても潜在的に思いを致し、そうした正的な価値を有する事態といえどもやがて終焉するだろうという、この世界の真相への覚悟も絶対に必要だろう。そのことを個人レベルで象徴的に具現しているのは、私たちにとっての不可避的なる「死」である。それは、一つの、確固たる終焉であると思われている。繁栄であれ苦悶であれ、それは永遠には続かず、「死」をもって根本的に変容すると想定されている。「memento mori」(死を銘記せよ)、「常住死身」。これらの東西の格言には、無常世界を受け取る覚悟への促しが明らかに感じ取られる。

3――倫理の問題

私は、混迷の10年を経験したことで、一つの専心すべき研究テーマを見出すに至った。それは、19世紀のケンブリッジの数学者・哲学者ウィリアム・キングドン・クリフォードの提起した「信念の倫理」についての研究である。詳しいことは別稿に譲るが(一ノ瀬 2021a 参照)、クリフォードの主張を切り詰めて要約すれば、「不確かな証拠による信念は、つまり心の中の思いは、それによって有害な結果が発生してもしなくても、道徳的に非難されるべきである」となる。これは、明らかに過激すぎる主張である。たとえば、私たちは家から道に出るとき、車の音がしないと思って、つまり安全だろうという信念を抱いて、パッと出たりする。けれども、電気自動車など静音で走る車が横切ろうとしているかもしれない。だから、安全だろうという信念は、不確かな証拠によるにすぎない。それゆえ、クリフォードの議論に従えば、そのように信じて道に出る者は、たとえ実際に車が通っていなくて何も生じなかったとしても、道徳的に非難されなければならない。なんということか。このように考えたら、私たちは四六時中不確かな信念を抱いて生活をしている以上、常に非難に値する、悪徳な者であることになる。むろん、そういう人間観もあるかもしれない。けれど、道徳的非難、まして法的非難、ということに照らすならば、このような議論は明らかに行き過ぎであろう。道を歩くたびに、法的に罰せられるなどということは常軌を逸している。

それに、そもそも確実な証拠を原理的に獲得できないことについての信念が、私たちの日常生活には充満している。たとえば、歴史的事実についての信念はどうだろう。徳川家康は大坂夏の陣の後、1616年に亡くなったと、私たちは教わる。けれども、当然ながら、私たちにはそれについての直接的証拠は欠けている。実際、家康の死亡年についてはいくつかの俗説もあり、確実とは言い難い面もある。また、自然科学に基づく信念も、確実かつ直接的な証拠があるかと言われれば心許ない。木星の表面に観測される大赤斑は巨大な台風であるとされるが、私たちにとってそれをじかに確認することなどできようはずもない。つまり、それらの信念は不確実な証拠に基づくと言わざるをえないのである。地球の球体性でさえ疑いを持つ人々がいて、彼らは地球が平面であると信じる人々、「フラット・アーサー」(flat earther)などと呼ばれる。実際、地球が球体であることの直接的証拠を私たちは本当に有しているのかと問われてみれば、やや自信が揺らぐかもしれない。ほぼ自明性のもとに回収されている信念だが、根拠となる直接的証を示すのは、もしかしたら案外難しいかもしれない。さらに、クリフォードの議論に対しては、ウイリアム・ジェイムズが「宗教的信念」の意義を前面に出して厳しく批判したことが歴史的に知られている。

事ほどさように、クリフォードの提起した「信念の倫理」は、そのままでは受け入れがたい。けれども、何ごとも一つのことだけで判断してしまうのは知的とは言えない。人は見かけによらないとも言うではないか。「信念の倫理」は、冷静に考えてみれば、十分に説得的な面を持っているのである。確かな根拠もなく軽々に何ごとかを信じ、それに基づいて行動してしまうこと、それがまことに非難に値することは、実は多々あるのだ。風評、偏見、差別、勝手な思い込み、それらはそれ自体で非難に値すると言えるのではないか。そうした非難は、きちんと調べたり検証したりせず、不確かなまま信じ込んでしまっていることに基づく。それはまさしく、クリフォードの「信念の倫理」が糾弾している現象にほかならないではないか。つまり、「信念の倫理」の着想は、すべてにわたって適用するのは過激すぎて受け入れがたいが、それでも、確かに適用できる、適用すべき問題圏はある、ということなのである。

私は、こうした見方は現在の新型コロナウイルス感染症問題（以下「コロナ問題」と略称する）にも適用できると踏んでいる。何が正しい真実なのか、よく調べて知ること、それがやはり要求されているのであり、それゆえ、そうした調査や探査を怠ることは道徳的・倫理的に非難に値するのである。そして、私の基本的理解では、倫理というのは、正悪に関する価値判断の衝突つまりコンフリクトが発生するときに立ち上がる。「正vs.悪」のコンフリクトではなく、「正vs.正」のコンフリクトである。「正vs.悪」のコンフリクトの場合は、倫理「学」は不要である。意味もなく野良猫の頭を金属棒で殴るようなこと、それは学問以前において「悪」である。「悪」は「悪」であり、糾弾され、指弾され、断罪されなければならない。けれども、価値判断の対立でも、どちらの側にも一定の理がある「正vs.正」の対立もある。人工妊娠中絶、死刑などについての意見の対立がその典型例であり、コロナ問題もその一つであるというのが私の理解である。では、コロナ問題における「正vs.正」のコンフリクトとは何なのだろうか。ただ、それを検討する前に、事実やデータを簡単に確認しておこう。

4――コロナウイルスとその検査

今回問題となった新型コロナウイルス、SARS-Cov-2、そのものについては、本書水谷論文を参照していただくことにして、ここでは詳しく説明しない。事実に関する概要だけ言えば、コロナ問題を惹起(じゃっき)した新型コロナウイルスは、RNAウイルスであり、RNAウイルス特有の変異しやすさに対して例外的に修復力を持つウイルスなのだが、新型コロナウイルスを含むSARSコロナウイルスは、スパイクタンパク質の変異によって生存してきた経緯から、巧妙に変異する、という性質を獲得してきた（水谷 2020、33-35）。加えて、ウイルス学で言うところのADE（抗体依存性の増強）という性質がもしかしたら新型コロナウイルスにもある可能性が必ずしも消去できない。「多くのウイルスは抗体が結合すると細胞に感染できなくなるのに対して、ネコ伝染性腹膜炎ウイルスは抗体が結合すると逆に感染力が増して」（水谷 2020、p.19）しまうのであり、そういう性質がADEと呼ばれる。しかるに、ワクチンとは、「体内で抗体を作らせることが目的なので、ネコ伝染性腹膜炎ウイルスにワクチンを接種すると抗体が病状を悪化させてしまう可能性があり、ワクチンの開発は困難になる」（水谷 2020, p.19）。新型コロナウイルスのワクチン製造と適用においても、ADEが発生するかどうか、慎重に見極めなければならない。（しかし水谷自身は、その恐れは今回はまずない、と口頭で述べていた。本書所収の「パネルディスカッション」参照。）

令和3年9月時点での感染の事実関係を確認するならば、NHKのデータによれば、世界全体での感染者数は2億3000万人弱、死者数は470万人弱、と報道されている（https://www3.nhk.or.jp/news/special/coronavirus/world-data/）。また日本国内で言えば、感染者数は160万人を超え、死者数はおよそ1万7000人となっている（https://www3.nhk.or.jp/news/special/coronavirus/data-all/）。ただ、アメリカの死者数が60万人弱、ブラジルの死者数が45万人弱、インドの死者数が30万人弱、といったデータからすると、日本の状況は相対的には最悪であるとは言えない。また、歴史的に言うと、14世紀のヨーロッパの「黒死病」（ペスト）では「２５００万〜４０００万人が亡くなったという。街には人気（ひとけ）がなくなり、無住の村々や集落が点在することになった」（小長谷 2020, p.29）という。また、今回の新型コロナウイルス問題で、しばしば引き合いに出されるのは、およそ１００年前の１９１８年に始まったスペイン風邪のパンデミックであろう。１９２１年まで世界中で猛威を振るい、およそ世界で５０００万人から８０００万人の死者が発生したと推定されている。日本だけでも、スペイン風邪による死者は45万人に上るとされている（石 2018, pp.211-221）。これらを顧みるとき、不幸中の幸いと言うべきか。今回のコロナ問題は歴史上最悪といったものには到底至っていないことが窺われる。

あるいは、他の原因による死者数と比較するのも、目安を持つという点でよいかもしれない。厚生労働省の統計によると、２０１９年（コロナ問題以前）の日本でがん死は約38万人、肺炎死（誤嚥性肺炎死も含めて）は約14万人、事故死は約４万人だと報告されている（https://www.mhlw.go.jp/toukei/saikin/hw/jinkou/geppo/nengai19/dl/gaikyouR1.pdf）。また、SARS-Cov-2とは別の、インフルエンザによる年間の死者数は、たとえば２０１８年だと約３３００人である。あるいは、ワクチンの副反応でかつて話題になった子宮頸がんについては、一年で約３０００人の方が子宮頸がんにより亡くなっている（https://ganjoho.jp/reg_stat/statistics/stat/summary.html）。また、令和２年（２０２０年）の日本全国での交通事故死は２８３９人で、統計開始以来最小数を記録した。こうした点からすると、今回のコロナ問題での死者は、交通事故や通常のインフルエンザよりも多いということが分かる。しかし、コロナ問題以前での肺炎で亡くなる方々の数と比べると、かなり少なく抑えられていることが分かる。

さらに驚くべきデータも記しておこう。日経新聞２０２１年２月22日版によると、令和２年の日本国内の死亡者数は前年より約９０００人減少した、とのことであった。コロナ以外の肺炎やインフルエンザの死亡が減ったからだと推定されるとされている。いわゆるウイルス干渉現象と思われる。あるいは、ステイホーム政策により、さまざまな疾病のリスクに曝される率が減ったからだろうか。これは果たしてどう評価すればよいのだろうか。他方、結果として、コロナウイルスの令和2年の死亡者は7000人弱であることからすれば、コロナウイルスは、殺した人数よりも多くの人数の人々を救命した、とさえ言えてしまいそうである。やはり、全体の状況を俯瞰的に見る視点は重要であろう。

また、事実関係において確認しておくべきは、新型コロナウイルスのようなRNAウイルスにPCR検査を施すことの意味についてであろう。コロナウイルスが私たちの身体に侵入してきても、それが直ちに感染を意味するわけではない。コロナウイルスの表面から出ているスパイク蛋白質が、人体の細胞表面にあるACE2と呼ばれる受容体に結合し、そして細胞表面の蛋白質分解酵素がスパイク蛋白質を分解すると、ウイルスと細胞膜が結合する。これによってコロナウイルスのRNA遺伝子が人体の細胞膜に注入されて感染が成立する（井上 2020, p.39）。こうしたメカニズムから分かるように、人体にコロナウイルスが入ってきたとしても、感染に至るには一定のプロセスを経なければならない。しかるに、PCR検査とは何かというと、井上正康の言葉によると「PCR検査はRNAウイルスの感染力などとは無関係に、遺伝子の断片を大幅に増幅して超高感度で検出する方法です……PCRの陽性はRNA断片の存在を意味しますが、感染や感染力の有無を意味するものではありません」（井上 2020, pp.127-128）、「PCR検査を無症状の健康陣に行うと〝陽性者〟という数字がひとり歩きをして国民の不安を煽るだけの結果になります」（井上 2020, p.130）。つまり、たとえば、鼻の中にコロナウイルスが単に入ってきただけで、すでにある免疫とかウイルスの量などにより感染には至らないであろう人でも、PCR検査をすると陽性になってしまう、といった意味である。このことは非常に本質的な注意点であり、情報の理解という意味で、何度も強調されなければならないだろう（*1）。

5――倫理的コンフリクト

さて、コロナ問題における「正vs.正」のコンフリクトの問題に移ろう。私が考えているのは、次のように図式的に表せるコンフリクトである。

> 感染を抑え込む vs. 人々の自由や人権

たぶん、こんな大雑把すぎる図式で意味のある議論につながるのか、といった疑問が出るだろう。ただ、私は、議論の出発点は大まかなものでよい、むしろ大きな枠組みを提起して俯瞰的な視点を示すことで、議論が見えやすくなると感じている。疫学などが典型だが、詳細にあえて踏み込まず、大まかな形を描き出すことに集中するというのも、知的活動にとって無意味であるとは思わない。そうした見方に沿って、ここで私は、便宜的に次の二つの次元において問題点を指摘していきたい。

1) 社会的次元
医療的措置の制限（トリアージやワクチン接種順）や感染予防政策（lockdown、緊急事態宣言、自粛など）⇕人々の人権、日常の自由、経済生活、という対立

2) 個人的次元
感染抑制⇕医療従事者の感染リスク暴露、無症状キャリアの扱い、に現れる対立

まず、社会的次元のコンフリクトについて見ていこう。しかし、実は、この問題については、大枠での事

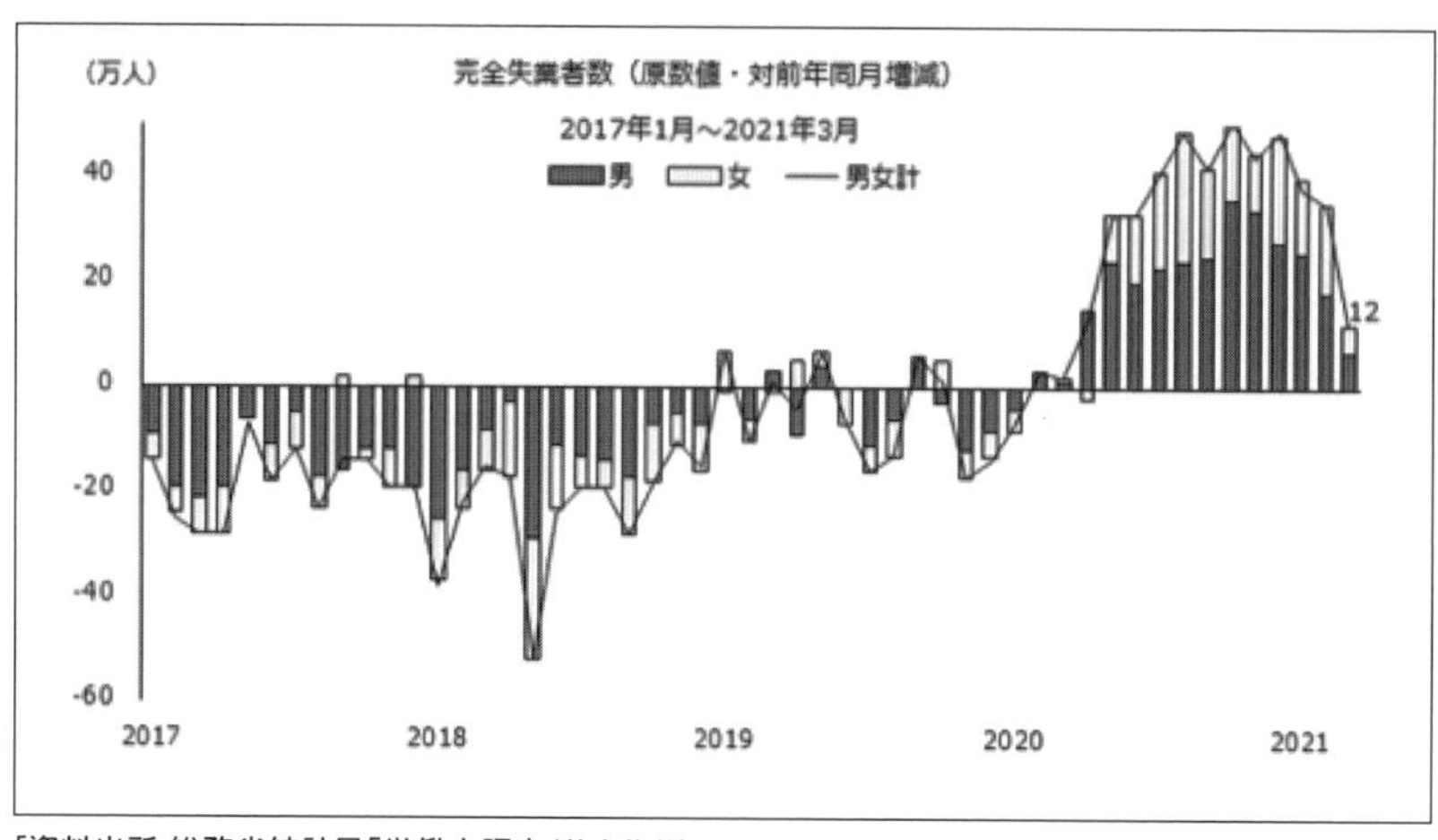

［資料出所 総務省統計局「労働力調査（基本集計）」

態は明瞭で、感染予防と社会的活動のぎりぎりの調和点をさぐって対応していくしかないことは、最初から分かっている。感染をまず完全に押さえ込んでから、社会活動を再開させる、というわけにはいかない。まず、そもそもそんなことはできない。「菌やウイルスは完全に排除する対象ではないのです。いつも当たり前に存在し、常に共存しているのです……今回のコロナ禍でも、新型コロナウイルスを地球上からすべてなくせ、といった主張をする人がいます。しかし、我々人類がウイルスを根絶できたことは、ほぼ皆無です」（森田 2020, p.64）。それに、そんな方向で対策を立てたならば、雇用は縮小し、失業者が増える。そして貧困が拡大する。自死が増えることが予測される。しかし、だからといって、感染を野放しにしたら、もっと社会は混乱する。どっちに振れすぎても、被害は免れないのである。

実態を確認するため、総務省統計局のデータから近年の完全失業者数の増減の様子を示す。

雇用の不安定化がコロナ問題の出現とともに顕在化してきたことは一目瞭然である。また、警察庁の統計をまとめた厚生労働省の報告によると、自殺者数は、コロナ問題が発生した２０２０年は２０１９年よりも９１２人増えて、

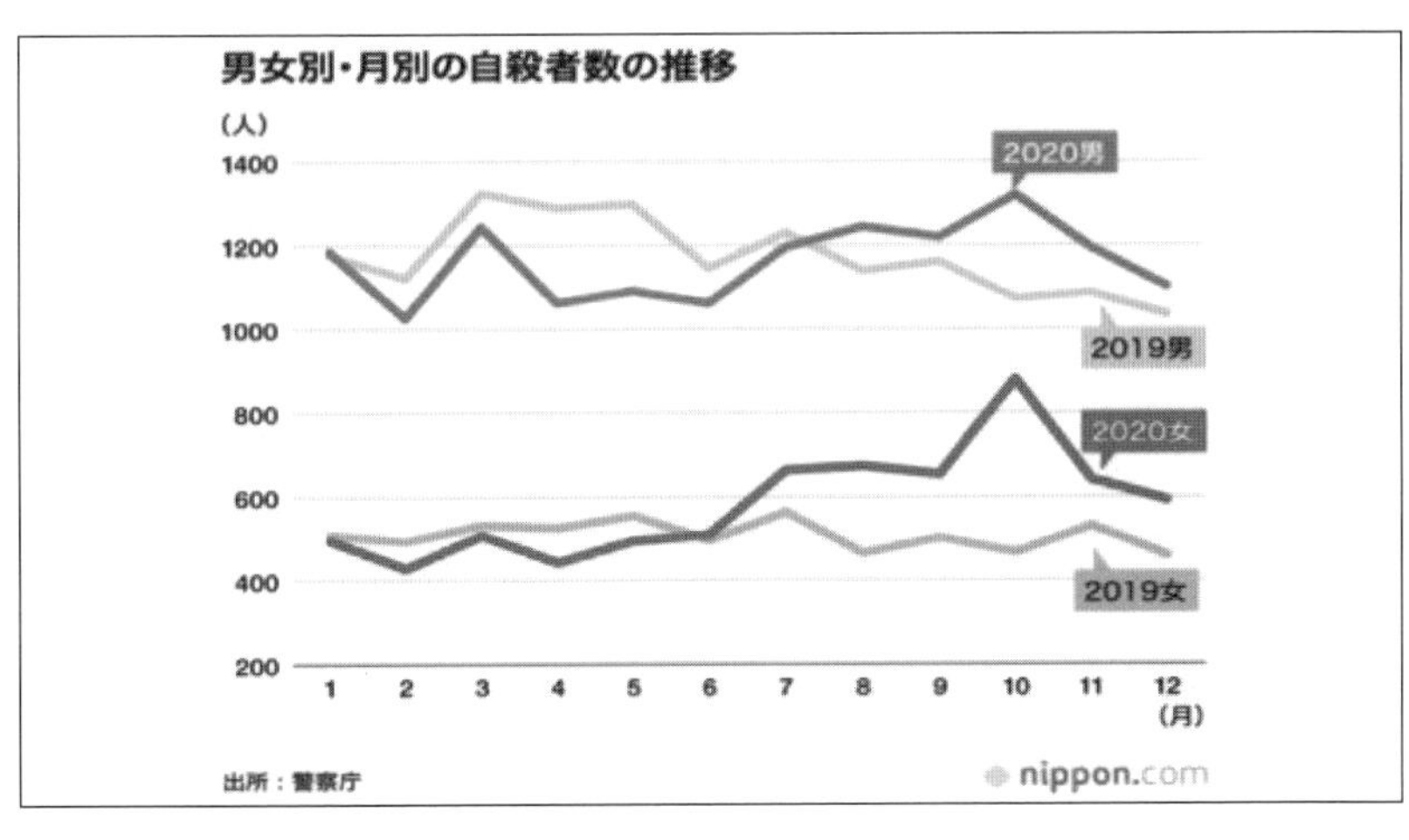

2万1081人だった。自殺者数はこのところ10年連続で減少していたが、11年ぶりに前年を上回った。人口10万人当たりの自殺者数（自殺死亡率）も11年ぶりに増えて、16・7人となった。図表で示しておく（＊2）。

自粛政策の反作用は、さらに細かいところにまで及ぶ。大学がオンライン授業となり、大学生がキャンパスに滅多に行けなくなってしまった。飲食店が開店時間を短縮したり、アルコールを出せなくなったりして、売り上げが激減してしまった。一般の人々も、ステイホームを半ば強制されるだけでなく、飲み会などに行けなくなり、ストレス発散の機会を持ちにくくなってしまった。子どもたちの遊びの機会も制限を受けることになった。

6――コンフリクトへの対応

こうした状況の中、自粛政策の調節が模索されざるをえなくなる。一つには、世代間のトレードオフを導入するという考え方がある。すなわち、Covid-19に罹患した場合に重篤になり死亡率が高い高齢者に特化して自粛を求め、若者には通常の活動をしてもらう、という方針である。いわば「選択的ロックダウン」(selective lockdown)である(see Savulescu & Cameron 2020)。けれども、こうした「選択的ロックダウン」は「公平性を損なう」(levelling down of equality)。さらには、たとえ「選択的ロックダウン」を実行したとしても、高齢者は若者のケアを受けねばならず、そして「選択的ロックダウン」の場合、若者のなかに無症状キャリアの方々が存在するようになる確率が高いので、高齢者のケアをする若者が高齢者に感染させる機会が増え、かえって感染拡大をもたらしかねないのではないか。そういう意味で、やはり「全体的ロックダウン」の方が倫理的にも効率的にもよいだろうと、そうした批判を受けることになった(Firth 2020)。

いずれにせよ、最もすぐに思いつくコンフリクト解消政策は、政府がロックダウンや自粛要請したりした個人や企業に補償する(compensate)というやり方であろう。結局これは税金でまかなわれるので、補償というよりも、国民の間での互助活動といってもよい。最も現実性があり、効果はどうあれ、実際に実行もされている方策である。これについては、どのくらいの金額の補償が妥当か、といったプラクティカルな問題は別にすれば、それを行う方がよいと考えることに倫理的な問題性があるとは、まず思えない。なので、補償すること自体について詳しく検討する必要性はない。

とはいえ、感染症発生の際に自粛を要請する代償として補償をする、というやり方に対する理論的な反論も不可能ではなく、いくつかの反論パターンが示されうる。私の見るところ、いずれもかなり無理筋に思えるが、ただ、そうした反論が受け入れ可能かというよりむしろ、そうした反論が提示されうるという事情の背後にある、感染症倫理に巣くう潜在的な様相にはきわめて興味深い点があるので、それに触れておく。

それはつまり、感染症と刑事事件や戦争時とのアナロジーが持ち出されうるという、そうした事情である。ホルムが、感染症対策としての自粛要請に対する補償政策に対して、ありうる反論について言及している。すなわち、感染症問題での自粛要請は、人の自由を制限し拘束しても補償などしなくてもよい、という事例とアナロジカルなので、補償は必要ないとする反論である。ホルムは次の5つの事例を挙げている。1)刑事犯の投獄、2)起訴に至らない一時的勾留、3)触法精神障害者の措置的拘束、4)戦争時の敵国市民の拘束、5)戦争時の軍隊への強制的入隊、である（Holm 2011, pp80-82)。これらはすべて、当人の自由を制限し拘束するという事例だが、その代償としての補償は必要とされない。けれども、ホルムによれば、公衆衛生のための自粛要請は、まず刑罰とはそもそも概念的に異なるし、それに戦争時に自国に害をもたらす恐れを事前に防止する戦争時の拘束とも異なる、とされる。感染症患者は、戦争時の敵国スパイのように、意図的な害を広めようとすることは希だからである。ただし、戦争時の軍隊への強制入隊の際にはいわば給与が支払われるわけだが、パンデミックの際の自粛要請は、このケースとは一定の類比が成り立つとされる（ibid.)。いずれにせよ、パンデミックの際の自粛要請に対しては、「補償がなされるべき」であること、これは多くの人が納得することではないかと思われる。補償の額によっては不満が出るとしても、「一切補償しなくてもよい」というやり方は賛同を得にくいであろう。

7——刑罰と治療のアナロジー

けれども、ここで私が触れておきたいこと、それは、善し悪しは別として、「刑罰」と「病気の治療」とがアナロジカルに語られる、あるいは同視される、という事態が、実は昔から今日に至るまで連綿と続けられてきたという、歴史的事実である。その事実からして、こうしたアナロジーによる補償政策反対論というのは確かに興味深い。刑法学者の佐藤直樹によると、どうやら中世までは、私たちが言うところの犯罪行為というのは、犯意によって行われた悪事（wrongdoing）というよりも、この世界に客観的に発生した現象のように捉えられてきたのであり、「動機」や「犯意」は主たる考慮要素ではなかったと言われる。佐藤は、中世盛期の13世紀頃までは、欧州では私たちの捉えるような意味での「刑罰」、すなわち犯罪は行為の性質に応じて処罰されなければならない、という考え方はなかったと述べた上で、「中世盛期までの「刑罰」とは、たんなる秩序侵害にたいする回復措置であり、それゆえ、犯罪者がどのような動機から犯罪を行っても、つねに侵害の結果だけが問題となった……中世盛期までの違法行為は、倫理とは関係なく、犯罪は悪行ではなく、たんに共同体の秩序を毀損するという困った状態であり、それは倫理的評価ではなかった」(佐藤 1989, pp.97-98) としている。このことは、たとえば社会や国家を一つの有機体のように捉えるならば、犯罪行為はそうした有機体の損傷あるいは病気のようなものとして理解され、よって犯罪への対応としての秩序侵害の回復措置、すなわち今日の概念で言うところの刑罰は、ある種の治療として表象されるようになることを確かに示唆する。

実は、こうした思考の流れはずっと後まで残存し続けていく。19世紀になって、ある種の遺伝子決定論や環境決定論というべき思考傾向のもと、犯罪現象が科学的・実証主義的に理解されるようになってきた。佐藤はこのようにも記す。「この実証主義的犯罪観によれば、犯罪はひとつの病理と考えられることになり、また処遇はそれにたいする治療と位置づけられる」(佐藤 1995, p.156)。つまり、犯罪に対する「いわゆる刑罰」は「治療」の一種である、という捉え方である。

このような考え方に親和する思考様式は、実は、刑罰正当化論の中の有力な一角を占める「目的刑」、すなわち刑罰制度を刑罰のもたらす結果の価値に照らして正当化しようとする功利主義的 (大福主義的) 考え方に明らかに潜在している。そうした目的刑では、刑罰の意義を触法者の教育や更生に置くのであり、それはつまり、触法者を病人と捉えて治療しよう、という発想をとっていると解釈することができるからである。また、目的刑には、一般予防すなわち犯罪抑止という点で刑罰を正当化するという考え方も含まれるが、それも、治療と同じではないが、人々の (犯罪に向かいがちな) 傾向性に対して外的な介入をすることを刑罰の意義だと捉えているると解釈できるので、刑罰＝治療、という考え方と親和的であろう。

犯罪行為や触法行為を一種の病気と捉える見方といえば、19世紀において、ガルの「骨相学」から始まり、かの有名なロンブローゾにおいて頂点をきわめ一世を風靡した「生来性犯罪者説」にも、明らかに同調した思潮を見取ることができる。むろん、こうした19世紀の学説はその後下火となっていくが、しかし完全に消えたわけではない。現在でも、しばしば殺人などの犯罪の説明として、犯罪者の脳の変異などが名指しされたりする。福島章の「殺人者精神病」の概念などをその例として挙げることができる（福島 2005）。事ほどさように、人類の知的歴史において、「犯罪と刑罰」は「病気と治療」という形で、少なくともそのアナロジーで、捉えられてきた側面を有するのである。

だとしたら、ロジックの流れとして、感染症患者の処遇の問題、すなわち隔離要請を、刑罰とのアナロジーで捉え、刑罰としての拘束に対して補償は不要なのだから、感染症患者の処遇の補償も不要だということになり、ひいては、そうした見方が拡張されて、感染症予防のための拘束や制限、すなわち行動自粛や営業自粛にも補償は不要である、なぜならばそれは犯罪予防の政策の一種なのであって、社会の秩序を守るための処置で、社会が個別の補償するいわれはない、とする、一見途方もない見解が現れてくる背景も理解できなくもない。強く強調したいが、そうした補償不要論を私が提案するということではまったくなく、単に、そのように論じる余地が私たち人類の刑罰や感染症予防に関する捉え方のなかに潜在していると指摘したいのである。

よくよく振り返ってみれば、コロナ問題発生の初期に、不注意な行動により感染してしまった人々に対して非難を向ける動きが一部あった。それも、おそらく、「犯罪と刑罰」と「病気と治療」のアナロジーが依然として人々の心に、無自覚的にであれ、残存していることの現れかもしれない。さらには、一時、日本政府が、自粛政策に応じない人々、そして罹患しても入院を拒否する人々に対して、刑事罰を加えることを提案したという事実も（結局はそうはならなかったが）、「犯罪と刑罰」と「病気と治療」のアナロジーを暗示させる事態であったと言えるだろう。感染予防をしないことをある種の犯罪の「未遂犯」として処罰する、という観念として理解可能だからである。

しかし、近代以降、イギリスのコモン・ロウの考え方が徐々に浸透してきて、刑罰は、原則的には、悪しき動機（mens rea）によってなされた加害行為（actus reus）に加えるものとされた。刑法の教科書に必ず載っているラテン語のスローガン、'actus non facit reum, nisi mens si rea'、すなわち「罪ある心なければ罪ある行為なし」、にそれが体現されている（Allen 1991, p.17）。しかるに、それに対して、新型コロナ感染は、基本的に、意図してなるものではなく、不幸にも罹患してしまうものである。近代的責任論からして、コロナ感染を犯罪のように扱うことは明らかに無理筋である。

しかし、もしかしたら、コロナ感染は犯罪とアナロジカルに捉えられるのだとしても、悪意があるわけではないので、刑罰ではなく、まさしく措置入院のような扱いをすることになる、つまりは、概念としてはいわゆる「精神異常抗弁」（insanity defence）と似た考え方がコロナ感染症罹患者の扱いには巣くっているのだと、そう分析できるのかもしれない。恐ろしい見方ではあるが、善し悪しは別にして、私たちの思考様式の構造の深層に、このような発想法が潜んでいるようにも私には思えるのである。さらに根源的なことを言えば、コロナ感染症問題において、「強制的隔離や自粛要請への補償は不要だ、なぜならそれらは刑罰や犯罪予防政策に類するものなのだから」、といった思想が見え隠れしてしまうのだとしたら、身震いするような恐ろしい考えかもしれないが、もしかしたらmens reaの概念に基づく近代的責任論が実際上は不合理なものとして受けとめられ、私たちは心底からそれを受け入れていない、むしろ中世以前の「犯罪＝病気」という思想を根深く抱懐（ほうかい）し続けている、というのが実態なのかもしれない。触法精神障害者や責任能力の問題、累犯の問題、などの混乱性を考えると、確かに、近代的責任論には改善すべき余地が多々あるという主張には一理あるのではないかと思えてくる。

8——トリアージにおける「救命数最大化」と「生存年数最大化」

さて次に、コロナ問題に関する社会政策として、(日本ではさしあたり重大問題となっていないが) 人工呼吸器やECMOなどの医療資源配付をめぐる「トリアージ」、そしてワクチン接種の優先順位問題について一瞥しておく。ここでは、広瀬巌の『パンデミックの倫理学』をおもな検討対象として論を進めていきたい。この本は、広瀬の国際的かつ実践的な活躍に裏付けられた、そして時宜に適った、冷静な議論を展開した書物として、高く評価することができる。こうした広瀬の議論を検討することで、私なりの提案を果たしていきたい。

広瀬によれば、非帰結主義であれ帰結主義であれ、ほとんどの倫理学説において「救命数最大化」原理が受け入れられている、とされる (広瀬 2021, pp.12-13)。こうした議論の基盤には、「パンデミック下では治療の再分配は倫理的に正しい行為である」(広瀬 2021, p.85) とする広瀬の確固たる理解がある。つまり、感染症のパンデミック状況においては、医療資源や医療サービスの分配、つまりはそれらの適用の順序づけが必ずや必要になる。それゆえそうした必要に応じた行為は倫理的に正当化できる、というのである。この考え方に従えば、ワクチン接種の優先順位がおのずと導かれる。すなわち、

リスクグループ(高齢者、基礎疾患罹患者、がん患者、妊婦など)>医療従事者>エッセンシャルワーカー>スーパースプレッダー……

という順位付けである。救命数を最大化するため、ウイルスに感染したら重症化しやすいリスク・グループに優先順位が与えられ。次に救命数最大化という観点からもそして公平性という観点からも、感染リスクにさらされる医療従事者が優先される。いずれにせよ、社会全体で考えて救命数を最大化するという基準に従がって右記のような優先順位が考えられ、それは倫理的に正当化されるであろう。その意味で、逆にこうした順序付けを骨抜きにしてしまうような、市場取引は厳に禁じられねばならない。「希少なワクチンが自由に売買される市場が存在すればワクチンの市場価額が高騰し、富裕層だけがワクチンを接種することができて貧困層は接種できないという事態になる」（広瀬 2021, p.96）。こうした広瀬の論展開は説得的であり、多くの賛同を得るであろうと思われる。ただ、救命数最大化原理は明らかに大福主義的原理であって、人権概念を常に前面に置こうとする論者がいるとしたら、疑問を提起されてしまうかもしれない。救命数最大化というのは、社会全体の数のことであって、個人個人に対するケアや処置を軽視してよいのか、と言われてしまうかもしれない。この点は、後にも触れていく。

さて次に、最大の論争点になるであろう、人工呼吸器やＥＣＭＯなどの希少な医療資源をめぐる、使用優先順位を切り分けていく「トリアージ」の問題に目を向けなければならない。もう少し厳密に整理すれば、二つの場面が分けられる。一つは、コロナ感染症の複数の重症患者が運び込まれた際、装着すべき人工呼吸器やＥＣＭＯが全員に行き渡らないとき、誰を優先すべきかという問題場面である。もう一つは、すでに人工呼吸器やＥＣＭＯを装着して治療している患者がいるとき、新たに重症患者が運び込まれてきたとき、果たしてすでに医療機器を利用している患者のそうした機器を取り外して、新たに運び込まれてきた患者に移し替えることができるのか、できるとしたら、どのような条件が満たされている場合か、という問題場面である。

このトリアージの問題に関して、広瀬の提案は明快かつロジカルである。ワクチンの優先順位と同様に、まずは直観的に考えて、救命数最大化の原理の適用が妥当だと考えられる。しかし、広瀬はここで興味深い思考実験を提示する。AとBという重症患者が病院に運ばれてきた。救命措置をしないと亡くなってしまう。しかし医療器具の数が限られていて、どちらか一人にしか救命措置をとることができない。Aは70歳、Bは20歳で、年齢差以外には、AとBとの間に倫理的に重要な差はない。さて、こうした状況の場合、救命数最大化の原理に従えば、コイン投げで決めるべきだということになる。けれども、広瀬は、コイン投げで選ぶよりも、Bを救命すべきだと直観する人が多いだろうと論じる。つまり、年齢差で若い人を優先すべきだ、という考え方が直観的に正しいとされるということである（広瀬 2021, pp.40-42）。

こうした見方を支持する考え方は、「生存年数最大化」の原則と呼ばれる。右の例で言うならば、Aを救命する場合、Bは亡くなり、統計的に見てAも高齢である以上何十年も生きることはないが、Bを救命する場合、Aは亡くなるが、統計的に見てBは何十年も生存するであろう。すなわち、Aを救命する場合の全体としての生存年数よりも、Bを救命する場合の全体としての生存年数の方が大きいのである。このように考えて、生存年数の大きい結果をもたらす選択をせよ、とするのが生存年数最大化の原理である。

では、救命数最大化と生存年数最大化とは、どのように相違するのか。先のAとBの例でもその相違が顕在化しているが、広瀬はもっと衝撃的な思考実験を提示している。たとえば、統計的な平均寿命が80歳だと仮定して、20歳のBが死ぬと失われる生存年数は60年ということになる。それは、70歳の人6人が死んだ場合と同じである。では、B1人を救命するか70歳の人6人を救命するかという二択の選択に迫られた場合、どうすべきか。救命数最大化によれば70歳の人6人を救命すべきだということになるが、生存年数最大化によればコイン投げで決定すべきということになる。これはかなり重大な相違であるといわれる（広瀬 2021, pp.40-42）。広瀬は、右のAとBのようなケースでは、70歳のAは多くのチャンスを与えられ多様な経験をしてきたのに対して、20歳のBはまだそうした経験をするチャンスを得ていない。よって「Bを救命することは人生で自己実現をする機会という観点から見て公平であり、コイン投げで決めるのはBに対して不公平である」（広瀬 2021, p.47）として、公平性という視点からも、先のAとBのようなケースでの、救命数最大化よりも生存年数最大化の優位性を説いている。

かくして広瀬は、「パンデミック対策は救命数最大化を基本としつつ、ごく限られた範囲で生存年数最大化を適用すべきである」（広瀬 2021, p.56）と結論づける。「ごく限られた範囲で」という但し書きが付くのは、生存年数最大化の原理が「高齢者の厚生軽視という風潮の醸成に加担しかねない危険性」（同）があるからである。つまり、高齢者差別という批判への懸念である。これに対して広瀬はこのように論じる。「高齢者の死はさほど悪くない」と「高齢者の生命などどうなってもいい」は論理的に無関係である（広瀬、p.54）、「一つしかない人工呼吸器を１００歳の患者ではなく20歳の患者に与えるべきだという判断と、高齢者と介護士を不衛生かつ劣悪な環境に押し留めておいてよいという考えとは、まったく無関係なのである」（広瀬 2021, p.55）。あるいは、生存年数最大化の原理の適用は正当化しえない「命の選別」ではないかという批判に対して、そうではないとして、こう述べる。「理由は単純で、この批判は非論理的だからである。生存年数最大化が一種の、つまり年齢による「命の選別」をするのは明らかだ。しかし、生存年数最大化は他の属性、例えば障がいによる「命の選別」が許容されるとは一言も言ってない」（広瀬、p.66）。パンデミックの際に生存年数最大化の原理に基づいてトリアージを行うことは、決して高齢者差別ではない、という考えである。

また、広瀬は、高齢者差別として批判される判断が実は倫理的に正当化されるという考え方にも言及する。それは、「誰もが例外なく歳をとる」という単純な事実に基づくとされる。つまり、誰もが例外なく（つまり公平に）同じように差別される可能性があるというのである。そういう意味で、「生存年数最大化も……すべての人に公平であり、高齢者に一貫して低い優先順位を与えることに倫理的問題は一切ない」(広瀬 2021, p.51)。むろん、こうした考え方は現在の高齢者からしたら受け入れがたいだろう。「しかし、それは倫理的理由によるものではなく、現在の自分の利益を守ろうとする理由によるものであって、普遍化することはできない」(広瀬 2021, p.51)。きわめて厳しくも、ロジカルに首尾一貫した思考が綴られている。

9——予防文脈と危機文脈

トリアージに対する広瀬の見解は受け入れられるだろうか。どういう視点に立つかによって評価は変わるだろうと思われる。私の方からは三点コメントしたい。まず、前節で出てきたAとBのようなケース、すなわち年齢的な相違はあるけれども、その他の倫理的に重要な差はない、という思考実験上の想定だが、実際問題としてそのような事態が果たしてあるだろうか、やや疑問を感じる。少なくとも、健康状態、体力といった点での相違は必ずやあるだろうと推測される。むろん、これは直ちに倫理的な相違とは言えないかもしれないが、医療的措置を判断する際の要素になりうるという意味で、医療倫理的な範疇に入りうる相違なのではないだろうか。この点はおそらく、事実上は、生存年数最大化の原理を適用する場合と同様な帰結になってしまうかもしれないが、しかし、その原理とは考え方としては別である。

次に、私が広瀬の議論に対して問いかけたいのは、「誰もが例外なく歳をとる」という点に公平性を求めている点である。平均的には確かにそう言えるが、個別には妥当しない若死にのケースがままあるし、こうした事態に誰もが直面するとは限らない。おそらく、ここで広瀬が指摘している公平性は、確かに間違いではないだろうが、それだけでは十分ではなく、ここにいわゆる「道徳的運」(moral luck)の観点を持ち込んで検討を追加していくことが求められているのではなかろうか。いや、この点は、パンデミックの倫理全般に当てはまるだろう。世代によってはパンデミックにまったく遭遇しない世代もあるので、パンデミックに遭遇してしまうというのは「運」の問題であると捉えられるからである。

三点目を記そう。広瀬は先着順は公平でないと述べていた（広瀬 2021, p.28）。先着順やくじ引きなどは、症状や必要な医療資源などの条件が一定のときにのみ機能する考え方で、そうでないときには倫理的には完全に公平とは言えないという理由である。けれども、考え方によっては、年齢というのも一種の先着順ではなかろうか。ある人は他の人より「先」に高齢者の領域に到「着」するわけである。そういう意味で先着した人を後回しにするというのは、いってみれば「逆先着順」あるいは「後着順」であって、順番は「先着順」とは正反対だが、思考法は同一なのではないかと思われる。

私としては、「生存年数最大化」の原理などを持ち出さず、一貫して「救命数最大化」の原則に従うのがよいのではないかと考える。生存年数最大化に訴えるべきと思われるような、年齢差以外に倫理的に相違がない、という状況はほとんど考えられないのではないかと思うからである。それに、やはり、若いけれども重篤な患者と、高齢だけれども救命可能性がある患者の二人のうち一人を選別しなければならないとき、高齢の患者を救うべきという倫理的直観を前に打ち出すことが、多くの人々の賛同を得られる道だと思う（広瀬もこの直観はまったく否定していないが、私は、この点をもっと強調する必要があると述べたいわけである）。令和2年3月に、「生命・医療倫理研究会」が「COVID-19 の感染爆発時における人工呼吸器の配分を判断するプロセスについて」と題する提言を発表した。そこでも、「救命可能性」の高い患者に人工呼吸器を装着する、ということが基本原則として謳われている（＊3）。すなわち、救命数最大化の原則が基本だとされているわけである。

けれども、私の知る限り、そもそもトリアージそのものに対して否定的な感触を抱く方々が存在する（＊4）。トリアージは「いのちの選別」、「いのちの切り捨て」につながる対応であり、「人権」や「人間の尊厳」に照らして到底正当化できない、トリアージをしないようにするべきだ、と。確かに、人工呼吸器やECMOを装着してほしいのに順番が回ってこない方個人の観点から見たら、そのような見方が生まれるのも理解はできる。しかし、他方で、現場的な感覚で、医療資源が枯渇しそうなときにどうするか、という視点を前面に出して、順序付けの基準を提起しなければならない、そうすることが、現場の医療スタッフたちの苦渋の決断をアシストできる、とする議論が提出される。いずれにせよ、くじ引きやコイン投げといった方法も含めて、何らかの選別は避けられない、という場合に備えることが目指されている。選別をせずに、無基準のまま場当たり的に対応していると、死者数を増やすことになりかねない。こうした見解の対立において、私は、奇妙な論点のズレが発生していることに気づく。

私は、この二つの立場は、実は異なることを論じている、二つの別な文脈であると理解している。すなわち、人権に訴える立場は、医療従事者や人工呼吸器などの医療資源が不足しないよう、トリアージをしないよう、予防策を追求していくべきだ、とする文脈に立っている。私はこれを「予防文脈」と呼びたい。どちらかというと、事柄に先立つ側面に目を注ぐ、義務論的な「正義」を重視する文脈である。

これに対して、トリアージの基準を提起しようとする立場は、医療資源が不足しているという危機的状況を想定して、その状況の中で何が最善となるか、を論じる文脈に立っている。わたしはこれを「危機文脈」と呼びたい。結果としてよりよくなる仕方はどれかという事後的な側面に注視する、大福主義（功利主義）的な「最大幸福」を重視する文脈である。

この二つの文脈は、論じ方の様相が異なる。危機文脈は予防文脈と整合的である。できるだけトリアージを行う必要が生じないよう、全力で予防策を追求していく、けれども、まさしく神ならぬ私たちは不完全なので、それが不成功に終わることもありえるので、そうした場合の危機管理について考えておこう、という立場であると解することができる。

これに対して、予防文脈は、危機文脈については何も語っていない。そもそもトリアージを行う必要がないように予防策を講じることが不成功に終わる可能性について、予防文脈はどう考えるのか明確でない。不成功に終わることは絶対にない、と捉えているのだろうか。つまり、人工呼吸器などの医療資源に制限があるにもかかわらず、装着可能な数を超えた患者が担ぎ込まれてしまう、という事態は発生しない、と考えているのだろうか。その点不明である。

予防文脈と危機文脈の二つのあり方を次のように図示してみよう。それぞれの文脈が焦点を当てている場面に横線を引く。

［予防文脈の発想］
パンデミック　→　<u>トリアージをしないよう予防策追求</u>　→　？

［危機文脈の発想］
パンデミック　→　トリアージをしないよう予防策追求　→　<u>予防不成功時のトリアージ</u>

このように、二つの文脈は扱っている主題が異なっており、同一土俵において論争するのは意味をなさない。いずれにせよ、理論的に考えて、予防対策が不成功に終わる、すなわち医療資源が足りなくなってしまう、よって何らかの選別をしなければならなくなってしまう、という事態発生の可能性について考慮して、それに備えておくといういわゆる危機管理は、社会設計として抜きにはできないのではないか。冒頭に記した「無常」をやはり想起しなければならないのではないか。

もっとも、実は別の見方をすれば、予防文脈と親和する人権重視の立場も、トリアージあるいは「いのちの選別」を事実上容認していると捉えることもできる。それは、すでに人工呼吸器などを装着している患者がいるとき、新たに重症患者が運ばれてきたときの対応にかかわる。人権重視の立場だと、この場合、すでに人工呼吸器を装着している患者から人工呼吸器を取り外してはならない、と論じるであろうと推定される。しかし、これは紛れもなく「いのちの選別」であろう。なぜなら、こうした対応は、新たに運ばれてきた重症患者ではなく、すでに治療中の患者の「いのち」を選んでいることにほかならないからである。こうした場面で問題となるトリアージ、すなわち「いのちの選別」は、「事後トリアージ」などと呼ばれる。しかし、いずれにせよ、予防文脈と危機文脈が奇妙なすれ違いをなしていることは否定しがたい。

10——人権の制約

こうした点は、先に少し触れたことだが、犯罪予防とか国の安全保障の問題と類比的に理解することができる。犯罪を予防することは絶対に必要である。貧困撲滅、道徳教育、機械の目・人の目を適切に増やすなど(*5)、可能な予防対策を社会全体で追求していくべきである。けれども、そうした予防対策追求は完全ではなく、不成功に終わるときもありうるので、警察を組織する。危機文脈である。警察はむろん防犯の役目も担うが、犯罪発生時の対応の役目も果たす機関である。

また、国の安全保障も同様である。戦争など望む人はまずいない。国家間の問題が発生したときには、話し合いなどの外交的努力を尽くして、なんとか武力衝突など生じないよう全力で予防し、解決すべきである。けれども、やはり人間は不完全なので、何かきな臭いことが発生してしまうことなど絶対ない、とは断定できない。平和が永遠に続くという保証はない。無常である。なので、国の防衛を整えておく必要がある。危機文脈である。

しかし、予防文脈に立つ観点からすれば、こうした危機文脈の議論は、予防対策を怠る傾向を促す、不誠実な見方に感じられる可能性もある。とはいえしかし、やはり、どんなに予防対策を徹底的に行っても、それが失敗に終わり、危機的状態が招来される、という可能性はある。感染症やパンデミックにおいては、その規模によっては、危機的状態発生の確率はかなり高いと言えるだろう。それに対して何も備えないのは、やはり、合理性を欠くと言わなければならない。

では、しかし、予防文脈の観点から言われる、トリアージや「いのちの選別」は人権や人間の尊厳の侵害ではないか、とする論点はどうだろうか。ここで冷静に問うべきは、人権や人間の尊厳はむろん最大限に尊重されるべきだが（子どもの虐待など決して許されない）、いかなる場合でも例外なく優先されるべき絶対の価値なのか、ということであろう。絶対の価値である、とする立場からトリアージに対して拒否を示しているのだとしたら、それは私たちの社会制度への誤認だし、そもそも矛盾に陥ってさえいる。各個人だけの観点から見た場合に人権が侵されているにもかかわらず、それがむしろ善いこととして承認されている事例は多々ある。たとえば、雪山遭難者の救助隊が、吹雪が強くなってきたので一旦引き返して明日出直す、という方針をとることがある。しかしこれは、雪の中で救助を待っている人からしたら、いのちを守ろうとしてもらえない、人権を重視してもらえない、事態であろう。しかし、二次災害を防ぐために、一旦引き返すことは社会的に是認される。

そもそも権利主張というのは、それを他者が受け入れる義務を負うことで成立する。「権利と義務の相関性」である（長谷川 1991. pp32-33）。よって、他者の権利と衝突したり、要求される義務を他者が拒否したりするなど、軋轢やコンフリクトが生じるのはごく普通のことである。表現の自由や言論の自由といった権利が、一切の制約なしに行使できるとは、誰も思わないのではないか。他者のプライバシーを公表したり、誹謗中傷の言葉を投げつけたならば、軋轢が生じること必定である。権利主張については、様々に衝突しうる権利主張の調停を図って、良い案配の落とし所を見つけるというのが正道である。そうした落とし所が、一部の人権の軽視と見なされうる事態をもたらすこともなくはない。それはきついことだが、どうにも仕方がない。無常、あるいは無情、として不条理を受け入れる。一旦潔くそれを受け入れることで、少しでも納得感が醸成されるかもしれない。苦しいときに「しあわせ」とはポジティブには言いにくいが、少なくとも、不幸感や不満感の低減にはつながるのではなかろうか。

トリアージの必要性が生じる場合も、実はこれと同様である。自分の生存や健康の権利を主張することが他者のそうした権利と衝突しているのである。どちらかの権利が優先されるしかない(*6)。その点を見ずに、人権や尊厳に訴えるのだとしたら、一方の権利は認めつつ他方の権利は認めないという立場であり、自己矛盾、自己欺瞞と言われても仕方ない。実際のところ、コロナ騒動の中での、自粛要請や飲食店の開店時間制限など、あきらかに人権の侵害である。にもかかわらず、私たちはそれを受け入れている。そもそも、基本的人権の尊重を基本理念として謳う日本国憲法においてさえ、第13条において「生命、自由及び幸福追求に対する国民の権利については、公共の福祉に反しない限り、立法その他の国政の上で、最大の尊重を必要とする」と述べ、「公共の福祉」という、人権に対する制約条件を肯定しているのである。この辺りは、公平かつ冷静な立場で、社会全体で認識していく必要がある。おそらく、こうした認識を共有することによって、困難な病災害の中でも、心の平安が少しでももたらされるのだと思う。

逆の言い方をすれば、実際、私は、トリアージが行われ、後回しにされる患者に対して、仕方がない諦めてください、とだけ述べて突き放してしまうとしたら、それも公平ではないと考える。後回しにされる患者さんたちも含めて、社会全体で納得できる倫理が求められているのである。この点について私自身の、とりあえずの提案は、本論最後に記す。

11――医療従事者のリスク暴露

いよいよ次に、個人的次元のコンフリクトについて簡単に検討を加えたい。まずは、未感染者を生命にかかわるような感染リスクにさらすことが正しいとされるケースについて、目を向けてみよう。このケースには、およそ二つの、互いに連続する局面がある。(1)ロックダウンされた地域に閉じ込められた未感染者、(2)医療従事者のリスク暴露、この二つである。このうち、ロックダウンに関しては、日本では法律上の制約もあり、実施されていない。しかし、仮に実施された場合に問題となるのは、すでに先に論じた、権利と権利の衝突である。すなわち、感染拡大地域外の人々の感染を避ける権利と、ロックダウンされた地域に閉じ込められた未感染者の感染を避ける権利、との二つの権利のコンフリクトである。これは難しい問題だが、解決の理論的道筋自体はかなり明確ではある。すなわち、「公共の福祉」にのっとって、しかし同時に可能な限り個人個人の健康に生活する権利を尊重して、その最適解としての均衡点を探ること、これに尽きる。あとは、たとえば権利の制限を他者よりも強く甘受せざるをえない個人に対して補償する、というやり方が付け加われば一定の公平性が担保できるだろう。実施の詳細、当事者の心理的納得感・満足度などを別にすれば、ロックダウンの倫理については、大筋の対応法はそのようになるであろう。

ただし、今言及した、当事者の心理的満足度を簡単に脇に置くことはできない、という問いはなしうるし、問題提起としてかなり重いと考えることもできる。その点は、二つ目の局面である「医療従事者の感染リスク暴露」の問題に典型的に現れる。確かに、感染リスクに曝される医療従事者には極力早急にワクチンを提供するべきだろうし、職務の過酷さに相応の待遇が考慮されねばならないだろう。けれども、そうした制度的な扱いだけでは、問題は解消されない。そもそも、なぜ医療従事者は生命にかかわるリスクを甘受して、職務に当たるべきなのか。こうした根源的な問いかけがよぎる。職務なのだから仕方ない、頑張ってください、という言い方はあまりに外部的な他人事の発言で、医療従事者ご本人たちには冷たく響くことは必定である。医療従事者の、健康に生活する、憲法25条で保障された人権はどうなるのか。すでに触れたように、人権主張に関しては「公共の福祉に反しない限り」という但し書きがあるが、公共の福祉のため生命を奪われることもありうるというのだろうか。

もちろん、令和3年夏時点での日本の現状では、医療従事者のワクチン接種はほぼ行き渡り、国全体としても、依然として感染者数は少なくはならないが、重症者や死者はかなり少数で抑えられている現状からして、医療従事者の感染リスク暴露の問題はそれほど大きいものではないように聞こえるかもしれない。けれども、感染症やパンデミックの問題は、今回のコロナ騒動だけではない。今後も、別の感染症が発生し、パンデミックとなることは、十分にあると考えるのが合理的である。そうした意味で、医療従事者の問題は、ここでしっかりと確認しておく必要がある。

さらに、医療従事者は差別にも曝される。『読売新聞』令和2年12月9日の社会面に載った「看護師退職止まらない」と題された記事を引用する。「感染患者のケアに疲弊した看護師ら病院職員の退職が相次いでいる。感染の危険と隣り合わせの過酷な労働環境下で、十分な待遇もなく、周囲から差別された」「病院では同僚の看護師がコロナに感染。ゴーグルやマスクをつけ、休憩室でも会話を控えるなど対策を徹底したが、感染の不安は拭えなかった。病院側にはPCR検査を希望したが断られた。極度の緊張の中、待合室では患者から「コロナがうつるから近づくな」と心ない言葉をぶつけられ、落ち込むことも度々あった」。

こうした看護師のリスク暴露と差別の事態は、一方で、すでに示唆したような視点から、医療従事者の職務なのだから、甘受すべき、規範的に是認しうる、ありうる事態である、と他人事的に捉えられているように思われる。しかし、医療従事者個人の次元からして、果たして心置きなく受け入れられる規範なのだろうか。受け入れるべきと言うならば、その正当化根拠はどこにあるのか。

このような問いに対して、一つありうる応答は、reciprocity すなわち「相互性」「互恵性」つまりは「お互いさま」論がありうるかもしれない（Viens, Bensimon, Upshur 2011 参照）。けれども、これはあまりにも部外者のご都合主義であると思わざるをえない。「互いに」という関係性はここには成立していない。部外者は、医療従事者のように、義務的に感染リスクに曝されなければならないことはない。そして実際的に言うならば、医療従事者は十分な待遇も与えられていない。

実は、同様なことは、平時においても、警察官、自衛官、消防士、発電所作業員、土木・建築作業員などにも当てはまる。私たちは、職業的に生命にかかわる多大なリスクを負う人々に支えられているが、それを職業的義務なのだから当たり前だとして、重大視していないのではないか。このような過大なリスクを特定の個人に課すことの正当化は、どのように可能なのか。人権思想で説明できるのか？　功利主義（大福主義）では説明できそうだが、それは幸福概念と折り合うのか？　つまり、「リスク」と「義務」の関係という、根本的な問題がここで改めて表面化しているのであり、伝統的倫理が当然の挑戦を受けているのではなかろうか。むろん、伝統的倫理でも何らかの正当化が可能であろうが、それはかなりの譲歩や理論的犠牲を払うことになるのではなかろうか。

むろん、何の提案もなされていないわけではない。一つの理解は、「利他心」（altruism）とか「英雄主義」（heroism）といった概念でこの事態を理解することだろう（Reid 2006 参照）。しかし、それは倫理的正当化になるだろうか。義務・責務を課すことを説明できるだろうか。善意に頼るだけではないのか。いや、もしかしたら善意に頼ることを含む倫理も可能かもしれない。それはおそらく、いわゆる「不完全義務」のようなものを、倫理の骨子の一つに置く、という倫理学説である。しかしそれは、借金の返済義務のような完全義務に比して、「不完全義務の場合には少し事情が異なる。慈善の義務や道徳的生活の義務は、名宛人が不特定多数であり、また人々がそれらの義務を完全に遂行できなくとも道徳的に許容されるという性質のものである」（長谷川 1991, p.33）。けれども、こうした仕方で医療従事者の義務を捉えるのは、実態に即していないように思われる。というのも、いくら感染リスクに曝された仕事とは言え、なにか医療ミスがあったならば、道徳的かつ法的にも糾弾される可能性のもとで医療従事者は働いているからである。

リードは、利他心や英雄主義に言及する文脈で、私が今述べたような問題をおそらく意識してか、社会全体でのリスクの分配を提起する。しかし、果たして、それはどのように可能なのだろうか。医療従事者でない人々が、医療従事者が暴露されているリスクを平等に負担するというのは、どう考えても無理である。いずれにせよやはり、利他心や英雄主義によって医療従事者の感染リスクを正当化するのは困難であろう。そうした不完全義務的なものではなく、もっと強い義務がここで問題になっているのである。そういう義務を課すことは正当化されうるのか、と。

このように問い詰めていくとき、私は、現時点で人類が手に入れている倫理学説が、案の定というべきだが、やはり不完全であることを再認識しないではいられない。なんらかの大々的な改善が、もしかしたら徹底的な刷新が、求められているのではないだろうか。

12——腸チフスのメアリー

次に個人的次元のコンフリクトの二番目として、無症状キャリアの人の処遇についてのコンフリクトに目を向けてみよう。これについては、歴史的に著名な事例が存在する。いわゆる「腸チフスのメアリー」（Typhoid Mary）である。金森修の著書『病魔という悪の物語』に拠って少しだけ跡づけてみよう。彼女メアリー・マローンは１８６９年に北アイルランドで生まれた女性で、１８８３年に家族でアメリカに移住し、いくつかの家で賄い婦をして働いていた。しかし、１９０６年にメアリーが働いていた家で６人の腸チフス患者が発生した。いろいろな調査が行われ、メアリーへも調査の手が伸びた。その結果、それ以前の10年間にメアリーが働いていた8つの家族のうち7つの家族から腸チフス患者が発生していたことが確認された。ただ、当時は腸チフスが流行していたので、メアリーと腸チフスとの因果関係は確かなものではなかったので、当局は、メアリー自身の激しい抵抗を押しのけて、強制的にウィラード・パーカー病院という伝染病専門医院に連れて行った。かくして、メアリーの便の中から高い濃度の腸チフス菌が検出されるに至ったのである（金森 2006, pp.18-38）。しかしメアリーは、どこか体の不調を抱えているわけではまったくなく、典型的な「健康保菌者」だったのである。腸チフス菌は胆嚢に好んで住み着く傾向があり、メアリーも胆嚢摘出手術を勧められていたが、耳を貸そうとはしなかった（金森 2006, p.33）。

その後メアリーは、ノース・ブラザー島のリヴァーサイド病院に入院させられる。そこで3年近くも隔離生活を余儀なくされる。しかしメアリーは、１９０９年に自らの解放を求めて訴訟を起こす。結果はどうだったか。「一般人の健康の保護という観点から、メアリーに対する自由の制限や検査、防疫などは正当化された……それに対して弁護士のオニールは、自分が健康だと感じているのに、実験室の結果から、その人を一種の病気だと見なして病人扱いするということが、本当に適切なのか、と問いかけた……仮に一定の危険性をメアリーがかかえていたとしても、当局は、彼女を無期限に拘束しておく権利はない。なぜなら、腸チフスに感染している人は、メアリーのような目にあっても仕方がないという理屈が通るとしたら、それは、結核や他の似たような病気に感染している人々にとっても、同じことになるだろうからだ」（金森 2006, pp.79-80）。単にキャリアだというだけなら、メアリーだけでなく、たくさんいるが、メアリーが最初に明確に特定されたキャリアであり、しかも料理人だという点がメアリーには不利に響き（金森 2006, pp.86-87）、メアリーは拘束され続けた。

しかし、１９１０年2月、突然メアリーは解放された。キャリアは別に彼女だけではないという認識が行き渡り、世間的な同情も生まれていたのである。そして彼女は、料理人はしないという誓約書を書いた上で、洗濯の仕事をあてがわれた。だが、数年の内に、偽名を使いながら、賄い婦の仕事を再び始めてしまったのである。しかし、メアリーが働いていた病院にて腸チフスの集団発生が起こり、彼女がかかわっていたことが判明し、１９１５年3月、メアリーは再びノース・ブラザー島に連行される。しかし今回は、世間からの同情は得られなかった。誓約を破り、偽名を使って働いていたということは、「知らないうちに人に病気を感染させるということから重大な一歩を踏み出すことに等しい。彼女は、今度は意図的に、人を病気に罹らせることも厭わないという行為に出たということだ」（金森 2006, p.95）。「彼女は危険な性格と手に負えない気質の持ち主なのであり、社会の側としても、その事実に見合った対処法を採らざるをえない」（同）。かくしてメアリーは、リヴァーサイド病院での生活に少しずつ馴染み、そこで雇用されたりしながらも、結局は彼女の死に至るまでの23年間ノース・ブラザー島にいわば軟禁され、１９３８年11月に生涯を終えることになったのである。

彼女の一生を自分に置き換えて想像すると、胸が苦しくなる。なんという一生だろうか。これも人生、万人が多くの人と同じ生を送れるとは限らない。まさしく無常、そして無情なのか。不条理なのか。それに、そもそも感染症の健康保菌者はメアリーだけでなく、一般的に言って、多数存在する。メアリーは、あんなに長期にわたって軟禁される必要があったのだろうか。さらに一般的に言って、そもそも、このような無症状キャリアの人々を、私たちの社会はどのように扱うべきなのだろうか。時間的長短は様々であれ、危険なので拘束、監禁、あるいは軟禁する、ということでよいのだろうか。彼ら彼女らも、人権を持つ市民なのではないか。一体、どこに人権の制限を課すことの正当性が求められるのか。率直に言って、どうしてもここには、先に触れた、感染症患者・保菌者とその処遇と、犯罪と刑罰との間のアナロジーが甦るようにも思えてしまう。病魔という「悪」、という金森の書名も、なにかしらそうしたアナロジーを暗示しているのかもしれない。あるいは、

「公共の福祉」という概念が強い仕方で前面に出てくる場面であり、人権主張が制限を受けるのはやむをえないということか。こうした問題性は、穏やかな仕方であれ、今回の新型コロナウイルス問題においても現出していると言えるだろう。

13——物体性を伴う倫理

問題は、たぶん想像以上に本質的で深刻である。私の直観では、こうした感染症にかかわる倫理的問題は、倫理的議論全体に対する強い衝撃・揺さぶりとなり、重大な反省あるいは基盤の大々的な組み換えを要請することになるのではなかろうか。すでに確認したことから明らかなように、感染症にかかわる倫理的問題では、「自由で自律的で人権を有する尊厳ある責任主体」といった義務論的倫理が理念とする私たちの存在様態への理解では、必ずしも立ちゆかない問題が現れている。タブー視せずに、いわば「人権の侵害」とは何であり、それが正当化されることがあるのかどうか、そうした厳しく響く問題に真正面から向きあっていかねばならない。また、「功利主義」「大福主義」にかかわる文脈においても、上に触れた看護師や医療従事者などの苦悩や、メアリーのような健康保菌者・無症状キャリアに対して、果たしてどのような語りかけが可能か、という率直な問いを提起しなければならないだろう。トリアージにおける救命数最大化の原理などにおいて浮かび上がってくる帰結主義的・大福主義的議論というのは、すでに少し触れたように、やっぱり、割を食ってしまう個人に対しては冷たい。社会全体の仕組みとして、全体の維持というのが大事なのだから、了解してください、と冷徹に突き放しているようにどうしても感じられてしまう。このことは、全体の幸福を優先して個人の尊厳が軽視されてしまうのではないか、とする大福主義への伝統的批判が依然として考慮される必要があるのだ、ということを改めて確認させてくれる。

難しい。私は完全な解答を持ち合わせていないが、一つだけ提起したいポイントはある。

それは、冒頭に触れた「無常」をもう一度受けとめて、普遍的義務や正義や幸福のような、いわば恒常的な規範的価値もまた揺れ動くものであること、常なるものではないこと、そのことを組み込んだ倫理的思考を立ち上げるという可能性である。そして、そうした可能性を一歩でも進めるための一つの鍵となるのは、このコロナ問題の中で浮かびあがってきた私たちの「物体性」(corporeality) なのではないか、と思うのである。すなわち、「キャリア」という言葉が示唆するような、人権主体とは異なる私たちの存在位相を倫理の中に本質的要素として位置づける、ということである。この場合、私は、感染症により亡くなられた方々のご遺体に関しても、遺族が近づけなかったりする状況がありうることに鑑みて(＊7)、「キャリア」というのを生体としての「身体」に限定せずに、「物体」と捉えたいのである。石や金属をも包含する意味での「物体」である。実際、感染症患者のご遺体の扱いは、ドアノブやテーブルを消毒対象と捉えて注意するべき物として扱うことの延長線上にあると思われるからである。

私たち人間が感染症に罹患し患者となったとき、私たちは、社会的な意味で個々の人格であり権利主体である面からして感染症から救助されるべき「被害者」(victim) として扱われるのは言うまでもないが、しかし同時にウイルスを運ぶ「病毒媒介生物」(vector) と捉えられ、隔離される対象となるという、二面性を持つことがつとに指摘されている (Batten, Francis, Jacobson, and Smith 2009, pp.93-109)。そして、その二面性は、「ウサギ=アヒル図」のような反転図形にたとえられる (ibid., pp.94-95)。私が注目したいのは、私たちの「ヴェクター」というありようなのであり、これを取り込んだ倫理的言説が求められているのではないかと言いたいのである。いや、正確には、「ヴェクター」ではなく、「ヴェクター」であるという来歴を沈殿させた「コープス」(corpse)、それをきちんと組み入れた倫理学が待たれていると、そう言いたいのである。

けれども、冷静に考えてみれば、私たちが「人格」でもなく「身体」でさえもなく、単なる「物体」として捉えられたり機能したりする場面は、決して珍奇なわけではない。すでに別の箇所で触れた例で言えば、狭い場所に人が充満して身動きが取れないとき、映画館で前の席の人に視界を遮られるとき、他の人々はまさしく「物体」である（一ノ瀬 2021b, p.321）。あるいは、滅多にあることではないが、子どもが車に轢かれそうになったとき、親が車の前に身を呈して子どもを救う、といった場合、親は車の進行を食い止める「物体」である。当然のことだが、私たちの身体は、濃密に物体性を帯びているのである。生命体としての身体も、とどのつまりは原子分子からなる「物体」である。生体としてあるときにも、新陳代謝として、私たちは環境との間で物体の相互交換を絶えず行っている。文字通りの「コープス」になった後も、死体の腐食、土葬や火葬などのプロセスとともに、私たちの身体は環境中に、そして宇宙中に拡散していく。そして、他の生物の一部となったり、水やガスや岩となっていく。文字通り「物体」としての循環的な現象である。

私は、別著において、このように私たちの身体の構成物質が世界・宇宙に拡散し放散していくと捉えられる限り、私たちの存在性は、きわめて微小な仕方でありながらも、永遠にしかし浮動的に残存し続けてゼロにはならないという、ある種の形而上学的な理解を提示した（一ノ瀬 2019, 補章）。このように捉えるならば、極限的に極小的な仕方ではあるけれども、私たちは死後もある意味で存在し続ける。そしてそうなると、「死」という事態の意味も変わってくるのではなかろうか。本論第2節の最後で、私は「死」について、「確固たる終焉であると思われている」と記したが、「物体」という観点を導入したならば、やや見え方が違ってくるのではないか。「死」は決してまったき終わりではなく、一つのターニングポイントなのだと（＊8）。

そして、ここで強調したいのは、このように私たちを「物体性」という位相で捉えることは、義務論的な文脈でハイライトされる、「人権」（human rights）の主体である私たちとか、大福主義的な文脈でハイライトされる、幸福を通時的に感受しうる「感覚体」（sentient）とかの、一定の恒常性を持って同定される存在者とは異なる仕方で、すなわち、環境との相互作用の中で絶えず変容して変化していくという様相のもとで、私たちを理解することにほかならないという点である。これは、まさしく「無常」というありようを私たちの存在生に帰することである。『方丈記』の「ゆく河の流れは絶えずして、しかも、もとの水にあらず」をもう一度想起されたい。私たちは、実は、そうした川の流れのような存在者なのだという気づき、そういう無常なものとして存在し続けているという気づき、そうした気づきを倫理は考慮すべきなのではないか。「物体性を伴う倫理」(corporeality-involving ethics)である。

ごく普通の日常的な文脈では、「人権」や「感覚体」、そして正義や幸福は、核心的な仕方で機能する。このことを私は疑わない。けれども、何かあったとき、「私たちは物体である」という側面が表に現れてくる。私たちの存在性には、そういう側面がもとから包摂されていて、その上で倫理が語られている。なので、物体として扱われることは、もとから含意されている私たちのありようの一つなのであり、決して倫理的な規範に背くものではない。そういうもの、なのである。このように捉えることが、説得性を持ちうるか、普遍性を持ちうるか、実効性をもちうるか、定かではない。

しかし、もしこうした「物体性を伴う倫理」が受け入れられるならば、そして右に述べたように、物体としての私たちは死してなお永遠にかつ浮動的にかつ微小に残存し続けるのだと観念されるならば、たとえ私たちが病災害の苦悩を味わい、おのれの物体性に呻吟したとしても、もしかしたら、それを潔く受け入れ、安らい、究極的な意味での「しあわせ」を、ごくかすかにではあれ、表象できるかもしれない。実際、メアリー・マローンは軟禁されたノース・ブラザー島において親友を作り、それなりに生き生きと働いていたそうである。それを知るとき、私たちは何か少しだけ救われたような気持ちがする。たとえ病災害の中にあっても安寧はありうるし、死ぬことは絶対の消滅でもなく、ましてや絶対悪などということはない。哲学者カントの最期の言葉として知られる「Es ist gut」(これでよい)、死するとき、誰にでもそうした境地が訪れるかもしれない。悠久なる流転の一刹那をしなやかに生き抜けるかもしれない。

◉註

＊1　これ以外にも、もっと技術的な問題もありうる。たとえば、分子生物学者の正木春彦は、私との私的交信のなかで次のように指摘している。「PCRに伴うアーティファクトの可能性の一般論は、申しておくべきだったかと思います。ごく微量のDNAを6桁以上に増幅できるので、本来的にはごく微量のコンタミ（混入物）を増幅してしまう可能性も同様に高く、操作には細心の注意が必要です。作業者が咳をしたりピペッターチップの先がちょっと自分の皮膚やテーブルに触れただけで間違ったDNAを増幅しかねません」。むろん、こうしたことは既知のことであり、現場ではきちんと誤りのないよう過剰なほどマニュアル化、キット化されているはずだ、と正木は追記している。いずれにせよ、PCR検査については、原理的な問題と技術的な問題があり、それを認識した上で活用していかなければならないだろう。

＊2　See https://www.nippon.com/ja/japan-data/h00976/

＊3　http://square.umin.ac.jp/biomedicalethics/activities/ventilator_allocation.html　ただし、この提言では「本人の意向の確認」ということが加えられている。この点は、私は、実行可能性や倫理的妥当性という点で、さらに検討を要するのではないかと考えている。

＊4　以下の二つの文脈についての議論は、私が令和3年6月13日『朝日新聞』digital「論座」において、「コロナ時代の無常観、そして正義と幸福」と題して公表した小論の一部を、やや改定しながら引用したものである。次のURLを参照（ただし現在は有料会員のみが全文を読める）。https://webronza.asahi.com/national/articles/2021061000004.html

＊5　小宮（2005）によれば、「機会なければ犯罪なし」と謳い、防犯環境設定を旨とした空間デザインを作ることで、犯行に都合の悪い状況を生み出すことが犯罪対策の基本だと論じている。かなり説得力のある議論である。

＊6　コロナ感染症に関する「トリアージ」の問題とはやや異なるかもしれないが、津波の場合のいわゆる「津波てんでんこ」も、たとえば、自分自身のいのちを守ることと、自分の祖父母などの高齢者のいのちを守ることが時として衝突してしまう（両立不可能になってしまう）ことを想定し、その場合、自分のいのちを守ることを優先せよ、という教えであり、ある種の「いのちの選別」であると捉えることができる。言い方を換えれば、「津波てんでんこ」の教え

が道徳的に許容されるならば、「トリアージ」もまた道徳的に容認されるべきだ、と論じられるかもしれない。

＊7　遺体に残存する新型コロナウイルスについては、CNNの次の記事を参照　https://www.cnn.co.jp/world/35164122.html

＊8　「死」を必ずしも絶対悪、絶対的な悲しみをもたらす消滅、とは必ずしも捉えないという論点は、「物体」という次元にまで行かなくとも、「生物」という次元においても、主張可能かもしれない。たとえば、小林武彦は、「死は生命の連続性を維持する原動力」であり、そして「「死」は絶対的な悪の存在ではなく、全生物にとって必要なもの」であり、「全ての生物は、ターンオーバーし、生と死が繰り返されて進化し続けていきます。生まれてきた以上、私たちは次の世代のために死ななければならないのです」と述べている（小林武彦 2021, pp.202-203）。こうした生物学的見地からの「死」観も、病災害の中の「しあわせ」を考える一助となることは間違いない。

◉参考文献

Allen, M. J. 1991. *Textbook on Criminal Law*. Blackstone Press Limited.

Battin, M., Francis, L.P., Jacobson, J. A., and Smith, C. B. 2009. *The Patient as Victim and Vector: Ethics and Infectious Disease*. Oxford University Press.

Firth, L. 2020. 'Lockdown. public good and equality during COVID-19'. *Journal of Medical Ethics* 46:713-714.

福島章 2005.『犯罪精神医学入門』、中公新書

長谷川晃 1991.『権利・価値・共同体』、弘文堂

広瀬巌　2021.『パンデミックの倫理学』、勁草書房

Holm, S. 2011. 'Should Persons Detained During Public Health Crises Receive Compensation? In *Infectious Disease Ethics: Limiting Liberty in Context of Contagion*, eds. M. J. Selgelid, A.McLean, N.Arinaminpathy, and J.Savulescu', Springer, 75-83.

一ノ瀬正樹 2019.『死の所有―死刑・殺人・動物利用に向きあう哲学』、東京大学出版会

一ノ瀬正樹 2021a.「「信念の倫理」研究序説」、『武蔵野大学教養教育リサーチセンター紀要 The Basis』第11号、武蔵野

大学教養教育リサーチセンター、pp.29-46.

一ノ瀬正樹 2021b.『いのちとリスクの哲学―病災害の世界をしなやかに生き抜くために』、MYU

井上正康 2020.『本当は怖くない新型コロナウイルス』、方丈社

石弘之 2018.『感染症の世界史』、角川ソフィア文庫

金森修 2006.『病魔という悪の物語―チフスのメアリー』、ちくまプリマー新書

小林武彦 2021.『生物はなぜ死ぬのか』、講談社現代新書

小宮信夫 2005.『犯罪は「この場所」で起こる』、光文社新書

小長谷正明 2020.『世界史を変えたパンデミック』、幻冬舎新書

水谷哲也 2020.『新型コロナウイルス―脅威を制する正しい知識』、東京化学同人

森田洋之 2020.『日本の医療の不都合な真実』、幻冬舎新書

Reid, L.2006. 'Diminishing Returns? Risk and the Duty to Care in the SARS Epidemic'. In *Ethics and Infectious Disease*, eds. M. J. Selgelid, M. P. Battin, and C. B. Smith, Blackwell Publishing, 171-183.

佐藤直樹 1989.『共同幻想としての刑法』、白順社

佐藤直樹 1995.『〈責任〉のゆくえ―システムに刑法は追いつくか』、青弓社

Savulescu, J. and Cameron, J. 2020. "Why lockdown of the elderly is not ageist and why levelling down equality is wrong". *Journal of Medical Ethics*, 46:717-721.

Viens, A. M., Bensimon, C. M., and Upshur, R. E. G. 2011. 'Your Liberty or Your Life: Reciprocity in the Use of Restrictive Measures in Contexts of Contagion'. In *Infectious Disease Ethics: Limiting Liberty in Context of Contagion*, eds. M. J. Selgelid, A. McLean, N.Arinaminpathy, and J.Savulescu, Springer, 85-95.

［第6章］

不可避な事態と幸福学

前野隆司——慶應義塾大学教授・武蔵野大学客員教授

Maeno Takashi

慶應義塾大学大学院システムデザイン・マネジメント研究科教授。
慶應義塾大学ウェルビーイングリサーチセンター長。博士（工学）。
主な著書として『幸せのメカニズム』（講談社）、『脳はなぜ「心」を作ったのか』（筑摩書房）
などがある。

「病災害の中のしあわせ─自然災害とコロナ問題を踏み分けて」の発刊、おめでとうございます。ウィズコロナ・ポストコロナ時代において重要な企画であると思います。

私は、慶應義塾大学教授、武蔵野大学しあわせ研究所研究員（武蔵野大学客員教授就任予定）として「幸福学」の研究・教育を行っています（*1〜3）。幸福学とは、心理学・統計学をベースに、幸せについて科学する学問分野で、英語ではwell-being and happiness studyと呼ばれています。本稿では、幸福学の視点から、不可避な事態と幸せについて考えてゆきましょう。

不可避な事態とは、避けようがない事態です。パンデミックや自然災害のように、先が見通せない、不確実な事態だと言えるでしょう。本稿では、幸福学で知られている種々の研究結果のうち、不可避の事態に関係しそうな以下の5点に絞って、不可避な事態と幸せについて述べたいと思います。

（1）俯瞰的・楽観的な視点と幸せ
（2）創造性と幸せ
（3）レジリエンスと幸せ
（4）社会関係資本と幸せ
（5）死と幸せ

まず、（1）俯瞰的・楽観的な視点と幸せについて述べましょう。バッソら（*4）による、図形を選択させて楽観性や幸福度を尋ねた研究によると、視野の広い人は楽観的で幸せな傾向がありました。

不可避な事態が生じた時、視野の広い人と視野の狭い人では、どちらが対処しやすいでしょうか。明らかに前者です。多様な課題や様々な対処法を見渡せるからです。つまり、日常生活でいつもと同じ生活や仕事をしている場合には視野が狭くても特に困らないかもしれないのに対し、不可避かつ不測の事態においては広い視野で俯瞰的に判断することが必要なのです。もちろん、広い視野は自信や行動力にもつながるでしょう。そして、視野の広い人は楽観的で幸せな人であるわけですから、不可避な事態においては幸せであることが重要だといえるでしょう。

次に、（2）創造性と幸せについて考えてみましょう。

幸せな人は不幸せな人よりも創造性が3倍高い（＊5）という研究結果があります。不可避な事態において、創造性の高い人は、様々な工夫をしてその事態に対するより良い対処策を見つける可能性が高い結果として、その事態を適切に乗り越える確率が高いと考えられます。よって、幸せで創造性が高いことは不可避の事態において不可欠な特性であると言えるでしょう。

さらに、（3）レジリエンスと幸せについて述べます。

レジリエンスについては、中板育美先生も述べられていますが、折れそうになった心が立ち直る力を指します。筆者らがGMOリサーチと共同で行った調査によりますと、幸福度とレジリエンスには中程度の相関関係がありました。すなわち「困難に直面した時に立ち直る力は強いですか？」という質問と幸福度（人生満足尺度〔SWLS〕）との相関係数は0.420（中程度の相関）でした。つまり、幸せな人はレジリエンスが高い傾向があると考えられます。レジリエンスの高い人は、不可避の事態に陥っても、立ち直る力が強いわけですから、結果として幸せになる確率が高いと考えられます。よって、不可避な事態においては、幸せでレジリエンスが高いことが重要です。

では、４つ目の（４）社会関係資本と幸せはどのように関連しているでしょうか。

社会関係資本とは、コミュニティーにおける人と人とのつながりの質と量を表します。幸福学研究によると、社会関係資本が整っているコミュニティーほど幸福度が高い傾向があります。たとえば、筆者らとＧＭＯリサーチの調査によると、「あなたは職場や学校でまわりの人と高い信頼関係を築いていますか？」という質問と幸福度（人生満足尺度〔ＳＷＬＳ〕）との相関係数は0.429（中程度の相関）でした。また、弱い紐帯（つながり）が重要であるという研究結果もあります（＊6）。さらに、筆者らの研究では、多様な友人を持つ者は幸福度が高い傾向がありました。これらより、幸せな人は、弱いつながりも含め、多様な人とつながっていると言えそうです。不可避な事態において、弱くても多様なつながりがあると、様々な形で助け合うことができます。よって、社会関係資本の向上が、不可避な事態への対処のために重要であると言えそうです。

最後に、（５）死と幸せについて述べます。筆者は、著書『人はなぜ「死ぬのが怖い」のか』（＊7）の中で、死について徹底的に考え、死の恐怖を乗り越えることが幸せへの道であることを述べました。これは、古来、宗教が目指してきた道でもあります。武蔵野大学の西本学長も、武蔵野大学と慶應義塾大学が共同開催したshiawase2021シンポジウムの開会式（２０２１年3月20日。シンポジウムホームページから動画を視聴できます（＊8））において「生きてよし、死してよし」とおっしゃっていました。現代人は、すべての人にいつか必ず訪れる「死」を見て見ぬ振りをし過ぎているのではないでしょうか。私が行ったように、「死」について徹底的に考えることこそが、生きる幸せにつながるのではないでしょうか。先の見えない不可避の事態に陥ると、人はおろおろしがちですが、まあ、ぶっちゃけ、人はいつか必ず死ぬわけです。誤解を恐れずに述べるならば、不可避の事態とは、誰にもいつか来ることが確実であるにもかかわらず多くの人が避けてきた死の恐怖がついにやってきたというだけのことです。死という不可避の事態におろおろしないためには、日頃から、いつか来る自分の死について考えておくことが重要だと思います。私が尊敬する禅宗のある宗派のお坊さんは、「最近、死ぬのが楽しみになってきたんですよ」と笑顔でおっしゃっていました。「遠足しかり。イベントしかり。人は、まだ見ぬ未来を楽しみにしてワクワクします。死とは、すべての人に訪れるまだ見ぬ世界。ということは、死も、ワクワクと楽しみにすべきではないか。最近、このことに気づいたんです」と楽しそうにおっしゃっていたのです。いかがでしょう。すべてのことにはポジティブな側面があります。ネガティブと、ポジティブと、両者が揃って円満（満ち足りていること）なのです。

幸福学のエビデンスを引用しながらエッセイ的に好きなことを述べてきましたが、結局のところ、すべてのことには、いい面と悪い面があります。今回のテーマである「不可避の事態」も、必ず、いい面と悪い面があります。というか、未来って、見ようによっては、すべて、不可避の事態ですよね。過去もそうです。なんの因果か現代社会に生まれ、様々なことが起こり、生きて死ぬ人生。一度しかないこの人生、私たちはすべての不可避の事態を受け入れて、幸せに生きるべきではないでしょうか。お幸せに！

◉参考文献

＊1　前野隆司、幸せのメカニズム　実践・幸福学入門、講談社現代新書、2013年
＊2　前野隆司、脳を活かす幸福学　無意識の力を伸ばす8つの講義、講談社、
＊3　前野隆司、実践　ポジティブ心理学　幸せのサイエンス、ＰＨＰ新書、2017年
＊4　M. R. Basso et.al., *Mood and Global-Local Visual Processing*, Journal of International Neuropsychological Society, Vol. 2, pp. 249-255, 1996
＊5　DIAMOND ハーバードビジネスレビュー、幸福の戦略、2012年、ダイヤモンド社

＊6　Granovetter, Mark;(1973)"*The Strength of Weak Ties*"; American Journal of Sociology, Vol. 78, No. 6., May 1973, pp 1360-1380.［マーク・グラノヴェター（大岡栄美訳）「弱い紐帯の強さ」野沢慎司（編・監訳）『リーディングス　ネットワーク論―家族・コミュニティ・社会関係資本』勁草書房、2006年］

＊7　前野隆司，人はなぜ「死ぬのが怖い」のか（単行本『死ぬのが怖い』とはどういうことか」の文庫版），講談社＋α文庫、2017年

＊8　https://shiawasesymposium.com/2021/wp/timetable/（2021年4月22日確認）

［第7章］

ブッダの言葉に見る不可避の老病死としあわせ

西本照真

武蔵野大学学長・しあわせ研究所所長、インド哲学仏教学

Nishimoto Teruma

武蔵野大学学長、アントレプレナーシップ学部教授。

仏教学専攻。

おもな著書に『三階教の研究』(春秋社)、『「華厳経」を読む』(角川学芸出版)などがある。

一——はじめに

あらゆる個としての人間の営みにおいて、不可避であるけれども避けたい事象は、迫り来る死であろう。人類誕生以来の膨大なデータを処理したとして、死に至らないケースはただの一件もなかった。不可避ということは、例外なく避けることができないということである。そして、そうであるから、真実といえるのである。しかし、その苦しみを引き起こしつつある事態に向き合うこと自体、一人称的にも、二人称的にも大きな苦しみを伴うことが多い。

本稿では、古来より人々の不可避の老病死に伴う苦しみと、その苦しみからの解放について実践的取り組みを続けてきた仏教に焦点を当て、仏教文献に見られるゴータマ・ブッダ（以下、ブッダと略す）の言説を通じて不可避の老病死としあわせの関係について考察を加えたい。

二——三人称の老病死の端緒的体験

ブッダが二十九歳で出家したきっかけの一つとして挙げられるのが、「四門出遊」のエピソードである。城から出て、老病死の現実と、その苦しみからの解脱をめざす出家修行者に出会う話である。ブッダの伝記を綴った『ブッダチャリタ』では、次のように描いている。

「腹がふくれあがり、息をするたびに身体が上下し、肩と腕がだらりと下がり、肢体は痩せて青白く、他人に寄りかかりながら、『お母さん』と哀れに叫んでいるあの男はだれか」

するとと御者は言った。「この男はかつては壮健だったのですが、今は身の自由もきかないようになっ

> てしまいました。殿下、それは、体液の不調より生じて力を増した、病という大きな不幸のせいなのです」(【梶山一九八五】、三一頁)

この時点で、この世の中に「病」という現象が存在することを三人称の個別的状況として体験的に認識したのだが、続く箇所では次のように知的構造化がなされる。

> 王子は憐れみを覚えてその男を見つめながら続けた。「この弱点はこの男にのみ起こったのか。病の恐れは生きものにおしなべてあるのか」
> すると御者は、「王子様、この弱点は人に共通のものです―」と言った。(同、三一頁)

ブッダの問いにおいて、一つの体験的事実の観察から帰納的にその事実の客観化、理論化、普遍化が進行している。「病の恐れは生きものにおしなべてあるのか」という問いが発せられ、御者が「この弱点は人に共通のもの」と答えた瞬間、ブッダにおいては、すべての生き物に不可避な現象として病が存在することが確認されたのである。これに続く箇所は次のとおりである。

> そのように真実を聞いて、王子は心沈み、波間に映る月のように震えた。男を哀れに思い、幾分低い声で彼は言った。「これは生きものがもつ、病という禍いなのだ。それを見ながら、人々は平気でいる。もろもろの病の恐れから解き放たれることなく戯れている人々の無知は、ああ、なんと大きなものか。御者よ、外出より引き返し、王宮に馬車を進ませよ。病の恐れのことを聞いて、私の心はたのしみどころではなく、縮んでしまうかのようだ」そして、喜びも消え、彼は帰途につき、思案に耽(ふけ)りながら館に

入った。（同、三一〜三二頁）

この箇所では「病」が「不可避」であるがゆえに「真実」であると捉えている。そしてさらに、不可避なものとして受容せず、その「真実」に気づくことのないことを「無知」として憂えている。仏教では、人間の苦しみの根源に、自身も含めた世界の変化をありのままに捉えることができないこと、すなわち「無知」「無明」があるとする。若き頃のブッダの四門出遊を通じた真実の直感は、出家、修行の生活へと誘う上で大きな出来事であったとされる。苦しみを引き起こしている個別の三人称的事象を自分自身の問題へと深化させていく契機が生まれるのであり、人ごとを自分ごとにしていく営みを通じて苦しみからの解放、真実のしあわせの探求へとつながっていくのである。

三――不可避・不可逆・無力なる真実の帰納的深化

初期の仏教経典において、老病死の不可避性、真実性について随所で説かれている。『真理のことば』（ダンマパダ）では、次のように病について説く。

見よ、粉飾された形体を！（それは）傷だらけの身体であって、いろいろのものが集まっただけである。病いに悩み、意欲ばかり多くて、堅固でなく、安住していない。この容色は衰えはてた。病いの巣であり、脆（もろ）くも滅びる。腐敗のかたまりで、やぶれてしまう。生命は死に帰着する。【中村一九七八】、三〇〜三一頁）

我々は生命体を「個体」と言っているが、実は集合体であり、集合体であるが故に変化をし、その変化の方向として病死に帰着することが述べられている。また、『感興のことば』では、死について次のように述べられている。

朝には多くの人々を見かけるが、夕べには或る人々のすがたが見られない。夕べには多くの人々を見かけるが、朝には或る人々のすがたが見られない。「わたしは若い」と思っていても、死すべきはずの人間は、誰が（自分の）生命をあてにしていてよいだろうか？　若い人々でも死んで行くのだ。─男でも女でも、次から次へと─。

或る者どもは母胎の中で滅びてしまう。或る者どもは産婦の家で死んでしまう。また或る者どもは這いまわっているうちに、或る者どもは駆け廻っているうちに死んでしまう。老いた人々も、若い人々も、その中間の人々も、順次に去って行く。─熟した果実が枝から落ちて行くように。熟した果実がいつも落ちるおそれがあるように、生まれた人はいつでも死ぬおそれがある。（同、一六二頁）

先に見た「四門出遊」の箇所では、一人の病人を目にして、その経験を御者と語る中で病という現象を不可避なるものとして生物全体に普遍化したのである。しかし、あの場面では一体験のみを通じて結論へと飛躍していったわけで、帰納化の営みが十分に展開されていなかった。この箇所においては、妊娠中に死ぬ者、出産中に死ぬ者、乳幼児期に死ぬ者、子ども時代に死ぬ者、様々なケースにおいて、死が訪れうることが述べられ、不可避性がよりいっそう普遍的なものとして帰納されている。

また、『スッタニパータ』では、次のような一節もある。

夢の中で会った人でも、目がさめたならば、もはやかれを見ることができない。それと同じく、愛した人でも死んでこの世を去ったならば、もはや再び見ることができない。「何の誰それ」という名で呼ばれ、かつては見られ、また聞かれた人でも、死んでしまえば、ただ名が残って伝えられるだけである。

（【中村一九八四】、一八一頁）

この一節では、老病死が不可避であるだけではなく、特に死においては不可逆なものであることが説かれている。さらに、別の箇所では、次のように説かれている。

生まれたものどもは、死を遁（のが）れる道がない。老いに達しては、死ぬ。実に生あるものどもの定めは、このとおりである。熟した果実は早く落ちる。それと同じく、生まれた人々は、死なねばならぬ。かれらにはつねに死の怖れがある。たとえば、陶工のつくった土の器が終にはすべて破壊されてしまうように、人々の命もまたそのとおりである。若い人も壮年の人も、愚者も賢者も、すべて死に屈服してしまう。すべての者は必ず死に至る。彼らは死に捉えられてあの世に去って行くが、父もその子を救わず、親族もその親族を救わない。見よ。見まもっている親族がとめどなく悲嘆に暮れているのに、人は屠所に引かれる牛のように、一人ずつ、連れ去られる。（同、一二九頁）

この箇所で重要なのは、老病死の不可避性とともに、最終的無力性である。本人も最終的に無力であると同時に、「父もその子を救わず、親族もその親族を救わない」と説くごとく、他者も最終的に無力なのである。

四――不可避性、不可逆性、無力性を乗り越えていく道

このタイトル自体、ある意味で非常に矛盾している。不可避、不可逆、無力である時点において、同時にその状況自体を乗り越えるということはそもそもありえない。不可能を可能にしていく世間的なベクトル、具体的には科学、とりわけ医学、薬学などの進歩にはある程度の時間が必要である。ある時点で不可避であった老病死が科学の進歩によって一時的に可避なるものとなり、死に向かう最終的な変化への移行を先延ばしにすることをめざして進行していくのである。一方の仏教的なベクトルは、不可能を可能にするということではなく、不可避な状況に対して人々がどのように向き合い、受け止め、またその状況から生じる苦しみを解決していくかということであろう。世間的なベクトルと仏教的なベクトルは逆方向でありながら、同時併存し続けてきたのである。

それでは、老病死の不可避、不可逆、無力な状況に対し、仏教的なベクトルにおいてはどのように向き合い、乗り越えていけばよいのであろうか。再び、ブッダのことばを紐解くことにしよう。『スッタニパータ』には、次のように述べられている。

ああ短いかな、人の生命よ。百歳に達せずして死す。たといそれよりも長く生きたとしても、また老衰のために死ぬ。人々は「わがものである」と執著した物のために悲しむ。(自己の)所有しているものは常住ではないからである。この世のものはただ変滅するものである、と見て、在家にとどまっていてはならない。人が「これはわがものである」と考える物、――それは(その人の)死によって失われる。われに従う人は、賢明にこの理を知って、わがものという観念に屈してはならない。(中略)わがものとして執著したものを貪り求める人々は、憂いと悲しみと慳みとを捨てることがない。それ故に諸々の聖

者は、所有を捨てて行なって安穏を見たのである。(同、一八一頁)

これによると、「人々は「わがものである」と執著した物のために悲しむ」とあることから、悲しみや苦しみの原因が「わがもの」意識、つまり「執著」にあることが説かれている。そして、「この世のものはただ変滅するものである」と見て、「わがものという観念に屈してはならない」として、憂いや悲しみや物惜しみを捨てて安穏に至る道を勧めている。同様に学生メッタグーの質問にブッダが答えた箇所でも、苦しみの原因とともに苦しみを捨てる道を次のように説いている。

「メッタグーよ。そなたは、わたしに苦しみの生起するもとを問うた。わたしは知り得たとおりに、それをそなたに説き示そう。世の中にある種々様々な苦しみは、執著を縁として生起する。実に知ることなくして執著をつくる人は愚鈍であり、くり返し苦しみに近づく。だから、知ることあり、苦しみの生起のもとを観じた人は、再生の素因(=執著)をつくってはならない。」(中略)よく気をつけ、怠ることなく行う修行者は、わがものとみなして固執したものを捨て、生や老衰や憂いや悲しみをも捨て、この世で智者となって、苦しみを捨てるであろう。」(同、二二一〜二二二頁)

ここでは、苦しみの原因が執著にあること、その真実をよく知ることによって執著を捨てて苦しみを捨てて智者となることが説かれている。ブッダの説いたこのような真実は、苦しみの真実(苦諦)、苦しみの生ずる原因の真実(苦集諦)、苦しみから解放される真実(苦滅諦)、苦しみから解放されるための方法に関する真実(苦滅道諦)という四つの真実、四聖諦としてまとまって説かれるものである。この四聖諦について、『スッタニパータ』では次のようにまとめられている。

苦しみを知らず、また苦しみの生起するもとをも知らず、また苦しみのすべて残りなく滅びるところをも、また苦しみの消滅に達する道をも知らない人々、―かれらは心の解脱を欠き、また智慧の解脱を欠く。かれらは（輪廻を）終滅させることができない。かれらは実に生と老いとを受ける。

しかるに、苦しみを知り、また苦しみの生起するもとを知り、また苦しみのすべて残りなく滅びるところを知り、また苦しみの消滅に達する道を知った人々、―かれらは、心の解脱を具現し、また智慧の解脱を具現する。かれらは（輪廻を）終滅させることができる。かれらは生と老いとを受けることがない。

（同、一五七頁）

前半では、苦しみに関する四つの真実を知らないことにより、苦しみが増幅され、生死の苦しみを繰り返すことが説かれ、後半では、苦しみに関する四つの真実を知ることにより、苦しみから解放され心の解脱、智慧の解脱を得て、生死の苦しみから解放されることが説かれている。筆者がくり返し使用している言葉に置き換えれば、不可避性、不可逆性、無力性についてよく知ることが苦しみから解放されていく道であるということになろう。

五―ブッダと一人称・二人称の老病死

苦しみという真実にせよ、苦しみを乗り越えていくという真実にせよ、三人称の範疇で捉えられている限りは、その真実は生きた人間には働いていかない。一人称の自分自身の問題として、なぜこのような苦しみに出会わなければならないか、どのようにしてこの私がこの苦しみを乗り越えていくか、客観的人称としての三人称から私自身の問題としての一人称へ、あるいは私にとってかけがえのない存在としての二人称も含めたこの苦しみの事態にどのようにして向き合うかが問われなければならない。

そこで、本節では向き合わざるを得ない一人称、あるいは二人称の老病死、あるいはその状況に伴って生じる苦しみを、仏教がどのように捉えているのか、ブッダ自身のケースについて見ていくことにする。

真実に目覚めたブッダ自身の身にも、不可避の老病死はやがて一人称の事態として迫り来る。ブッダは八十歳で生涯を終えたとされるが、亡くなる直前の三ヶ月間の旅路を綴った仏典『大パリニッバーナ経』には、老・病・死の一人称的感受が綴られている。ブッダが八十歳になって、ベールヴァ村において雨期の定住に入った時、「恐ろしい病いが生じ、死ぬほどの激痛が起った。しかし尊師は、心に念じて、よく気をつけて、悩まされることなく、苦痛を堪え忍んだ」（【中村一九八〇】、六一頁）とされる。やがて病いから回復するのだが、ブッダは弟子のアーナンダに自身の老いについて次のように語っている。

「アーナンダよ。わたしはもう老い朽ち、齢をかさね老衰し、人生の旅路を通り過ぎ、老齢に達した。わが齢は八十となった。譬えば古ぼけた車が革紐の助けによってやっと動いて行くように、恐らくわたしの身体も革紐の助けによってもっているのだ。しかし、向上につとめた人が一切の相をこころにとどめることなく一部の感受を滅ぼしたことによって、相の無い心の統一に入ってとどまるとき、そのとき、かれの身体は健全（快適）なのである」（同、六三〜六四頁）

ここには、普通の人と同じく、人間ブッダに避けることのできない老いが訪れ、老体がやっとの思いで動いている状況をブッダ自身が一人称としての老いの現実として語っている。同時に、その老いはもはや不可避であるがゆえに、がむしゃらに心を悩ませて老いを忌避しようとはしていない。「相をこころにとどめることなく」「相の無い心の統一に入ってとどまる」というのは、自身の老いを憂うことなく、老いゆくままの変化を老いゆくままに受け止めることによって「身体は健全(快適)」を保ち得るというのである。ブッダはこの病からは一時的に回復するのであるが、しばしの時を経て、迫り来る悪魔との対話の中で、「いまから三ヶ月過ぎて後に修行完成者はなくなるであろう」(同、七一頁)ことを宣言する。そして、弟子のアーナンダとの対話において、次のように述べている。

「しかし、アーナンダよ。わたしはあらかじめこのように告げてはおかなかったか?—『愛しく気に入っているすべての人々とも、やがては、生別し、死別し、(死後には生存の場所を)異にするに至る』と。アーナンダよ。生じ、存在し、つくられ、壊滅する性質のものが、(実は)壊滅しないように、ということが、この世でどうして有り得ようか。このような道理は存在しない。(中略)『久しからずして修行完成者は亡くなるであろう。これから三ヶ月過ぎたのちに、修行完成者は亡くなるであろう』と。修行完成者が、生きのびたいために、このことばを取り消す、というようなことは有り得ない」(同、九四頁)

「愛しく気に入っているすべての人々」云々というのが一人称と二人称の関係性に生老病死の真実を落とし込んだ箇所である。そして、後段の「生じ、存在し、つくられ、壊滅する性質のものが、(実は)壊滅しないように、ということが、この世でどうして有り得ようか。このような道理は存在しない。」というのが、真実そのもの、三人称的に捉えられた客観的真実である。客観的真実としての老病死を一人称、二人称的な老病死の受容へと人称転換せしめていくところに仏教の実践的アプローチの意義が存するといえよう。

ブッダは、ほどなくしてパーヴァー村に赴き、鍛冶工の息子チュンダが捧げたキノコ料理で食中毒を起こし、死に至る病を患う。

さて、尊師が鍛冶工の子チュンダの食物を食べられたとき、激しい病いが起り、赤い血が迸り出る、死に至らんとする激しい苦痛が生じた。尊師は実に正しく念い、よく気をおちつけて、悩まされることなく、その苦痛を耐え忍んでいた。

さて、尊師は若き人アーナンダに告げられた、「さあ、アーナンダよ、われらはクシナーラーに赴こう」と。「かしこまりました」と、若き人アーナンダは答えた。(同、一一〇〜一一一頁)

このような事態の進行に対して、弟子のアーナンダの悲嘆は痛切である。迫り来る大切な二人称の死を受容できない状況が、次の箇所にはよく描かれている。

さて若き人アーナンダは、住居に入って、戸の横木によりかかって、泣いていた。――〈ああ、わたしは、まだこれから学ばねばならぬ者であり、まだ為すべきことがある。ところが、わたしを憐れんでくださるわが師はお亡くなりになるのだろう〉と思って。」(同、一三六頁)

このアーナンダの悲嘆を感じとったブッダは、アーナンダを呼び寄せ、次のように述べる。

「やめよ、アーナンダよ。悲しむな。嘆くな。アーナンダよ。わたしは、あらかじめこのように説いたではないか、――すべての愛するもの・好むものからも別れ、離れ、異なるに至るということを。およそ生じ、存在し、つくられ、破壊さるべきものであるのに、それが破滅しないように、ということが、どうしてありえようか。アーナンダよ。そのようなことわりは存在しない。アーナンダよ。長い間、お前は、慈愛ある、ためをはかる、安楽な、純一なる、無量の、身とことばとこころとの行為によって、向上し来れる人（＝ゴータマ）に仕えてくれた。アーナンダよ、お前は善いことをしてくれた。努めはげんで修行せよ。速やかに汚れのないものとなるだろう」（同、一三七頁）

不可避の老病死に向き合う場合に、一人称の悲嘆が最も強く露出してくるケースも少なくない中で、すでに真実に目覚め、悲嘆を乗り越えたブッダが二人称としてのアーナンダの悲嘆に寄りそう場面である。ブッダは、わずか数行の言葉の中に、二人称への呼びかけの言葉、「アーナンダよ」を五回も交えて、最愛の弟子の悲嘆に寄り添っている。その上で、「すべての愛するもの・好むものからも別れ、離れ、異なるに至ること、「生じ、存在し、つくられ、破壊さるべきものであるのに、それが破滅しない」ということわりは存在しないこと、不可避の真実に向き合い、受け止め、そして乗り越えて生きていくべきことを語っている。

六——おわりに

本稿においては、不可避の事象としての老病死についてブッダがどのように捉え、向き合ったかについて、仏典の記述を紐解きながら見てきた。そもそも、人々にとって好ましからざることで、避けることのできること、これはとりもなおさず不可逆性からも無力性からも逃れ得る事象ということになるが、そのような事象に対して医療、看護、福祉、行政、様々な現場が共同で予防的措置、回避的措置、回復的措置等を可能な限り講じていくことが何はともあれ必要であろう。人類のこれまでの営み、科学の進歩によって、ある時点では不可避であったものの予防、回避、回復が可能となり、そのことによって人々の苦しみの回避にも大きく貢献をしてきたのである。

一方、ブッダの突きつけている真実は、その先にある不可避的な変化、事象の発現である。人々が避けたいと願っている事象が不可避的に訪れる時点を問題とする。その時点においては、それまで求めてきた予防、回避、回復を通じて得られる「しあわせ」は「ふしあわせ」へと転化して終末を迎える以外にないのであろうか。一人称、あるいは二人称の存在が、不可避の老病死の事態においても「しあわせ」に至る、あるいは「しあわせ」を感じられる可能性はないのであろうか。「老病死の不可避」がとりもなおさず「ふしあわせの不可避」ではないこと、このことが根っこに共有されていないと、私たち人類は「不可避の老病死」イコール「不可避のふしあわせ」という図式のもとに、永遠に老病死それ自体を不幸なるものとして貶(おと)しめていくことになるのではあるまいか。

ブッダは、「真理によって幸せであれ」(『スッタニパータ』、【中村一九八四】、五一頁)と述べ、また、「聖なる真理を見ること、安らぎ(ニルヴァーナ)を体得すること、―これがこよなき幸せである」(同、五八〜五九頁)と説いている。また、「真理」を尊び、拠り所とする生き方について、「真理を楽しみ、真理を喜び、真理に安住し、真理の定めを知り、真理をそこなうことばを口にするな。みごとに説かれた真実にもとづいて暮せ」(同、六九頁)と説いている。したがって、仏教的なベクトルにおいては、不可避の真実に向き合い、受け止めていく中に、こよなき幸せ、安らぎの世界が開けてくるのである。

とはいえ、老病死は誰にとってもやはり極めて重く、受け止めがたいものである。だが、受け止めることも、また不可避ではあるまい。医療や看護、福祉、宗教など、様々なアプローチ、サポートを通じて、不可避の、一般的に「ふしあわせ」としてしか受け止めきれないような深刻な事態の中でも真実に向き合い、受け止めていく中で、こよなき「しあわせ」の世界が開かれていくことを願いたい。

●参考文献（略号表）

【梶山一九八五】：原始仏典第一〇巻『ブッダチャリタ』、梶山雄一ほか訳、講談社、一九八五年。
【中村一九七八】：『ブッダの真理のことば　感興のことば』、中村元訳、岩波文庫、一九七八年。
【中村一九八〇】：『ブッダ最後の旅　―大パリニッバーナ経』、中村元訳、岩波文庫、一九八〇年。
【中村一九八四】：『ブッダのことば　―スッタニパータ―』、中村元訳、岩波文庫、一九八四年。
【西本二〇〇九】：西本照真「転換装置（トランスシステム）としての仏教」（『仏教最前線の課題』、田中教照編・著、武蔵野大学出版会、二〇〇九年、一八七～二〇二頁）。
【山崎二〇〇七】：『いのちは誰のものか』、山崎龍明編著、武蔵野大学出版会、二〇〇七年。
〔※各仏典の翻訳本に付された偈文の番号は、引用にあたっては省略した。〕

［第3部］

文化からの分析

［第8章］

日本における仏教と疫病の歴史

日野慧運

武蔵野大学人間科学科准教授、仏教学

Hino Eun

武蔵野大学人間科学部准教授。仏教学専攻。

おもな著書に『金光明経の研究』（山喜房佛書林）、『仏教と慈しみ』（共著　武蔵野大学出版会）などがある。

はじめに

本稿は、二〇二一年一月に開催された武蔵野大学しあわせ研究所シンポジウム『不可避な病災害のなかでのしあわせ学』序説」での講演内容に、若干の修正を加えて文書化したものである。シンポジウムの目的が異分野間での情報共有であったため、講演は新知見の披歴を目指すものではなく、既知の情報を平易に紹介することを主眼とした。したがって本稿も、基本的には同じ性質のものである。

本稿の主題はタイトルの通り、日本における仏教の歴史に疫病が与えた影響、あるいはまた疫病の捉え方に仏教が与えた影響を述べることである。これについては日本史学、日本仏教学の分野に既に豊富な先行研究があるので、本稿はその成果に依拠して概略を述べることになる。敢えてそれらを批判、再検討し新たな知見を加えることは、本稿の任ではない。

ただし、筆者は年来「金光明経（こんこうみょうきょう）」という経典を研究対象としてきた者であり、そしてこの経典は日本仏教において、とくに疫病との関わりの中で重用されてきた経緯がある。そこでこれを機に、「金光明経」に見える病観を軸にして、この主題について整理してみることにした。本稿では「金光明経」を基点に据えて、先学の成果を横断的に参照しつつ、古代から現代に至る仏教と疫病の関わりを通覧することを試みたい。これを通じて、現前の疫病を仏教の視点からいかに捉えるべきかについて、その手がかりなりとも示せればと思う。

仏教伝来と疫病

まず初めに、日本における仏教受容の最初期に、疫病が重要な役割を果たしたことを示したい。

仏教が日本に公式に伝来したのは、欽明天皇七年戊午（五三八年）のこととされる（『上宮聖徳法王帝説』『元興寺伽藍縁起』）。欽明天皇十三年壬申（五五二年）とする記録もある（『日本書紀』、書記によれば戊午は宣化三年）が、現在は前者をとる見解が一般的である。この年、朝鮮半島の百済の聖明王が、日本の朝廷に仏像と経論などを贈ったのである。

これに対して、仏教を積極的に受容しようとする、蘇我氏らのいわゆる崇仏派と、仏教の受容を拒否し、排斥しようとする物部氏らの排仏派とが、朝廷内で対立したことはよく知られている。最終的には崇仏派の蘇我氏がこの争いに勝って、それ以降日本では仏教の布教が公的に認められることになるのだが、そこに至る経緯には疫病の流行が密接に関係した。

『日本書紀』によれば、百済から仏像が贈られた時、欽明天皇はこれを礼拝すべきか否かを群臣に尋ねたという。これに答えて蘇我稲目は、「西蕃の諸国がみな礼拝しているのに、日本だけが背くわけにはいかない」と述べた。これに対して物部尾輿と中臣鎌子は「わが国の天皇は天地百八十神を祭拝してきたのに、それをやめて蕃神（あたしくにのかみ）を拝めば、国神（くにつかみ）の怒りを招くだろう」と答えたという。

国神、つまり日本古来の神々は、自然と結びついて人知を超えた力を持ち、ときに恵みを与え、ときに祟りをもたらす、畏れ忌むべき存在と考えられていた。一方、仏とは、元来は仏教の開祖・釈尊のように、真理に目覚めた人を指す言葉である。しかしこの時、仏は国神と同じ範疇で、蕃神、つまり外国から来た神と捉えられたのである。

天皇は審議をふまえて、試み（こころみ）に蘇我稲目に仏像をさずけて礼拝することを許した。稲目は小墾田（おはりだ）の家に仏像を安置し、さらに向原（むくはら）の家を清めて寺とした。すると、国中に疫気（えやみ）すなわち疫病が流行して、多数の死者が出たという。物部・中臣両氏は、先に進言した通りになった、早く仏像を破棄すべきだと奏上した。天皇はこれを聞き入れたので、仏像は難波の堀江に流され、寺も焼尽せられたという。

これは『日本書紀』の記事であるが、仏教公伝を五三八年とする『元興寺伽藍縁起』にも、その数年後に疫病が流行したという記事があり、流行の時期はおおよそ一致するという（酒井［二〇〇二］）。疫病の流行が、仏教の受容を阻んだことになる。

さて、敏達天皇十三（五八四）年、再び百済から弥勒菩薩の石像と仏像がもたらされ、稲目の子である蘇我馬子がこれらを請い受けた。馬子はまた、高句麗出身の元僧侶・恵弁を見出し、これを師として司馬達等の娘嶋ら三人の女子を出家させた。彼女らが日本最初の出家者、僧侶である。馬子は仏殿を建てて尊像を安置し、三人の尼僧に法会を営ませるなどした。「仏法の初、これより作れり」と『日本書紀』は記している。

翌十四年二月、蘇我馬子は大野丘の北に仏塔を建立して仏舎利を収め、法会を催した。ところがその直後、馬子は病を得た。占わせると、父の代に破却された仏に祟られているというので、馬子は尊像に礼拝して延命を乞うた。にもかかわらず、国中に疫疾、つまり疫病が蔓延して、多くの死者が出たという。

翌三月、物部尾輿の子・守屋らは天皇に、この疫病は前回と同じく、蘇我氏が仏法を広めようとしたせいだと進言した。天皇も、それが明白ならば仏法をやめさせるようにと答えた。そこで物部守屋は自ら赴いて、仏塔を倒し寺を焼き払い、焼け残った仏像を再び難波の堀江に捨てた。そして馬子ら仏教の信仰者を呵責し、尼僧らを捕らえて鞭打ったという。

すると今度は、天皇と物部守屋が瘡を病んだ。のみならず、国中でこの瘡が蔓延した。罹患した者は「身、焼かれ、打たれ、摧かるるがごとし」と泣きながら死んでゆき、老いも若きも「これ、仏像焼きまつる罪か」と言い合ったという。六月になって蘇我馬子は、自身の病はいまだ癒えず、もはや三宝（仏と仏法と僧）の力によるほかない、と訴え出た。天皇は、個人的に行うのであればと許可し、尼僧らを馬子の元に帰した。馬子は新たに僧院を建てて、彼女らを供養したという。

この瘡は疱瘡、すなわち天然痘であると見られる。欽明天皇の時の疫気、直前の疫疾も、同じ天然痘と考えられている。ただしこの時は前回と逆に、仏教を迫害したために疫病が流行したという見方が醸成され、これが仏教を受容する方向に作用したのである。

蘇我・物部両氏の確執はこの後も続くが、いまは省略する。以上のように、仏教公伝に際する崇仏対排仏の議論には、疫病の流行が深く関わっていた。疫病は国神、あるいは仏の祟りの現れと考えられ、その発生は朝廷の宗教政策を左右するものであった。そしてまた、神仏への対応を正しく行うならば、疫病は抑止できると考えられたのである。

国分寺建立と大仏造立

時代は下って聖武天皇の治世、天平七（七三五）年にも、天然痘が大流行した。『続日本紀』によれば、この年の八月、九州・太宰府管内で疫病が発生したことが上奏された。天皇は勅命を下して、太宰府管内の神祇に祈祷を捧げさせ、また全国の寺に『金剛般若経』の読誦を命じ、さらに太宰府と都をつなぐ山陽道沿いの諸国で「道饗祭」を行わせたという。道饗祭とは、八衢比古・八衢比売・久那斗の三神を祀って都に悪疫が入るのを防ぐ祭である。しかしながら蔓延は阻止できず、年末までに全国で豌豆瘡（天然痘）の罹患者、死者が多数出たという。

豌豆瘡という名は、発疹が豌豆に似ることによる。この頃になると、大陸の医学知識が国内でも普及し、疫気などといわず具体的な病名が記されるようになるという。大陸からは優れた医師も渡来し、また律令の下に典薬寮が設置されて、医療者の養成も行われ始めたという（酒井［二〇〇二］）。ただし、聖武天皇の勅令を見ると、疫病への対策としてはまず神仏の力が頼みとされていたことが分かる。ちなみに、仏教経典として『金剛般若経』が挙げられるが、この経中にはとくに除災の記述はない。内容より経の読誦自体に呪術的な効力を期待したのであろう（渡辺［二〇一五］）。

なお、六世紀の記事では、神仏は疫病を与えもし治めもすると考えられていた。しかしここに出る道饗祭は、善神を祀って疫病を追いやろうとするものである。これは、疫病が神仏から切り離して考えられ始めたことを示すとされる（西村［二〇二〇］）。

二年後の天平九年にも天然痘の流行があり、藤原四子をはじめ多数が病死した。聖武天皇は天平十三（七四一）年、全国各地に国分寺と国分尼寺の創建を命じた。その詔勅では次のように述べている。

> この頃田畑の稔りが豊かでなく、疫病が頻りにおこる。（…中略…）考えてみると「金光明最勝王」経には、『もし国内にこの経を講義して聞かせたり、読経・暗誦したり、恭しくつつしんで供養して流布させるような王があったら、我ら四天王は、常にやって来て擁護しよう。一切の災いや障害は、みな消滅させるであろうし、憂愁や疫病もまた除去し癒すであろう。願いも心のままであるし、いつも歓びが生じるであろう』と述べてある。そこで全国に命じて、各々つつしんで七重塔一基を造営し、あわせて金光明最勝王経と妙法蓮華経をそれぞれ一揃い書写させよう。（…中略…）僧寺には必ず僧二十人を住まわせ、その寺の名は金光明四天王護国之寺とする。尼寺には尼十人とし、名は法華滅罪之寺とする。（…後略…）（『続日本紀』天平十三年三月乙巳条）

ここでは経典の内容に踏み込んで、疫病や飢饉への対策として『金光明最勝王経』を配備することを命じている。この経典が選定されたのは、除病、除災という利益が直接的に説示されているためだ。ただそればかりでなく、仏法を個々人が信仰すること自体も、天地国家の安泰に通じると考えられた。

なお、併せて取り上げられた『法華経』には明示的な除災や護国の記述は見えず、むしろ女性を含む一切衆生の成仏を説く点が重視されたと思われる。

また二年後の天平十五（七四三）年、聖武天皇は有名な大仏造立の詔を出すが、そこには次のようにある。

［天皇の］富と権勢をもってこの尊像を造るのはたやすいが、［造像の］精神には到達しにくい。だからといってむやみに人を苦労させては、神聖な意義を感じることができなくなることや、あるいは非難［する者］が出て、かえって罪におちいることを恐れる。したがって、［大仏造営に］参加し貢献しようとする者は、心をこめて至誠をもち、各々が大きな幸福を招く［という気持ちで］毎日三度盧舎那仏を拝し、自ら［その］思いをもってそれぞれが盧舎那仏を造るべきであろう。もし、さらに一枝の草や一把の土を持って像を造ることを助けようという願いを心にいだいている人がいたならば、自由に許そう。

（『続日本紀』天平十五年十月辛巳条）

大仏造立は現実にはかなり強引な国家事業だったようだが、少なくとも理念の上では、広く国民を仏教事業に携わらせ、功徳を積ませることで、国民の安寧息災を願うものだった。

「金光明経」とはいかなる経典か

さて、ここで国分寺建立の詔で取り上げられた『金光明最勝王経』に注目したい。なお、この経には複数の訳本があるので、ここではまとめて「金光明経」と称する。

この経の原典は、おそらく四世紀頃、インドにおいて『スヴァルナバーソーッタマ・スートラ』（*Suvarṇabhāsottama-sūtra*）という名で成立し、次第に加筆、拡張されていった（増広という）。漢語には幾度も翻訳されたが、現存する最古訳は、北涼の曇無讖が四一二～四二六年に訳出した『金光明経』四巻十八品（品は章の意）である。その後、部分訳が何本か訳出され、隋の宝貴が五九七年に『合部金光明経』八巻二十四品としてこれらをまとめた。最後に、唐の義浄が新たに収集した原典によって七〇三年に新訳『金光明最勝王経』十巻三十一品を訳出した。義浄訳は曇無讖訳より六巻十三品も多く、その増広のほどが窺える。

「金光明経」の特徴は、ヒンドゥーの神々を仏教の外護神として取り込み、また儀礼や呪文を仏教の文脈に吸収して、例えば護国や除病といった、様々な現世利益を説く点にある。ただし、教義の面では『小品般若経』『法華経』などの初期の大乗経典に近い。のちに登場する『大日経』などの密教経典は、これら諸要素を整然と体系化したものなので、「金光明経」は思想史上その前段階に位置づけられる。

「金光明経」が日本に伝わった正確な時期は不明である。早くも聖徳太子が本経の特色である四天王信仰に携わった伝説もあるが（『日本書紀』崇峻天皇前紀）、史実かは疑わしい。『日本書紀』には天武五（六七六）年の記事より経名が見え、その後頻出する（藤谷［二〇〇五］）。おそらくは七世紀後半には「金光明経」は知られており、聖武天皇は増広された新訳を、いわばその完全版として採用したのだろう。これには、遣唐使として義浄の翻訳を見聞した僧・道慈の推薦もあったようだ（古坂［二〇〇二］）。これ以降、「金光明経」は「護国経典」として重用されることになる。

疫病と「金光明経」の神々

国分寺建立の詔で引用されるのは、『金光明最勝王経』「滅業障品」の一節（大正蔵十六巻四一七中）である。この章は義浄訳のみの追加部分で旧訳にはないが、その内容は別章「四天王品」に基づいたものである。では元の文脈がどのようなものか、「四天王品」のインド語原典に遡って確認しよう。

この章は、四天王（多聞天、増長天、広目天、持国天）と釈尊との対話で構成される。四天王はヤクシャ（夜叉）、鬼神）衆の上首とされ、仏教を外護する神群であり、人間世界を護るので「護世」と呼ばれる。四天王は釈尊に、次のように「金光明経」の功徳を述べる。

この『金光明経』という経典の王者は（…中略…）すべての敵の軍隊を撃退し、飢饉や疫病やあらゆる災難を取り除き、すべての曜星の災いを鎮め、この上なく勝れた平静な生活をもたらし、悲しみと煩わしさを攘い、種々様々な難儀を和らげ、幾百千の難儀を取り除いてくれるものであります。（Nobel [1937:65]、和訳は岩本［一九七五］一六四頁）

「金光明経」の読誦自体に利益があって、それにより「疫病」（vyādhi）などの災厄は取り除かれるという。そしてさらに、「われわれ四天王は、この教えを聞いただけで教えの甘露に浸り、気力が充実し、ますます威光を増大させるでしょう」等々という。四天王も「金光明経」を聴けば法悦を得るといい、それゆえこれを講説する法師、聴聞する信者、さらにはそれを保護する国王とその国をも、四天王は守護するというのである。

この『金光明経』という経典の王者を聴き、崇め尊び、供養を捧げる国の隣国に、だれか敵対する王がいるとしまして、この隣国の国王が、尊師世尊よ、『余は四軍を率いて、隣国征伐の軍を進めよう』と考えましたとき、その時必ず符節を合わすように、この『金光明経』の威光と威力によってこの隣国の敵王と他の王者たちとの戦争が起こるでありましょう。そして、この隣国の王自身の領内にも、反乱が起こるでありましょうし、また怖ろしい内紛とか疫病が発生するでありましょう。あるいは幾百とい

う種々様々な障碍が領土内に起こることもありましょう。（岩本前掲書一六九頁、Nobel 前掲書 p.72）

「金光明経」を奉ずる国を敵国が侵略しようとするならば、敵国には「疫病」(roga) を含む災厄が降りかかる。それでも敵軍が攻め込もうとするならば、四天王自らがヤクシャ衆を率いて撃退するという。

このような経説が、「金光明経」の「護国経典」たるゆえんである。「金光明経」の教主である仏＝釈尊は、明らかに恵みと災厄をもたらす両義的な神ではない。仏は仏法を体現し、自らは呪術的な力や武張った振る舞いを示さない。ただ「金光明経」の不可思議な功徳と、四天王ら護法神の威神力によって、外敵の侵略などの人的災害、および病、飢饉、天体の不順行などの天変地異は遠ざけられ「護国」がなされるとされた。

また、別の章「大弁才天女品」では、女神・弁才天が自らの加護を次のように説いている。

妾はそこに赴いて、あらゆる疾病を鎮めるでありましょう。曜星や喧嘩・口論や星宿や誕生によって惹き起こされるありとあらゆる苦しみ、悪夢やヴィナーヤカによる苦しみ、あらゆるカーコールダとヴェーターダどもを、わたしは和らげ鎮めるでありましょう。（岩本前掲書一九六頁、Nobel 前掲書 p.107）

ヴィナーヤカ、カーコールダ、ヴェーターダはいずれも悪鬼の名である。ちなみに『最勝王経』はこの災厄の羅列を「諸の病苦、流星、変怪、疫疾、闘諍、王法の拘う所、悪夢、悪神の障礙をなす者、蠱道・厭術」（大正蔵十六巻四三五下）としている。この女神の加護は「護国」ではなく個人的な現世利益というべきものだが、ここでは、疾病 (roga) などの天災と、悪鬼悪神とが並び記される点に注目しておきたい。

また別の章「王法正論品」では挿話として、四天王がブラフマー神から王国統治の要諦を教わる。国王が正法にのっとって統治しない国には災厄がはびこる、という点が強調される中で、「凶悪な鬼霊 (graha) が国内に入りこみ、激烈な疫病（vyādhi）が発生する」（岩本前掲書二一九頁、Nobel 前掲書 p.139）、「人々は病気に悩み、さまざまな病に苦しめられよう。曜星・星宿は不吉となり、さまざまなラークシャサが跳梁しよう」（岩本二二〇頁、Nobel p.140）と述べている。ラークシャサ（羅刹）は悪鬼の一種。『最勝王経』はこれを「悪鬼来たりて国に入り、疾疫遍く流行す」（大正蔵十六巻四四三上）、「国人疾患多く、衆苦其の身を逼め、鬼魅遍く流行し、処に随いて羅刹を生ず」（同中）と訳す。悪鬼や羅刹が、疫病の蔓延を象徴する存在であったことが分かる。こうしたところから、仏法による病の対治は、四天王ら護法神による悪鬼の駆逐という表象で捉えられるようになったと考えられる。

疫病とその対治の視覚化

四天王はインド以来、しばしば像として表現された。その立像の足下には、眷属たるヤクシャや、乗り物になる動物、地天女、邪鬼などが配されるが（金［一九九六］、田辺［二〇〇六］、松本［一九三七］）、とくに日本では邪鬼を踏みつけている例が多い。邪鬼は七世紀の法隆寺金堂四天王像にすでに見られ、八世紀には逆髪、瞋目など悪鬼然とした造形が確立して、以降踏襲されてゆくという（猪川［一九六四］）。造形の変化には、護国思想を背景に国家を脅かす厄災が投影されたとの指摘がある（山田［二〇一八］）。

邪鬼像の個々の作例については、慎重な検討が必要である。ただし、邪鬼と総称されるこのモデルについては、特定の神格や悪鬼ではなく、様々な仏典から取材された通仏教的な悪鬼像と考えてよいだろう。そうした邪鬼を四天王が踏みつけるイメージからは、邪鬼が象徴する病を四天王が鎮静化するという意味も読み取られていたはずである。

こうしたイメージは、民間の仏教受容において、さらに発展していったようである。

十二世紀の作とされる奈良国立博物館蔵・国宝「辟邪絵」五幅には、疫鬼（疫病をもたらす悪鬼）を退治する道教と仏教の神々が描かれており、そこには毘沙門（多聞）天が『法華経』の行者を守って悪鬼を弓で追いやる姿が見える。毘沙門天が法華の行者を守るというモチーフは、『妙法蓮華経』「陀羅尼品」が基であろう。ここでは法華の法師のための護身の呪が、毘沙門天、次いで羅刹女によって説示される。羅刹女の呪は、夜叉、羅刹、餓鬼、富単那（pūtana）、吉遮（kṛtya）、毘陀羅（vetāḍa）、犍駄（skanda）、烏摩勒伽（umāraka）、阿跋摩羅（āpasmāraka）、夜叉吉遮、人吉遮、断続的な熱病の発作や長引く熱病、淫夢などを除くとされる（大正蔵第九巻五九中）。さらにこれに対する中国天台宗の智顗の注釈書『妙法蓮華経文句』は、「富単那は熱病鬼である。吉遮は起尸（死体を動かす）鬼である。……毘陀羅は赤色鬼、揵陀羅は黄色鬼、烏摩勒は烏色鬼、阿跋摩羅は青色鬼である」等々と説明している（大正蔵三四巻一四七上）。このあたりが錯綜し簡略化された結果、

◉ 奈良・法隆寺 四天王（多聞天）像と邪鬼
東京美術學校編『法隆寺大鏡』第1冊, 大塚巧藝社, 1932年

毘沙門天が疫鬼を追いやるという画題が案出されたと思われる。毘沙門天の造形も特異であり、中国のおける道教と仏教の習合文化を背景に、護符のような形で流布されたとも考えられる（宮島［一九八五］）。これが日本でも辟邪絵、すなわち邪を避ける絵として描かれたところに、訓詁学的な経典解釈に基づく仏教の正統からはやや外れた、道仏習合の民間信仰における「仏法による病の対治」の発展を見ることができる。

十四世紀の作とされる東京国立博物館蔵・重文「不動利益縁起絵巻」一巻にも、疫鬼が見える。詞書によれば、絵巻の物語は次のようなものだ。三井寺の僧・証空は、病にかかった師を助けるため、陰陽師・安倍晴明に病を移し替える祈祷をしてもらう。その後、苦しむ証空が不動明王にすがったところ、不動明王が病を引き受けて、証空はめでたく助かったという。師の病床を描いた場面には、屋外から飛び込んでくる疫鬼が描かれている。また清明の祈祷の場面では、祈祷文を読む清明の祭壇をはさんで向う前に、疫鬼たちが並び座ってこれを聞く様が描かれる。疫鬼は不気味ながらもユーモラスな小妖怪といった姿である。陰陽道と仏教を併せて受容する多神教的な文化の中で、疫鬼もまた、然るべき手段を用いれば「話の通じる」存在と捉えられていたのかもしれない。

正和三（一三一四）年に成立したとされる「融通念仏縁起」二巻は、融通念仏の創唱者・良忍（一〇七三〜一一三二）の伝記と、融通念仏の利益を説く数々の霊験譚を描いた絵巻物である。原本は現存せず、二系統に分かれる多数の伝本が存在する。この絵巻の「正嘉疫癘段」と呼ばれる段では、正嘉年中（一二五七〜五九）の疫病蔓延の折の話を描いている。詞書によると、武蔵国与野の名主が人を集めて念仏を行じ、参加した人々を名簿に記したところ、その夜夢に疫鬼らが訪れて、名簿に記された人々の名前の下に判形を加えて帰っていった。その人々は疫病を免れたという。絵には、人々が集まって念仏を行ずる家の門口に、疫鬼の群れが来集し、門前に立った家主が名簿を見せてこれを押し留める様が描かれている。後代の伝本では、ここに念仏者を守護すると信じられた毘沙門（多聞）天も描き加えられるという（佐藤［二〇二〇］）。

◉ **不動利益縁起絵巻**
南北朝時代・14世紀／東京国立博物館蔵. 機関管理番号 A-10480.
「ColBase 国立博物館所蔵品統合検索システム」(https://colbase.nich.go.jp/?locale=ja)より

仏教の官僧中心から庶民の信仰へと移り変わる中世に、急速に広まった実践の一つが念仏であった。上の絵巻で疫鬼を追い返すのは、出家の僧侶や陰陽師などではなく、俗人である名主である。念仏の功徳、毘沙門天の加護といった「仏法による病の対治」が、個人化・大衆化していたことを示唆するものと見なせるだろう。

近世になると、疫病除けは各人、庶民が行うようになったという。町や部落単位で疫病神送りや祭りが行われたり、各人が家の入り口に護符を貼ったりした（酒井［二〇〇二］）。平安期の天台宗・良源（元三大師）を鬼形に描いた「角大師」の護符が疫病を除くとして広まるのもこの頃である（畑中［二〇一七］）。江戸中期以降には、辟邪絵から派生したと考えられる「疱瘡絵」が、疱瘡の退除あるいは疱瘡からの快復に効くとされた様々なモチーフを描いて、広く流布した（川部［二〇〇〇］）。

目に見えない疫病や、それを対治するものを、具象として可視化したいという心性は、現代にも通じるもののように思われる。二〇二〇年に始まった新型コロナ禍においても、本来目に見えない極小のウイルスを、テレビ報道などは拡大写真で可視化して示しており、往昔（おうせき）に疫鬼を表象した意図と近いものを感じさせる。また同時期には、アマビエという妖怪の絵図を模写して人に見せることが、疫病除けに効くとして一部に流行をみせた。これもまた、辟邪絵をはじめとする護符の系譜に連なるものと見てよいであろう。

「金光明経」と医療

本書所収の「病気と向き合う仏教」で石上和敬氏は、仏教の病に対する三つの役割として、仏菩薩の威神力をたのんで疫病退除を祈願する呪術的なもの、仏教者による人的なケア行為、そして仏教が伝えた医学知識と仏教者による医療行為、を挙げている。これに当てはめると、上来はこの一点目について見てきたことになるだろう。さて、石上氏のいう二点目、三点目についても、前述の「金光明経」は重要な位置を占めている。再び「金光明経」に戻って、これを軸に仏教と医療の関わりを見てゆきたい。

「金光明経」の終わり近くのいくつかの章では、釈尊の過去世の逸話が語られている。そのうち「除病品」では、前生の釈尊は医師の息子であったという。名を流水（るすい）（Jalavāhana）といった。

ある時、流水のいた国の幾百千という人々が様々な病気になった。流水はこれを治療したいと考え、父から医術の伝授を乞うた。父はまず、雨期、秋、冬、夏などの季節の区分を熟知すべきだという。病は、体内の風（vāta）、胆汁（熱、pitta）、粘液（痰癊（たんいん）、kapha / śleṣman）という三要素がバランスを崩すことで生じるが、どの要素が過剰になるかは季節によって異なる。従って、季節に応じて体調を整えるに相応しい飲食物を摂

◉ **融通念仏縁起下巻（模本）**
成島司直等（模）. 文政二年(1819)
東京国立博物館蔵. 画像番号 E0031323. 列品番号 A-1751_2.
「東京国立博物館画像検索」(https://webarchives.tnm.jp/imgsearch/)より

らせ、症状が現れたときは、どの要素が病因かを見極めて薬を施すのがよい、と教えたという（岩本前掲書二四八～九頁、Nobel 前掲書 pp.178-180、大正蔵十六巻三五一下～三五二上、四四七下～四四八中）。

父による医術の教授は、インド語原典および旧訳では以上で終わるが、『最勝王経』にはさらに続きがある。いわく、医学には八科があって、これを熟知せねばならない。八科とは、「針刺」（針様の器具で頭部を治療する特殊外科）、「傷破」（一般外科）、「身疾」（身体治療）、「鬼神」（精神医学か）、「悪毒」（解毒学）、「孩童」（小児科）、「延年」（不老長生術）、「増気力」（強精術）である。また、患者の見る夢によって三要素のどれが過剰かを判別できるといい、夢診断について詳述する。さらに、訶梨勒を最高の薬とし、三果（訶梨勒、庵摩勒、毘梨勒）、三辛（乾薑、胡椒、蓽茇）、砂糖、蜜、乳、蘇などを薬用食品として挙げる。最後に「先に慈悲心を起こして財利において規すなかれ」「もって衆生を救済し無辺の果を得よ」と述べて教授を終えたという（大正蔵十六巻四四七下～四四八中）。

流水はこれを聞いて、医術八科を知悉するに至り、もって国中の病人を癒やしたという。「除病品」のこの実践的な医学知識は、かなりの部分がインドの伝統医学、アーユルヴェーダの代表的な文献と共通している（日野［二〇一五］）。アーユルヴェーダが体系化するのはヒンドゥー教文化の中においてであるが、その基となった医学の伝統は、むしろ仏教教団が古くから伝えてきたとの指摘もある（ジスク［一九九三］）。仏教教団が独立した共同体を運営するにあたり、戒律文献の中で薬や医療、衛生管理について細かく規定し、重視してきたことは、石上氏が本書「病気と向き合う仏教」で指摘している通りである。「金光明経」はその伝統を踏まえつつ、並行して整備されつつあったアーユルヴェーダの医学知識を取り込んだのだろう。

この医学知識は、経の教理とは本来関係がないのだが、それを用いて衆生を救済した流水が、未来世において釈尊になるという結合によって、経全体の文脈に回収されている。それによって、病者救済は菩薩行であり、医学や薬品の専門知識を習得し、医療に従事することは――それらは本来世俗的な知識であり実践であるけれども――ひいては「無辺の果」、すなわち仏になるという大乗仏教の究極の目的を成就させる、という経説が形成された。

仏教者による医療実践

仏教精神に基づく医療の、最も早い例として有名なのが、聖徳太子の四院設立の伝説である。太子は四天王寺を建立する際、薬品を病人に施す施設である施薬院、病人を泊めて療養する療病院、貧窮孤独の者を保護する悲田院を、寺院にあたる敬田院とあわせて建てたという。ちなみに悲田とは、慈悲行の対象者を、善根を植える田と表現した言葉である。善根を植えれば、植物のように育ち実って功徳という果報が得られると考えた。医療事業や福祉事業が、仏教によって意義付けられているのである。伝説を伝える史料が後代に属するため、史実かは定かでないが、この考え方はのちの例にも共通して見えるものである。

聖武天皇も疫病に際して薬の給付を行うなど、病人救済を実践したが（『続日本紀』天平七年八月乙未条など）、聖武天皇の后・光明皇后もまた、医療事業に注力した人である。養老七（七二三）年には興福寺に、おそらく史上最初の施薬院・悲田院を建て、運営の財源を布施したという。天平元（七二九）年に立后した際、皇后の世話をする皇后宮職という機関が設置されたが、翌年皇后はその中にも施薬院を設立し、ほどなくして都の東西に悲田院をも設立した。運営費用は皇后宮職によってまかなわれた。施薬院が集めた薬を、医師が洛中を回って貧窮の病人に配り、保養のかなわない病人は悲田院に収容されたという（酒井［二〇〇二］）。

天平勝宝八（七五六）年、聖武天皇が崩御すると、その四十九日の忌日に、光明皇后は東大寺に薬物六十種類を献納した。現在は正倉院の御物となっており、その目録『種々薬帳』はいまも残っている。そこには、聖武天皇が造立した盧舎那大仏を供養するために薬物を献納する、ただしもし病者があれば使用を許すとあり、薬を服した者は万病千苦ことごとく除かれ長生し、死後は盧舎那仏のおわす花蔵世界に往生して悟りを得ることを願う、と記されている。実際、この後御物の薬物はたびたび出蔵され、施薬院などで病人救済に使用された。

薬物を先帝への供物とせず、病人に分け与えることが選択されたのは、盧舎那仏を教主とする『華厳経』に関係するとの指摘がある。『華厳経』の説く菩薩の初地（修行の第一段階）では、布施行を完成すべきとされる。光明皇后の献納は、先帝が菩薩として病人に薬物の布施を行うのを、援けたものだというのである（内藤［二〇二〇］）。聖武天皇と光明皇后の事績に鑑みれば、十分にありうる解釈である。

光明皇后については、湯施行の説話がある。光明皇后は湯室（寺院などに設置された公共の浴場）で千人の垢を清めると誓って、湯施行を行ったという。千人目に膿で汚れたハンセン病患者が現れたが、皇后はかまわず垢を落とし、求めに応じて膿を吸い出すと、中から光り輝く阿閦仏が現れたという話である。鎌倉末期の『元亨釈書』に出る説話で史実ではないが、戦前には小学校の教科書にも載った有名な話だという（酒井［二〇〇二］）。

こうした伝説も含めて、古代の仏教者の献身的な医療従事は、中世になって高く評価された。いわゆる鎌倉新仏教が興隆する時代に、病人の治療やケアを積極的に行うとか、死者の弔いに従事する仏教者たちが多く現れる。

例えば、律宗から出た叡尊・忍性らの教団は、奈良・西大寺に施薬院を造り、大阪・四天王寺にも療病院、悲田院を設立した。奈良坂の北山宿に、北山十八間戸という療養施設を建てたことは有名である。関東鎌倉でも同様の活動を行った。叡尊らはハンセン病患者を文殊菩薩の化身とみて奉仕し、実際に施薬やケアを行ったのである（松尾［二〇一〇］）。

古代・中世の日本には、穢れへの強い忌避観念が存在する。死、血、病などがその穢れの最たるものである。元来は神事に関わる観念だったというが、上述のように仏教が国家に公認され、僧尼が律令に定められた一種の官僚、官僧となると、彼らにもこの穢れ忌避の観念が共有され、また義務化された。天皇に仕え鎮護国家を祈る官僧は、穢れを遠ざける必要があった。神仏習合が進み、僧が神事に関わるようになったこともこれに影響した。こうした官僧の世界から遁世した僧を、松尾剛次氏は遁世僧と称して、いわゆる鎌倉新仏教の担い手と見なしている。遁世僧らは黒衣をまとい、病や死の現場に積極的に関与した。叡尊らの病者救済はその一例だが、他にも時宗の祖師・一遍など、同様の活動に携わったと考えられる僧侶は多い（松尾［一九九五］）。

死者の弔いについても同様で、官僧らは基本的に死穢を避けた。古くから葬送儀礼に携わることはあったが、その後は一定期間の物忌みが必要で、国家主催の法会や神事への参加は許されなかった。一方、遁世僧らは、積極的に葬儀を行った。遺族の求めに応じて、僧が死穢のタブーを犯して葬儀を行ったことを伝える説話は多い。遁世僧らは、官僧や天皇の葬儀をも担うようになったという（松尾［二〇一一］）。これが現代に至る「葬式仏教」の源流であるが、そこには遺族のグリーフケアの意義があったことは押さえておきたい。

近世以降にも医療に従事した僧の例はあるが（酒井［二〇〇二］）、医学の発達とともに医療は仏教の手を離れてゆく。現代に至っては、仏教は死後の葬儀と、その後の法事にしか関わらないというイメージが強いようだ。しかしながら、病者に寄り添い、死を看取り、遺族と悲嘆をともにするという仏教者のありようは、目立たないながらも、現在も受け継がれている。また近年、終末期医療やケアの現場で活動する宗教者が「臨床宗教師」として資格化され、認知され始めた。病苦への寄り添い、死の看取りにおける仏教者の役割が、再評価されつつあるといえよう。

不条理を内面化する

最後に、疫病に対する仏教の視点をもう一つ紹介したい。延徳四（一四九二）年には旧暦の正月から八月にかけて疫病が流行し、多数の死者が出たという。その六月に、浄土真宗の僧・蓮如（れんにょ）は、信徒に宛てた手紙の中で次のように記している。

> 当時このごろ、ことのほかに疫癘（えきれい）とてひと死去す。これさらに疫癘によりてはじめて死するにはあらず。生れはじめしよりして定まれる定業（じょうごう）なり。さのみふかくおどろくまじきことなり。（後略、「御文章（ごぶんしょう）」四帖第九通、『浄土真宗聖典註釈版第二版』一一八一頁）

大意は「近頃、疫病によって人々が亡くなっている。しかし人は疫病によってはじめて死ぬのではない、死は生まれた時から定まっていることである。それほど驚くべきことではない」といったものである。蓮如は続けて、このように生死の理が説かれていても、末世の凡夫であるわれわれは思い惑うのだが、阿弥陀如来はそれを必ず救って極楽に往生させると仰せになるのだから、疑いなく信じよと書いている。これに近い言葉を、浄土真宗の祖・親鸞も残している。親鸞は、やはり飢饉と疫病の蔓延した文応元（一二六〇）年の旧暦十一月、門徒に宛てた手紙の中に、「なによりも、去年今年、老少男女おほくのひとびとの、死にあひて候ふらんことこそ、あはれに候へ。ただし生死無常のことわり、くはしく如来の説きおかせおはしまして候ふうへは、おどろきおぼしめすべからず候ふ」（後略、「親鸞聖人御消息」『浄土真宗聖典註釈版第二版』七七一頁）と記した。老若男女多くの人が亡くなったのは実に哀れなことである、ただし生死無常の理はすでに釈尊が詳しく説いておられる通りで、驚かれることはない、というのである。

生老病死、すなわち生まれた者は必ず老いと病と死の苦しみに遭うという教理や、あらゆるものは移りゆき滅びるという無常の教理は、いずれも仏教の根本である。仏教はあらかじめそれを踏まえた上で、そこから出離した先の安穏の境地を目指す。仏教者であるなら、そこに立ち帰るべきだということであろう。

親鸞・蓮如においては、生死の理を悟るにしても、あるいは往生浄土を確信するにしても、それが現実の疫病を対治するとは考えられていない。この点で、「金光明経」の呪術的教説と、親鸞・蓮如の思考は区別される。彼らはそれによって、疫病、あるいは死という不条理な災厄を、条理のうちに内面化し、受け入れようとしたのである。

ところで、この心性を現在の新型コロナ禍にあてはめて考えた場合、現段階ではなかなか受け入れられ難いようにも思われる。医療の現場や治療薬研究においては、あくまでも現実に生きる命を救うために、日夜最大限の努力が続けられていることは言を俟たない。また国などの政策についても、われわれは命を守るために積極的に働きかけるべきだろう。われわれ自身についても、日々進展する科学的知見を学ぶことで、身を守る努力が可能である。外部に働きかけることが生命を救うような局面では、それが優先されてしかるべきである。

しかしながら、できる限りの努力をし、細心の注意を払っても罹患するケースがあり、また満足な治療が受けられないケースがある。そしてそれが今日わがこととなってても不思議ではないのが、二〇二一年五月現在の状況である。

いつの日か新型コロナが治療可能になり、この不条理な災厄に万人が晒(さら)されている現状が過去の経験になったなら、この経験を親鸞・蓮如の言葉に照らして、次のように考えたい。

人生はそもそも不条理なものである。新型コロナがなくとも、先天的に病や障害を得る人がおり、治療法のない難病を得る人がおり、生きづらさを抱える人がいる。それらに無縁の「ふつう」の人々が、わが身もいつ病むかしれないという不条理を認めてこそ、病者を、障害を持つ人をその身のままで受け入れられる社会が実現するのであろうが、新型コロナ禍直前の世界では、自己責任論と不寛容が蔓延し、それを阻んでいたように思われる。生の不条理を受け入れ、他者への共感するよすがとするならば、災厄も糧となるだろう、と。

親鸞・蓮如は生老病死の不条理を受け入れた上で、極楽往生の確信という安心を得た。だが、現生の社会でよりよく生き、よりよい社会を目指すことに限っても、この不条理を受け入れる心性には、意義があると思うのである。

◉文献表

『金光明経』（曇無讖訳、旧訳）大正新脩大蔵経十六巻、No.663

『金光明最勝王経』（最勝王経、義浄訳、新訳）大正新脩大蔵経十六巻、No.665

Nobel, Johannes *Suvarṇabhāsottama-sūtra: Das Goldglanz-sūtra, Ein Sanskrittext des Mahāyāna-buddhismus, Nach den Handschriften und mit Hilfe der tibetischen und chinesischen Übertragungen*. Leipzig: Otto Harrassowitz. 1937.

猪川和子「邪鬼と地天女」『日本美術工芸』三一二、一九六四年

岩本裕「金光明経」『佛教聖典選四 大乗経典（二）』、読売新聞社、一九七五年

川部裕幸「疱瘡絵の文献的研究」『日本研究：国際日本文化研究センター紀要』二一巻、二〇〇〇年、一一七〜一四五頁

金香淑「インドの四天王の図像的特徴」『密教図像』一五、一九九六年

ケネス・G・ジスク（著）梶田昭（訳）『古代インドの苦行と癒し』、時空出版、一九九三年（原著 Kenneth G. Zysk, *Asceticism and Healing in Ancient India: Medicine in the Buddhist Monastery*, Oxford University Press, 1991）

酒井シヅ『病が語る日本史』、講談社、二〇〇二年

坂本太郎・家永三郎・井上光貞・大野晋（校注）『日本書紀』、岩波書店、一九九四〜九五年

佐藤有希子「「融通念仏縁起絵巻」にあらわされた毘沙門天像」『叙説』四七、二〇二〇年、八三〜九四頁

浄土真宗本願寺派総合研究所（編）『浄土真宗聖典註釈版第二版』、本願寺出版社、一九八八年

田辺勝美『毘沙門天の起源』、山喜房佛書林、二〇〇六年

内藤栄「概説 聖武天皇の武器・武具の献納と薬物の献納」奈良国立博物館（編）『第七二回「正倉院展」目録』、二〇二〇年

直木孝次郎他訳注『続日本紀』（東洋文庫）、平凡社、一九八六〜九二年

西村さとみ「隔てること・つなぐこと——奈良・平安期の疫病をめぐって」『疫病と日本史——「コロナ禍」のなかから』（奈良女子大学叢書六）、敬文舎、二〇二〇年、一八九〜二一五頁

畑中智子「鬼大師の誕生：「今昔物語集」収録説話を端緒に」『武蔵野大学日本文学研究所紀要』五号、二〇一七年、一四

～三四頁
藤谷厚生「金光明経の教学史的展開について」『四天王寺国際仏教大学紀要』人文社会学部第三九号、二〇〇五年
日野慧運「義浄訳『金光明最勝王経』について――第二四章「除病品」付加部分を中心として――」『インド哲学仏教学研究』二三、東京大学インド哲学仏教学研究室、二〇一五年、三九～五六頁
松尾剛次『鎌倉新仏教の誕生』、講談社、一九九五年
「仏教者の社会活動」『新アジア仏教史一二　日本Ⅱ　躍動する中世仏教』、佼成出版社、二〇一〇年
『葬式仏教の誕生』、平凡社、二〇一一年
松本榮一『敦煌画の研究』、東方文化学院東京研究所、一九三七年
宮島新一「辟邪絵―わが国における受容―」『美術研究』三三一、一九八五年、一～二三頁
山田美季「日本の「邪鬼」観の形成と四天王信仰」『日本宗教文化史研究』二二（二）、二〇一八、二一～四〇頁
渡辺章悟「六国史に見る般若心経の受容と展開」『東洋思想文化』二号、二〇一五年、二一～三六頁

［第9章］

鴨長明の『方丈記』と災害

藤原克己

武蔵野大学文学部教授、平安文学

Fujiwara Katsumi
武蔵野大学文学部特任教授、東京大学名誉教授。博士(文学)。平安朝文学専攻。
おもな著書として『菅原道真と平安朝漢文学』(東京大学出版会)、
『日本の古典—古代編』(共著、放送大学教育振興会)などがある。

要旨

『方丈記』のあまりにも有名な冒頭の文章「ゆく河の流れは絶えずして……」は、無常一般の詠嘆ではない。「ゆく河」は「玉敷の都」の比喩であり、『方丈記』は宮廷貴族社会から疎外された長明が、都市の崩壊を目の当たりにした経験にこだわり続け、ついに方丈のシンプルライフにたどり着いた軌跡を綴った(そのように構成した)随筆である。そこには、持続可能な社会の時間のあり方として私たちが学び得るものがある。しかし、私たちがこの作品からは学び得ない現代社会固有の問題があることをも見定めたい。本稿は、以下のような節からなる。

一　『方丈記』の構成とその主題
二　「世の不思議」——都市が崩壊するとき
三　長明自身の人生と住居に関する省察——方丈の閑居へ
四　『方丈記』から私たちが学ぶべきことと学び得ぬことと
——持続可能な社会のために——

一——『方丈記』の構成とその主題

『方丈記』は、その末尾に「時に建暦の二年(ふたとせ)、弥生(やよひ)の晦日(つごもり)ごろ、桑門の蓮胤(れんいん)、(日野の)外山(とやま)の庵(いほり)にして、これを記(しる)す」(蓮胤は長明の法名)とあり、建暦二年(一二一二)、日野(現京都市伏見区)の草庵で書かれたことが知られる。時に長明は六十歳前後であった。

＊『方丈記』の引用は、簗瀬一雄訳注『方丈記』(角川文庫、一九六七年)による。底本は、『方丈記』最古

の写本である大福光寺（京都府船井郡京丹波町）所蔵本である。ただし私が表記を改めたところもあり（読み易さを考えてできるだけ漢字を多く宛てた）、またこの引用でも「（日野の）」としたように、（　）内に語注等を補った。なお後文に見られるように、〔　〕内には一条兼良本の異文のうち重要と思われるものを注記した。兼良本は、大正十四年に大福光寺本の複製が刊行されて広く世に知られるようになる以前の流布本系の最古本であり、岩波・新大系『方丈記』の付録に翻刻されている（本稿での引用には適宜漢字を宛てるなど表記を改めた。また流布本系諸本によって校訂した所もある）。

まず『方丈記』全体の構成を角川文庫本によって概観してみよう。1 2等の数字は角川文庫本の章段番号。その下に「2頁」とあるのは、角川文庫で2頁分であることを示す。

〔1〕序（「ゆく河の流れは絶えずして…」）……1～3　2頁
〔2〕「世の不思議」（災害と都市の崩壊）……4～23　14頁
〔3〕人の世と長明自身の人生の省察……24～28　3頁
〔4〕日野の山奥での方丈生活……29～34　9頁
〔5〕結び……35～37　2頁

一見してわかるように、『方丈記』は〔2〕の「世の不思議」と〔4〕の日野の山奥での方丈生活の叙述に、際立って大きく紙幅を割いている。「世の不思議」とは、後に詳しくふれるが、安元三年（一一七七）から元暦二年（一一八五）までの八年の間に京都に起きた大異変である。長明の生年は定かでないのであるが、ほぼ通説となっている久寿二年（一一五五）とすれば、二十三歳から三十一歳までの間に経験したことを、六十歳近くにもなってから、日野の山奥の方丈の中で、克明に記し留めたのである。それは、その住居と境遇の転変の末に至りついた方丈の生活こそが、都市を襲う災厄からも人の世に生きる憂苦からも自由で、晴朗な境涯なのだということを、言わんがためであった。

[1] ゆく河の流れは絶えずして、しかももとの水にあらず。よどみに浮かぶ水泡（うたかた）は、かつ消えかつ結びて、久しくとどまりたる例（ためし）なし。世の中にある人と栖（すみか）と、またかくのごとし。

[2] **玉敷（たましき）の都（みやこ）**のうちに、棟（むね）を並べ、甍（いらか）を争（あらそ）へる、高き賤（いや）しき人の住まひは、**世々を経て尽きせぬものなれど、これをまことかと尋ぬれば、昔ありし家はまれなり**。或（あるい）は去年（こぞ）焼けて今年（ことし）造れり。或は大家（おほいへ）ほろびて小家（こいへ）となる。**住む人もこれに同じ**。所も変らず、人も多かれど、いにしへ見し人は、二三十人が中にわづかに一人二人（ひとりふたり）なり。朝（あした）に死に、夕（ゆふべ）に生まるるならひ、ただ水の泡（あわ）にぞ似たりける。

[3] 知らず、生（う）まれ死ぬる人、何方（いづかた）より来たりて、何方へか去る。また知らず、仮の宿り、誰（た）が為にか心を悩まし、何によりてか目を喜ばしむる。その主（あるじ）と栖（すみか）と無常を争ふさま、いはば朝顔の露に異（こと）ならず。或は露落ちて花残れり。残るといへども、朝日に枯れぬ。或は花しぼみて露なほ消えず。消えずといへども、夕（ゆふべ）を待つことなし。

[1]の「ゆく河の流れは絶えずして……」は、無常一般の詠嘆ではない。「ゆく河」は[2]の「玉敷の都」の、「水」や「水泡（うたかた）」はそこに立ち並ぶ住居とその住居に住む人々の、比喩である。河はずっとそこにあるように見えて、しかしその水は絶えず流れて入れ替わっている。それと同じように、貴賤の邸宅や小家のひしめく都も、ずっとそこにあるかのように見えるが、実は家も人も絶えず新故入れ替わっている。

そして[3]では、直前の「朝に死に、夕に生まるるならひ、ただ水の泡にぞ似たりける」を受けて、消えるはしから浮かんでくる水の泡のように、死ぬかたわらから生まれてくるこの人というものは、いったい何処から来て何処に去ってゆくのか、と問う。「知らず、生まれ死ぬる人、何方より来たりて、何方へか去る」は、岩波・新大系『方丈記』（佐竹昭広氏校注）が「生じて何より来り、滅しては何所に至るや」（『正法念処経』生死品）といった経文をあげて指摘するように、仏典によくある表現であるが、要するに人生とは、来し方も行方も知れない、つかの間の旅のようなものであり、住居は旅の宿にすぎない。ほんとうに自分のものではないその「仮の宿り」を、誰のために心を悩まして構え飾ろうとするのか。人と住居と共に無常であることは、朝顔とその花に置く露に異ならない。――『方丈記』全篇を貫く住居観が、すでにここに集約されているのであるが、この住居観は、中唐の白居易（七七二〜八四六）の詩と平安朝の慶滋保胤（?〜一〇〇二）の「池亭記」（『本朝文粋』巻十二）を核として形成されたものである。

白居易は、《豪壮な邸宅を建てたところで、いつまでも住みおおせるものではない。むしろ富貴に驕って豪邸に住む者は、火災や盗難等の憂懼に精神の平安をかき乱されて命を縮めることが多い。人は知足安分し、蝸牛舎（蝸牛はカタツムリ）のごとく身を容るるに足るだけの住居に甘んじて倹素に生きるべきなのだ》という思想を、その生涯を通じて繰り返し歌っている（*1）。ここでは新楽府の連作の中の「杏為梁」（『白氏文集』巻四）を取り上げておこう。新楽府は、白居易のいわゆる「諷諭詩」（政治社会を批判した詩）五十篇の連作で（*2）、各篇にはその主題を簡潔に表した小序が付されているのであるが、「杏為梁」の小序には「居処の奢を刺る也」とある。杏を梁と為し、桂を柱と為して数寄を凝らした李開府邸も、去年その主人は亡くなって別人の所有に帰した。高墻大門を構えていた盧将軍の大邸宅も、今年その主人が罪を得て官に没収されてしまった。「逆旅　重ねて逆旅の中に居る／心は是れ主人　身は是れ客」――かの李白の「春夜桃李園に宴する序」に「夫れ天地は万物の逆旅にして、光陰は百代の過客なり」とあるように、「逆旅」は旅宿の意――この世の住居は、旅宿の中の旅宿のようなもので、所有者は自分がその主人だと思っているが、実は旅客にすぎないのだ云々と歌って、「倹は存し奢は失う（倹素なものは永続きし、豪奢なものは凋衰しやすい）ことは今目に在り／安んぞ高墻もて大屋を囲むを用いんや」と、この詩は結ばれている。

一方保胤の「池亭記」も白居易のこのような住居観を継承するものであるが、いまその内容にまで立ち入る紙幅の余裕はない。ただ、「方丈記」は随所にこの「池亭記」を模した表現を嵌め込んでいるのであって、後にも見るように、長明が晩年日野の山奥に方丈の庵を結んだことを叙して「いはば、旅人の一夜の宿を造り、老いたる蚕の繭を営むがごとし」と記しているのも、「池亭記」の「予、暮歯に及びて少宅を開起す。（中略）亦た猶行人の旅宿を造り、老蚕の独繭を成すがごとし」（原漢文）とあるのに擬したものである（＊3）。

二――「世の不思議」――都市が崩壊するとき

角川文庫本でわずか二頁足らずの右の[1]～[3]の序章のあと、すぐに続けて、[4]「予、ものの心を知れりしより、四十あまりの春秋を送れる間に、世の不思議を見る事、ややたびたびになりぬ」として、京都を襲った次の五つの異変が記される。

① 安元三年（一一七七）四月の大火……[5]～[7]
② 治承四年（一一八〇）四月の辻風……[8]～[10]
③ 治承四年六月の福原遷都……[11]～[14]
④ 養和元年～二年（一一八一～二）の飢饉……[15]～[20]
⑤ 元暦二年（一一八五）七月の大地震……[21]～[23]

まず①の安元三年の大火の記述を見てみよう。

5 去安元三年四月二十八日かとよ、風烈しく吹きて、静かならざりし夜、戌の時ばかり、都の東南より火出できて西北にいたる。はてには、朱雀門、大極殿、大学寮、民部省などまで移りて、一夜のうちに塵灰となりにき。

6 火元は、樋口富の小路（＊4）とかや。舞人を宿せる仮屋より出で来たりけるとなん。吹き迷ふ風に、とかく移りゆくほどに、扇をひろげたるがごとく末広になりぬ。遠き家は煙にむせび、近きあたりはひたすら焔を地に吹きつけたり。空には、灰を吹き立てたれば、火の光に映じて、あまねく紅なる中に、風に堪へず吹き切られたる焔、飛ぶが如くして一二町を越えつつ移りゆく。その中の人、現し心あらむや。或は煙にむせびて倒れ伏し、或は焔に眩れて（目がくらみ気絶して）たちまちに死ぬ。（中略）（焼失面積は）すべて都のうち三分が一に及べりとぞ。男女死ぬるもの数十人〔数千人〕、馬牛のたぐひ、辺際を知らず（＊5）。

吹きつけられた火炎がすさまじい勢いで地を這い、濛々と立ち上る灰が火に映じて空一面が赤くなり、風に吹きちぎられた焔が物凄い速さで飛んでいって延焼をひろげたという。長明自身「あるいは髪がこげるほどの所にいたのではないか」と思われるような（＊6）臨場感に富んだ描写もさることながら、その火の中に居る者は「現し心あらむや」と思いやり、火炎の中で黒くうごめく人の姿を目に焼き付けているような、およそ同時代の他の記録には類を見ない目と心の動きを刻印した叙述の特異さに留意しておきたい。ただ何処そこにどれだけの被害があったかというだけでなく、その災禍の中で苦しむ人間の姿を凝視する眼。これこそが「世の不思議」を貫く長明のまなざしなのである。

この5 6に続けて7「人のいとなみ皆愚かなる中に、さしも危ふき京中の家を造るとて、宝を費やし、心を悩ます事は、すぐれてあぢきなくぞ侍る」と、後の日野山中の方丈閑居を予告するような一文を置いて、②治承四年四月の大風と③同年六月の福原遷都の記事が続くのであるが、これは省略して、④養和の飢饉と⑤元暦の大地震の叙述を読もう。まずは養和の飢饉である。

15　また養和のころとか〔養和元二両年の比かとよ〕、久しくなりて〔たしかにも〕覚えず。二年が間、世の中飢渇して、あさましき事侍りき。或は春夏ひでり、或は秋〔冬〕大風、洪水など、よからぬ事どもうち続きて、五穀ことごとくならず。〔むなしく春かへし（田を鋤き返し）〕、夏植うる営み〔のみ〕ありて、秋刈り、冬収むるぞめき（にぎわい）はなし。

16　……**京のならひ、何わざにつけても、源は田舎をこそ頼めるに、絶えて上るものなければ、**さのみやは操も作りあへん。念じわびつつ（堪え難くなるままに）、さまざまの財物、かたはしより捨つるがごとくすれども、さらに目見立つる人なし。たまたま換ふるものは、金を軽くし、粟を重くす。乞食路のほとりに多く、愁へ悲しむ声耳に満てり。

17　前の年、かくのごとく、からうじて暮れぬ。明くる年は、立ち直るべきかと思ふほどに、あまりさへ（そのうえ）疫癘うちそひて、まさざまに（いよいよもって）跡かたなし。（後略）

15には、「養和のころ」春夏の旱魃と秋冬の風水害によって五穀不作であったと記されているが、藤原（中山）忠親の『山槐記』、藤原（吉田）経房の『吉記』、藤原（九条）兼実の『玉葉』などの当時の記録によって、治承四年（一一八〇）三月二十八日（グレゴリオ暦五月一日）から八月二日（同八月三十一日）までの降雨日を調査した荒川秀俊氏によれば、京都測候所開設（明治十三年）以来六十年間で最もひどい旱魃であった昭和十四年の同じ時期よりもさらに降雨日が少なかったという（＊7）。そして翌治承五年は養和に改元された。

⑯の「京のならひ、何わざにつけても、源は田舎をこそ頼めるに、絶えて上るものなければ」は、『方丈記』の中でもとくに銘記すべき言葉の一つだと思う（「源」は諸本かな書きであり、「皆もとは」と解することもできる）。災害が、都市の生活基盤の脆弱さを露呈したのである。コロナ禍の中で、「あたりまえの日常が失われた」ことを嘆く声が多く聞かれ、また「あたりまえの日常の貴重さに気づかされた」と言う人も多かったが、「あたりまえの日常」の脆弱さも、私たちは肝に銘じておくべきであろう。ことに現代社会においては、私たちの「あたりまえの日常」は、グローバル化した巨大で複雑な機構に支えられており、また世界の多くの人々の貧困と飢餓の上に成り立っている。

さて、養和二年（一一八二）は五月二十七日に寿永と改元された。改元の理由は、十三世紀半ば頃に編まれた『百錬抄』にも「飢饉兵革病事三合に依りて也」（原漢文）と記されているのであるが、「兵革」については『方丈記』にはまったくふれられていない。しかし「養和二年記」（「賀茂定平朝臣記」とも）の一月二十五日条にも「去年〈養和元年辛丑〉の冬比従り、北国謀反の輩、発起して路を塞ぐの間、京中貴賤上下、衣食に乏しき者也。東国と云い北国と云い、一切の人幷びに消息不通。大体四夷起こりて運上絶え了んぬ」（「賀茂定平朝臣記」（＊8）原漢文）と記されている。「北国謀反の輩」とは、言うまでもなく源（木曽）義仲や、平家に反旗を翻した北陸国衙の在庁官人らであろう。前々年の治承四年九月、以仁王の令旨を奉じて挙兵した頼朝に応じて義仲も決起し（『吾妻鏡』同年九月七日）、翌年すなわち養和元年六月には義仲軍は平家方の越後の豪族城長茂（助職）を破り（『玉葉』等）、同九月には平通盛らに率いられた平家の追討軍を越前国で撃破した（『吾妻鑑』『百錬抄』等）。『方丈記』の言う「絶えて上るものなければ」という状況は、飢饉自体もさることながら、このような「四夷」の蜂起とそれを鎮圧しようとする平家の兵士・兵糧米徴発によって将来された面も大きかったのであった（＊9）。しかしながら、『方丈記』はそうした天下の動乱にはまったくふれていない。けだし戦乱は長明にとって「世の不思議」ではなかったのであろう。また当時の京都では強盗や追剥（おいはぎ）、放火なども頻発していたことが諸記録に見え、『吉記』養和二年二月二十二日条、「養和二年記」二月二十六日条には人が人を食べたという風聞さえ記されているのであるが、そうしたことにも長明は一切ふれていない。

やはり、長明がとくに意を留めて書き綴っているのは、災禍に苦しむ人の姿と心であり、犠牲者の痛ましさである。たとえば⑯には、窮乏に堪えかねた者が「さのみやは操（みさを）も作りあへん」と家の宝物を売ろうとして街路に出ても、往来の者は見向きもしなかったとあるが、この「操」は気品を保つことで、「さのみやは……」は、そういつまでもなりふりかまってなどいられようか、の意であり、ここには身につまされるような哀感（ペーソス）があろう。原文の掲出は省略するが⑰でも、笠をかぶり足にも脚絆（きゃはん）などを巻いていて「よろしき姿」（さほど賤しからぬ姿）をした者が、物乞いし歩き、精魂尽きて倒れて死んでゆく、そうした死骸が築地の下や道端に数知らず横たわり、腐乱してゆくと記されている。

また次の一節には、とりわけ心打たれるものがあろう。

⑱〔また〕いとあはれなる事も侍りき。去り難き（離れられない）妻（め）、夫（をとこ）持ちたる者は、その思ひまさりて深き者、必ず先立（さきだ）ちて死ぬ。その故は、わが身は次にして、人をいたはしく（相手を大切に）思ふ間に、まれまれ得たる食ひ物をも、かれに譲るによりてなり。されば、親子ある者は、定まれる事にて、親ぞ先立ちける。また、母の命尽きたるを知らずして、いとけなき子の、なほ乳（ち）を吸ひつつ臥せるなどもありけり。

そして次に、当時の他の諸記録にはまったく見えない、きわめて注目すべき事柄が記されているのである。

⑲ 仁和寺に隆暁法印といふ人、かくしつつ数も知らず死ぬる事を悲しみて、〔聖をあまた語らひつつ〕その（死体の）首の見ゆるごとに額に阿字を書きて、縁（仏縁）を結ばしむるわざをなんせられける。人数を知らむとて、四五両月を数へたりければ、京のうち、一条よりは南、九条よりは北、京極よりは西、朱雀よりは東（つまり左京全体）の路のほとりなる頭、すべて四万二千三百余りなんありける。いはむや、その前後に死ぬる者多く、また河原、白河、西の京、もろもろの辺地などを加へて言はば、際限もあるべからず。いかにいはむや、七道諸国をや。

隆暁は名門村上源氏の出身で、『東寺長者補任』によれば東寺長者・法印権大僧正として元久三年（一二〇六）七十二歳で入寂した高僧である（＊10）。阿字は悉曇（サンスクリット）十二母音の第一で万有の本源を象徴し、「阿字本不生」すなわち諸法不生不滅の実相を感得すれば大日如来と一体化できると考えられていた。また死者を納棺する時の帷子に梵字を書くことは当時よく行われており、死者の顔に梵字を書いてその成仏の助けとすることも行われたという（＊11）。

しかし、私がとくに留意しておきたく思うのは、「かくしつつ数も知らず死ぬる事を悲しみて」という文言である。かくもおびただしい餓死者たちの鎮魂は、その怨霊化を恐れてなされたこともあり得よう。だが、隆暁の動機は多くの人の死を悼む「悲しみ」であった。

さて、この飢饉が史上稀有なものであったことを述べる⑳の数行（省略）を置いて、次に元暦二年（一一八五）七月九日昼頃（『百錬抄』には「午時」とあり）に起きた大地震の記述となる（この年の三月に平家が壇の浦で滅亡しているが、やはり『方丈記』はまったくふれていない）。

21 また、同じ頃かとよ〔元暦二年の比〕、おびただしく大地震震る事侍りき。そのさま世の常ならず。山は崩れて河を埋み、海は傾きて陸地を浸せり。土裂けて水沸き出で、巌割れて谷に転び入る。なぎさ漕ぐ船は波に漂ひ、道行く馬は足の立ちどをまどはす。都のほとりには、在所在所、堂舎塔廟、一つとして全からず。或は崩れ、或は倒れぬ。塵灰立ちのぼりて、盛りなる煙のごとし。地の動き、家の破る音、雷に異ならず。家の内に居れば忽にひしげなんとす。走り出づれば地割れ裂く。羽なければ空をも飛ぶべからず。龍ならばや雲にも乗らん。恐れの中に恐るべかりけるは、ただ地震なりけりとこそ覚え侍りしか。

この地震は、琵琶湖西岸断層帯南部の堅田断層を震源とする、阪神淡路大震災と同じくマグニチュード7クラスのものであったと推定されている（*12）。『山槐記』には、震源に近い琵琶湖とその周辺で起きたこととして「又聞く、近江の湖水北に流れ、水の減ずること岸より或は四五段、或は三四段干て、後日元の如く岸に満つと云々。同国の田三丁、地裂けて淵と為ると云々」（原漢文）と記されており、21の「海は傾きて陸地を浸せり。土裂けて水沸き出で」もこの記事に相当するのであろう。

次いで、「ある武者のひとり子」で六、七歳ばかりの子が築地の屋根の下に小さな家を作って遊んでいたが、崩れた築地に埋められて見る影もなく押しつぶされ、二つの眼球が一寸ほど飛び出していた。その子の亡骸を両親がかき抱いて声を惜しまず泣いていたという、なぜか流布本にのみあって真福寺本等の古本系には見えない記事があって、「世の不思議」全体の総括をも兼ねているような以下の叙述がある。

22 かくおびただしく震る事は、しばしにて止みにしかども、そのなごり（余震）、しばしは絶えず。世の常驚くほどの地震、二三十度震らぬ日はなし。十日廿日過ぎにしかば、やうやう間遠になりて、或は四五度、二三度、もしは一日まぜ（一日おき）、二三日に一度など、おほかたそのなごり三月ばかりや侍りけん。

23 ……すなはちは（地震直後は）、人みな（世の中の）あぢきなき事をのべて、いささか心の濁りも薄らぐと見えしかど、月日かさなり、年経にし後は、言葉にかけて言ひ出づる人だになし。

ふつうならびっくりするほどの揺れが二、三十度もある日がしばらくは続いていたが、しだいに余震は間遠になってゆき、三か月ほどですっかりおさまった。地震の直後は、世の無常を思い知らされて貪著の心を改めようとするかに見えた人々も、時が経つにつれて、いつしかまた元の暮らしぶりに戻り、誰ももう地震の事など言わなくなった。――しかし、自分は忘れなかった。如上の「世の不思議」の経験をずっと心に留めて、住居のあり方について考え続け、その後の自身の人生の不運なめぐり合わせとも相まって、ついに日野の山奥に方丈の草庵を結ぶことになったのだ、と語るのが、『方丈記』の後半である。

三――長明自身の人生と住居に関する省察――方丈の閑居へ

右の23に続けてすぐに、24「すべて世の中のありにくく、我が身と栖とのはかなく、あだなるさま、またかくのごとし」と述べ、たとえどこに住んでも、その身の程に従って心を悩ますことは尽きないのだということを説いたあと、長明自身の人生と住居の転変について、簡潔ながら陰影の深い言葉で語っている。

26 わが身、父方の祖母の家を伝へて、久しくかの所に住む。その後、縁欠けて、身衰へ、しのぶかたがたしげかりしかど、つひに跡とむることを得ず、三十余りにして、さらにわが心と一つの庵を結ぶ。**これをありしすまひにならぶるに、十分が一なり。**（後略）

鴨長明は、下鴨社の神官の最高位である正禰宜惣官鴨長継の次男として生まれ、裕福に育っていたが、二十歳の頃に父が亡くなってからは不運な人生であった（＊13）。「その後、縁かけて」は、具体的なことはわからないが、父の死によって鴨氏の主導権が同族の祐兼（祐兼の曽祖父惟長は長明の曽祖父季長の弟）に移り、長明は下鴨社の禰宜となる望みを絶たれたということであろう。少年期・青年期を過ごして住み慣れていた大きな家を、三十歳を過ぎて出なければならなくなった折の痛切な悲しみが、傍線部「しのぶかたがたしげかりしかど」（その家にはいろいろな思い出がたくさんあったのだけれど）という言葉にさりげなく込められている。これは『金葉和歌集』雑部上に「家を人に放ちて立つとて、柱に書きつけ侍りける」と詞書されて収められた周防内侍の歌「住みわびて我さへのきのしのぶ草偲ぶかたがたしげき宿かな」（「我さへのきの」の「のき」に「退き」と「軒」を掛ける）の引歌である。

さてその三十歳を過ぎてから移り住んだ小宅（「一つの庵」）については、後略した文中に鴨川の河原近くであったことが記されているばかりで、すぐに続けて27「すべて、あられぬ世を念じ過ぐしつつ（すべて何かにつけて生きづらい世の中をどうにか辛抱して過ごしつつ）、心を悩ませる事、三十余年なり。その間、折々の違ひめに、おのづから短き運をさとりぬ（あれこれと不本意な出来事があって、ついに宿運の拙さを思い知らされた）。すなはち、五十の春を迎へて、家を出で、世を背けり。もとより妻子無ければ捨て難きよすがもなし。身に官禄あらず。何につけてか執を留めん。むなしく大原山の雲に臥して、また五かへりの春秋をなん経にける」と、その後は失意の連続であり、ついに五十歳になって出家し、大原でむなしく五年の歳月を送った、というのであるが、実は長明の四十代後半は、歌人としても、また管絃の名手としても、その名はかなり世に聞こえていたのであった。

正治二年（一二〇〇）、通説の生年に従えば長明四十六歳の年、後鳥羽院が二度にわたって歌人たちに百首歌を詠進させた、その二度目の際に長明も百首歌を召されており、翌建仁元年、『新古今和歌集』撰進のための和歌所が設置されると、長明も殿上の資格のない地下の五位（大夫）の身でありながらその寄人（選者）に抜擢された。そしてこの頃から数年にわたって、長明の後鳥羽院歌壇での活躍が目立っていたのである。しかし、『新古今和歌集』が一応の完成をみた元久二年（一二〇五）の「元久詩歌合」に長明の歌が四首見えるのを最後に、その歌壇での活動は見られなくなる。どうやらその頃に長明は出家したらしいのであるが、それについては、和歌所の開闔（書籍の出納や記録等を司る事務官）であった源家長の日記の以下のような記事がよく知られている。

長明は父親が亡くなってから下鴨社の勤仕も碌にせず引き籠っていたが、和歌所の寄人に召されてからは「夜昼奉公怠ら」なかった。そこで後鳥羽院もその労に報いてやりたく思い、たまたま下鴨社の摂社河合社に禰宜の闕員が出来たので、長明を任じようとした。ところが下鴨社惣官の祐兼（前述）がその長男祐頼を、長明よりもはるかによく社の務めを果たしているとして強く推挙したので、後鳥羽院もその言い分を認めざるを得ず、長明のためにわざわざ「うら社」という社を官社に昇格させて、その禰宜に任じようとした。長明はしかしこれを拒絶して行方をくらまし、大原で出家してしまったというのである。長明のこの振る舞いには、さすがに家長も「現し心ならず覚え侍りし（正気の沙汰とは思えなかった）」と言い、「さほどに強々しき（強情な）心」とも言っているのであるが、「その後思ひかけず対面」することがあって、「それかとも見えぬほどに痩せ衰へ」た長明の述懐に耳を傾け、彼が出家後もなお和歌と管絃の道に深く執しているのを知って、それがいささか往生の妨げにもなろうかと「いとほしく（気の毒に）」思ったという（＊14）。

先の27には「折々の違ひ目」とあったから、長明にとって不本意な出来事はほかにもあったのであろうが、出家の直接の動機となったとおぼしいのは、如上(じょじょう)の出来事であった。しかし、『方丈記』ではそうした個人的な経緯にはいっさいふれず、27に続けて直ちに、晩年の方丈閑居について語り始める。この随筆の主題は、あくまでも住居論なのである。

28　ここに、六十(むそぢ)の露消えがたに及びて、更に末葉(すゑは)の宿りを結べることあり。いはば、旅人の一夜の宿を造り、老いたる蚕(かひこ)の繭(まゆ)を営むがごとし。**これを中ごろの栖(すみか)**（26で転居した鴨川の河原近くの住居）**に比(なら)ぶれば、百分が一にも及ばず。**とかく云ふほどに、齢(よわひ)は歳々(としどし)に高く、栖(すみか)は折々に狭(せば)し。

その家のありさま、世の常にも似ず。広さはわづかに方丈、高さは七尺がうちなり。所を思ひ定めざるがゆゑに、地を占めて作らず。土居(つちゐ)を組み、うち蓋(おほ)ひを葺(ふ)きて、**継ぎ目ごとに掛け金を掛けたり。もし、心にかなはぬ事あらば、やすくほかへ移さむがためなり。**その改め造ること、幾ばくの煩(わづら)ひかある。積むところ、わづかに二両、車の力を報(むく)ふ（車夫を雇う賃金の）ほかには、さらに他の用途(ようとう)（費用）要らず。

「方丈」とは一丈（＝十尺）四方、ほぼ四畳半ほどの広さ。この方丈の草庵を結んだ場所は、次の29に「日野山の奥」と記されているが、日野には日野流藤原氏の菩提寺法界寺があり、長明がこの地に庵を結ぶことができたのも、親しかった日野氏出身の禅寂上人の世話によるものと推測される（＊15）。

26に述べられていたように、長明が三十を過ぎて転居した家は、それまで住んでいた「父方の祖母の家」の十分の一であった。そしていま、日野山の奥に結んだ方丈は、前者の百分の一にも及ばない。転居を重ねるたびに栖は狭くなったという。そのような衰運転落の果てに至った狭小な方丈がしかし、都の中のいかなる住まいにもあり得ない自由な別天地なのだというのである。この方丈が組み立て・可動式であることにも留意しておこう。

続く[29][30]は原文の引用は省略するが、[29]では方丈の内部が、[30]では方丈の四囲のさまが記されている。方丈の内部には、阿弥陀・普賢の絵像を掛け、『法華経』を置き、閼伽棚（仏に花を供えるための器を置く棚）を設けてあるというのは、出家者として当然のことであるが、しかし、吊り棚には『往生要集』とともに和歌・管絃の抄物（抜き書き集）を置き、また折琴、継ぎ琵琶（組み立て式の琴と琵琶であろう）を傍に置いている、ともある。木々の生い茂った谷間だが、西の方に向かって眺望が開け、遥かに宇治川を見晴るかすことができる。そんな風景を眺めながら琵琶や琴を奏でることもあるという。和歌と音楽とに対する愛を、長明は出家後のこの草庵でも否定していない（＊16）。私は『方丈記』のこのくだりを読むと、あの、グスタフ・マーラーが作曲しているフリードリッヒ・リュッケルトの詩《私はもうこの世にはいないのだ Ich bin der Welt abhanden gekommen》の最終節を思い合わせずにはいられないのである。――「世の喧騒の中で私は死に絶え／ある静かな領域で安らっている。／私はひとりで生きている、私の空と／私の愛と、私の歌のなかで」。

　そして次の一節こそは、『方丈記』の中で最も掬すべき味わいのある文章だと、私は思う。

[31]　また、ふもとに一つの柴の庵あり。すなはちこの山守が居る所なり。かしこに小童あり。時々来たりて相ひとぶらふ。もしつれづれなる時は、これを友として遊行す。かれは十歳、これは六十、その齢ことのほかなれど、心を慰むること、これ同じ。或は茅花を抜き、岩梨を採り、零余子（山芋などの葉の付け根にできる球）をもり（もぎ取り）、芹を摘む。或はすそわ（山裾）の田居にいたりて、落穂を拾ひて穂組を作る。若し〔日〕うららかなれば、峰によぢのぼりて、はるかに故郷の空を望み、木幡山、伏見の里、鳥羽、羽束師を見る。勝地は主なければ、心を慰むるに障りなし。（後略）

いったい『方丈記』には、やや凝った美文調になったり、肩に力のはいったような説得口調になったりして、それが少し鼻につくような所が無きにしもあらずだと思われるが、しかしこの一節にはまったくそういう所が無く、平明でのびやかな、まことに晴れやかな心境を伝えている文章だと思う。

山の麓に山守の小屋があり、その山守の子が「時々来りて相ひとぶらふ」というのだから、少年のほうから長明を訪ねて来ることもあったのだろう。少年もすっかり長明になついていたのだ。彼は十歳、自分は六十歳、年齢はかけ離れているが、「心を慰むること、これ同じ」、山中遊行の楽しみに心を一つにしている。山裾の田んぼで落穂を拾って「穂組」を作るとある「穂組」は、選子内親王（九六四〜一〇三五）の家集『大斎院前の御集』の詞書に「穂組といふものを童べの作るをみて」とあり、また正徹（一三八一〜一四五九）の家集『草根集』に「刈る小田に落つる穂組を作る子も声々歌ふ秋の山もと」という歌があるように、子供の遊びである。それを、長明も一緒に作っているのである。

なお、文末の「勝地は主なければ、心を慰むるに障りなし」の傍線部は、白居易の「雲居寺に遊びて穆三十六地主に贈る」（『白氏文集』巻十三）という七言絶句の転・結句「勝地は本来定主無し／大都山は山を愛する人に属す」（『和漢朗詠集』下・山にも）の引用である。

次いで32節に移り、以下のように述べている。――自分はここに長く住み続けるつもりはなかったのだが（だから組み立て・可動式の庵にしたのであろう）、いつの間にか五年も経ってしまった。この五年の間にも、聞けば都では「やんごとなき人」が多く亡くなった。まして衆庶の逝去者は数えきれないであろう。それに、「たびたびの炎上にほろびたる家、また幾そばくぞ。ただ、仮の庵のみ、のどけくして、（災害の）怖れなし」。いったい人々は、自分一身のためだけでなく、妻子・眷属・朋友のため、また牛馬のためにさえ大きな居宅を構えているが、自分は「身の為に結べり。人の為に造らず」、と。「ゆく河の流れは絶えずして、しかももとの水にあらず」の冒頭部1〜3とそれに続く4〜23の「世の不思議」の叙述を受けた結論が、まさにここに集約されているわけである。

ところで、この[32]節に酷似する住居論が、長明の編んだ仏教説話集『発心集』巻五の「貧男差図を好む事」にも見られることは、よく知られていよう。自身は「古き堂の破れたる」に宿っていながら、「差図」すなわち家の設計図を画くことを無上の楽しみとしている貧しい男の話である。世間の人は宏壮な邸宅を良しとしているが、実のところ「我が身の起き伏す所は一二間に過ぎず。そのほかはみな、親しき疎き人の居所の為、もしは野山に棲むべき牛馬の料をさへ作りおくにはあらずや（*17）」。耐久の良材を求め、贅美を凝らした住居を建てても、「主の命あだなれば、住むこと久しからず。或は他人の栖となり、或は風に破れ、雨に朽ちぬ。況や一度火事出で来ぬる時、年月の営み、片時の間に雲煙となりぬるをや。しかあるを、彼の男があらましの家（空想の家）は、走り求め、作り磨く煩ひもなし。雨風にも破れず、火災の恐れもなし。なす所はわづかに一紙なれど、心を宿すに不足なし」という。

この「貧男」が長明自身の自画像であろうことは、堀田善衛『方丈記私記』（筑摩書房、一九七一年）に指摘されたとおりであろうが、この「あらましの家」は、後文で「面影の栖」とも言い換えられている。この「面影の栖」は、覚盛法師の歌に「飽かなくに散りぬる花の面影や風に知られぬ桜なるらん」（『千載和歌集』春歌下）とある「面影の花」を借りた言葉ではないだろうか。「面影の花」が風に知られない花、もう風に散らされることのない花であるように、「面影の栖」も、実にはかないものではあるが、いかなる地風水火の災害にも堅牢不壊の家である。覚盛法師は『無名抄』にもその言葉が伝えられており、おそらく長明には面識もあった人かと思われる。

しかし言うまでもなくこの「面影の栖」は、たとい一心を宿すに不足はなかろうと、一身を宿すことはできない。一身を宿し得て、限りなくこの「面影の栖」に近いのが、山里の方丈だ、というのである。

ところがその方丈閑居の楽しみも、最末尾の[35][36]に至って否定されてしまうのであるが、それについては

注16に記したところを参照していただきたい。本節では最後にもう一か所、次のような一節に留意しておきたいのである。

33 夫れ、人の友とあるものは、富めるを貴み、懇ろなるを先とす。必ずしも、なさけあると素直なるとをば愛せず。ただ絲竹、花月を友とせんには如かじ。（中略）（奴婢を使うより）ただわが身を奴婢とするには如かず。いかが（わが身を）奴婢とするとならば、若しなすべき事あれば、すなはち己が身を使ふ。たゆからずしもあらねど、人を従へ、人を顧るよりやすし。若し歩くべき事あれば、みづから歩む。苦しといへども、馬、鞍、牛、車と、心をなやますには如かず〔似ず〕。（中略）いかにいはむや、常に歩き、常に働くは、養性なるべし。（後略）

人を友とするより、管絃と花月を友とするほうがよい、とは、いかにも人間嫌いのようであるが、ここも「池亭記」に「人の友為る者は、勢いを以てし利を以てし、淡を以て交わらず。友無きに如かず」とあるのを踏まえて文を綴っている所であることを、まずおさえておかなければならない。長明はけっして固く自己の殻を閉ざしていたわけではない。それはこの作品の、読者を説得するような、読者を強く意識したような文体からもうかがわれるし、実際、この作品はよく読まれたのである。それは、建長四年（一二五二）十月に書かれたことがその序文から知られる『十訓抄』（作者未詳）九ノ七にも長明の方丈閑居の生き方に対する深い共感と讃嘆をこめた文章が見られることからもうかがわれるし、注5にも記したように、『方丈記』の「世の不思議」の叙述が『平家物語』諸本に引用されていることからも知られよう。

また、先に見た源家長も長明の知己であったかと想像されるし、家長と同じく和歌所の寄人であった飛鳥井雅経（一一七〇～一二二一）は、長明を伴って鎌倉に下向し、源実朝に引き合わせている（『吾妻鑑』）。それは建暦元年十月、長明が『方丈記』を書く半年前のことである。前述の日野氏出身の禅寂も長明と親しかったし、法界寺の僧の中にも、長明と親しく、その生活を支えていた人がいたのではないだろうか。

長明は、一方でそうした交友を大事にしながらも、方丈に住んで、できるだけ人に頼らず、馬・牛・車も用いず、なすべき事があれば我が身を働かし、行くべき所があれば自分の足で歩くという、極限まで簡素に切り詰めた生活を実践したのである。

四――『方丈記』から私たちが学ぶべきことと学び得ぬことと――持続可能な社会のために

岩波書店から刊行されていた雑誌『文学』(隔月刊)の二〇一二年三・四月号は、「方丈記八〇〇年」という特集であった。二〇一二年は『方丈記』が書かれた建暦二年(一二一二)からちょうど八〇〇年に当たっていたのである。そして言うまでもなく二〇一二年は、東日本大震災の翌年であった。右の『文学』に掲載された三木紀人氏の「『方丈記』への長い道のり―災害体験を起点として―」によれば、前年の大震災以来、多くの人が『方丈記』に言及していたが、関東大震災の後にも「しきりに『方丈記』を引き合いにした言説が横行したことは、清水幾太郎「日本人の自然観―関東大震災―」(近代日本思想史講座3『発想の諸様式』筑摩書房、昭和三五年)に詳述されて」いるという。

こうして大震災のたびに人々が『方丈記』を想起してきたとはいっても、それはしかし、その元暦の大地震に関する記述が再読されるに留まっていて、『方丈記』という一個の作品全体の思想が再考されたわけではなかったと言ってよいであろう。三木氏が言及している清水幾太郎にしても、「しかし、自然の暴力の前に絶望した鴨長明が逃れてゆく先は、再び自然なのである。(中略)火事、大風、飢饉、地震によって人間を破滅させた荒々しい自然とは全く別の美しい穏やかな自然に変じてしまう。（中略）荒々しい自然からの救済は美しい自然への没入のうちにある」というような、戦後とくにステレオタイプ化した日本的自然観に『方丈記』を結びつけているにすぎない。

しかしながら、かえって私たちはいま、このコロナ禍の中でこそ、鴨長明の方丈閑居の生活と思想に思いをいたしてみるべきなのではないだろうか。というのも、コロナ禍でテレワークが増え、出勤の必要が激減した人々の中には、都会を離れ、自然環境も豊かで、静かで落ち着いた地方に移住する人も出てきたという。また㉘で見たように長明の方丈は移動可能な住居であったが、なんとこのコロナ禍の中で、都心に定住している必要がなくなった人の中には、キャンピングカーやバンで暮らす人も出てきたという。

また、在宅テレワークが主になった人たちの中には、満員電車での通勤から解放されて家族と過ごす時間がふえ、自宅のまわりを散歩していてありふれた風景や草花の美しさに気づいた、という人も少なくない。ちなみに足立直樹氏の『２０２５年 あなたの欲望が地球を滅ぼす―「激安・便利・快適」の大きすぎる代償』（ワニブックス【PLUS】新書、二〇一〇年）にも、「このところの不景気で幸せになったという話も聞きます。夜中まで残業する必要はなく、家族と一緒に夕食を囲み、節約のために家の庭で野菜を作る。今までは買ってきていたものを、休みの日に自分で作ってみる。そのことで、本当の豊かさを感じるようになったという声を、実際に聞くようになりました。」（傍点藤原）という一節があったが、同様のことがコロナ禍の中でも起きている。その「本当の豊かさ」とは何かについて考えるためにも、『方丈記』の、たとえば長明が山小屋の少年と遊行する㉛節に流れているような、心が伸びやかで晴れやかな時間について考えてみることは、無意味なことではないであろう。そのような時間こそ、持続可能な社会の時間であり、それはただ物理的に無機的に流れている時間ではなく、私たちの体験と感性とが織り成してゆく時間である。

もとより遁世といい方丈閑居といい、家族のある者には不可能であることは言うまでもない。しかし、できるだけ簡素に切り詰めた生活ではありながら、楽器と、心の糧としての不可欠な書物と、手紙をしたためたり折々の思いを綴ったりするための紙と筆硯とは身辺にある、というような長明のライフスタイルは、現代の我々にも、各自の志向と置かれた条件とに応じて各様にではあれ、実現することは可能であろう。

とはいえ、テレワークで仕事ができるようになったのはごく一部の人たちにすぎないということも忘れてはならないし、またそのテレワークについても、私には深く危惧されることがある。それは、テレワークの普及と定着が、やがては成果主義と一体となった裁量労働制の強化を促し、ますます効率が追求される社会の苛酷化が進むのではないか、ということである。そしてその一方では貧困が深刻化し、中間層が没落してゆくという現実がある(＊18)。

これは当然のことながら、八〇〇年以上も前に書かれた『方丈記』からは学ぶべくもない、私たちが生きている現代社会固有の問題である。どうしてこういうことになったのか、と言えば、金融資本主義――その本質をあからさまに言えば「カジノ資本主義」(＊19)の猛威が世界を席捲する一方で、それと不可分な現象として、いわゆる「実体経済」が衰退したためであろう。本山美彦氏の言うように、ギャンブル場で営まれるギャンブルはゲームに参加している者たちが影響を受けるだけだが、カジノ資本主義の「金融ゲーム」は、ギャンブルに参加していない市民にも、例えば石油投機による灯油価格の異常な高騰という形で被害を与えている。社会全体がギャンブル場になってしまうとともに、市民が、ギャンブルの最終的なツケを払わされているのである」(＊20)。

この点に関してはまた、水野和夫氏が『資本主義の終焉と歴史の危機』(集英社新書、二〇一四年)で述べている以下のような分析も、傾聴に値しよう。――《そもそも、グローバリゼーションとは、「中心」と「周辺」の組み替え作業なのであって、(中略)二〇世紀までの「中心」は「北」(先進国)であり、「周辺」は「南」(途上国)でしたが、二一世紀に入って、「中心」はウォール街となり、「周辺」は自国民、具体的にはサブプライム層になるという組み替えがおこなわれました》（五九〜六〇頁）。そして、二〇世紀の貧富の格差の「中心＝北」と「周辺＝南」の世界市場的構造を明らかにしたのがスーザン・ジョージ／小南祐一郎・谷口真里子訳『なぜ世界の半分が飢えるのか―食糧危機の構造』（朝日新聞社、一九八四年）（＊21）であったとすれば、二一世紀のそれの「中心＝ウォール街」と「周辺＝サブプライム層」という金融市場的構造を明らかにしたのが、同じくスーザン・ジョージの『これは誰の危機か、未来は誰のものか なぜ1％にも満たない富裕層が世界を支配するのか』（荒井雅子訳／岩波書店、二〇一一年）であると言えよう。

ところで、こうした問題を考えるたびに私にしばしば想起されるのは、『史記』「貨殖列伝」冒頭の一節である。そこではまず『老子』八十章の「小国寡民」の思想が引用される。太古のままの素樸（そぼく）な生活に安んじて生きる人々の小国同士が、「隣国相い望み、鶏犬の声相い聞こゆる」ほどに近接していても、「民、老死に至るまで相い往来せず」という孤立した状態を守っている。そういう状態を老子は「至治の極」だとするが、商人が物資を天下に流通させ、それによって自らも貨殖をはかるのは自然の数であって、これを留めることはできないのだと太史公すなわち司馬遷は言うのである。そもそも老子の無為や「小国寡民」の思想にしてからが、自然との即自的一体性の喪失、人為の集積とその軋轢の不可避性という人類の宿命をすでにして痛切に経験した精神の反省的思惟の所産にほかならなかったであろう。資本主義の発展とグローバリゼーションは、避けがたい人類史的必然であった。とはいえ上述のようなカジノ資本主義は、地球温暖化とともに、それを制御できるか否かに私たちの未来が懸かっている。

では、どうしたらよいのか。――地域に即した、地域内発的な、地産地消型の産業とグローカリズム（グローバリズムとローカリズムのそれぞれの長所を組み合わせたもの）によって実体経済を回復させること。これしかない、と私は思うのだが、しかしそのような私見を述べることが本稿の趣旨ではない（＊22）。ただ、福島県飯舘村の村おこしで掲げられた「までいらいふ」の理念は、村おこしという文脈を超えて、「しあわせ学」

として活かせる普遍性を備えているように思われるので、最後にそれにふれておきたいと思う。

飯舘村の村おこしを主導した菅野典雄村長（当時）は、「平成の大合併」と言われるような市町村合併が急速に進むなか、あえて飯舘村独自の村づくりを決断し、さまざまな村おこしの取り組みを通して、飯舘村を他の自治体からも見学者が訪れるような、美しくて元気な村にしたのだった（しかし二〇一一年三月の東京電力福島第一原発の爆発により、村の全域が計画的避難指示区域に指定された）。

菅野村長は、過剰な都市化とは異なる「地産地消や心の豊かさ」を目指して、「スローライフ」の標語を掲げたが、「スロー」という言葉に村民は違和感を抱いた。しかし議論を重ねる中で、ある農民が「そのスローライフって、までい、ってごどなんじゃねーべか」と言ったのだという。「までい」は、左右の両手を意味する「真手」の方言で、丁寧に、大切に、心をこめて、思いやりをもって、などの意。そこで菅野村長は、大量生産・大量消費そして大量廃棄の大都市型市場主義に代わる、「地産地消」型の、物を大事にし、心豊かに生きる生き方を表す標語として「までいらいふ」という標語を選んだのだという（＊23）。

この「までいらいふ」には、エーリッヒ・フロム Erich Fromm（一九〇〇〜一九八〇）が *To Have or to Be ?*（1976）（＊24）で唱えた Being Mode の生き方と相通ずるところがあるように思われる。フロムは大量生産・大量消費型社会に適合的な生き方を所有志向型 Having Mode とし、それに「在る様式 Being Mode」の生き方を対置して、資源枯渇、環境破壊の終末的破局を回避するためには（それは私たちがこんにちの資本主義社会を人間的に制御してゆくためには、ということでもあろう）、私たち自身の生き方が、Having Mode から Being Mode にかわらなければならない、と説いた。Being Mode とは、感ずること、愛することといった人間的な諸能力を十全に活かしてより深く生きること、何かを手に入れてからではなく、ただちに今ここに生きる、人生のさまざまな過程そのものを生きること、である。*To Have or to Be ?* は、言うまでもなくハムレットの有名な台詞「生きるべきか、死すべきか To be or not to be?」をもじったものであるが、be と have

とを対置したのは、マルクス『経済学・哲学草稿』の「君がより少なく存在すればするほど、君が自分の生命を発現させることが少なければ少ないほど、それだけより多く君は所有することになり……、それだけ君は君の疎外された本質をより多く貯蔵することになる」（城塚登・田中吉六訳、岩波文庫一五四頁）によっている（原文は、Je weniger du *bist*, …umso mehr *hast* du…という構文であるが、これは英語のThe less you *are*, the more you *have*. に相当する）。フロムによれば、西欧のキリスト教もマルクスも、東洋の仏教も、Being Modeの生き方を説いているのだというのであるが、「までいらいふ」も鴨長明の方丈閑居の思想も、Being Modeの生き方なのであり、それは持続可能な社会であるための私たちの最も基本的な生活様式なのではないだろうか。

◉註

＊1　すぐあとに取り上げる「杏為梁」のほかにも、「凶宅」（『白氏文集』巻一）、「傷宅」（同巻二）、「秋居書懐」（同巻五）、「有感三首」（同巻五十一）の第一首、「履道居三首」（同五十八）の第一首、「狂言示諸姪」（同巻六十三）、「自題小園」（同巻六十九）など。

＊2　岩波・中国詩人選集『白居易』上巻は新楽府五十篇の全注釈である。

＊3　白居易「有感三首」第一首（注1参照）にも「第宅は吾廬に非ず／逆旅に暫く留止す（中略）蠶の繭を造るが如き有り／又た花の子を生ずるに似たり」とある。なお、本稿では漢文の訓み下しは現代仮名遣いとする。

＊4　五条大路のすぐ南の樋口小路と東京極大路のすぐ西の富小路の交差するあたり。

＊5　『方丈記』の「世の不思議」の叙述は『平家物語』諸本に引用されているのであるが、語り本系『平家物語』巻一の「内裏炎上」では、この末尾の一文は「人の焼け死ぬる事数百人、牛馬の類数知らず」となっている。

＊6　三木紀人『鴨長明』（講談社文庫、一九九五年／初版は新典社、一九八四年）八二頁。

＊7　荒川秀俊『飢饉』（教育社歴史新書、一九七九年）。

＊8　書陵部所蔵資料目録・画像公開システムにより、東京大学史料編纂所・大日本史料総合データベースも参照した。〈 〉

内は原文双行注。

＊9　下向井龍彦『武士の成長と院政』（講談社・日本の歴史07、二〇〇一年）、高橋昌明「養和の飢饉、元暦の大地震と鴨長明」（『文学』二〇一二年三・四月〈特集・方丈記八〇〇年〉）参照。

＊10　東京大学史料編纂所・大日本史料総合データベースによる。

＊11　松本昭彦「『方丈記』「養和の飢饉」考―事実と虚構の間―」（『三重大学教育学部研究紀要』61、二〇一〇年）。CiNii Articles によって閲読した。

＊12　寒川旭『地震の日本史 大地は何を語るのか 増補版』（中公新書、二〇一一年）。

＊13　長明の伝記については、木下華子『鴨長明研究 表現の基層へ』（勉誠出版、二〇一五年）「序説」の「鴨長明略伝」に近年の研究成果もふまえてよく整理検討されている。

＊14　石田吉貞・佐津川修二『源家長日記全註解』（有精堂、一九六八年）による。ただし表記は私に改めた。

＊15　三木『鴨長明』（注6所掲）などを参照されたい。

＊16　山里の方丈閑居の楽しみを高く張りつめた調子で語ってきた長明が、『方丈記』最末尾で、「仏の教へ給ふおもむきは、事に触れて執心なかれとなり。今、草庵を愛するも科とす。閑寂に着するも障りなるべし。いかが要なき楽しみをのべて、あたら時を過ぐさん」という懐疑に逢着し、「その時、心さらに答ふる事なし。ただ、傍らに舌根を雇ひて、不請の阿弥陀仏、両三遍申して止みぬ（ただ口に唱えるばかりの、身のはいらない念佛を二三遍唱えてみただけだ）」というささか唐突な終わり方をすることについて、これを形式的な謙辞とみる向きもあるが、私は、平安浄土教の段階においては、愛が深ければ深いほど逢着せざるを得なかった深刻な懐疑であり、それを乗り越えてゆく鎌倉仏教のほんの一歩手前の所で長明は立ち止まっているのだと考える。拙稿「鎌倉時代における白詩受容とモラリスト文学の形成―長明・無住・兼好―」（小島孝之編『説話の界域』笠間書院、二〇〇六年）参照。

＊17　白居易の「言う勿かれ舎宅小なりと／一室に寝ぬるに過ぎず（人が寝る空間は一部屋あれば足りる）／何ぞ鞍馬の多きを用いん／両匹（二頭の馬）に騎ること能わず」（『白氏文集』巻六十三「狂言示諸姪」）という詩句も、これと同想と言えよう。

＊18　堤未果・湯浅誠『正社員が没落する―「貧困スパイラル」を止めろ！』（角川書店、二〇〇九年）、中原圭介『格差大国アメリカを追う日本のゆくえ』（朝日新聞出版、二〇一五年）等参照。

＊19 スーザン・ストレンジ／小林襄治訳『カジノ資本主義』（岩波現代文庫、二〇〇七年）。

＊20 本山美彦『金融権力―グローバル経済とリスク・ビジネス』（岩波新書、二〇〇八年）四九頁。

＊21 本書の論旨に関してはさらに見田宗介『現代社会の理論―情報化・消費化社会の現在と未来―』（岩波新書、一九九六年）の「三　南の貧困／北の貧困」をも参照されたい。

＊22 ここでは、私にそのような実体経済回復のヴィジョンを与えてくれた書物を参考文献としてあげておくにとどめたい。

金子勝『新・反グローバリズム 金融資本主義を超えて』（岩波現代文庫、二〇一〇年）

金子勝『平成経済 衰退の本質』（岩波新書、二〇一九年）

藻谷浩介・NHK広島取材班『里山資本主義』（角川書店、二〇一三年）

小田切徳美『農山村は消滅しない』（岩波新書、二〇一四年）

宮崎雅人『地域衰退』（岩波新書、二〇二一年）

＊23 菅野典雄『美しい村に放射能が降った』（ワニブックス【PLUS】新書、二〇一一年）。なおこの「までいらいふ」の理念は、飯舘村の再生に尽力している人たちの間で今も継承されている。田尾陽一『飯舘村からの挑戦―自然との共生をめざして』（ちくま新書、二〇二〇年）参照。

＊24 邦訳には佐野哲郎『生きるということ』（紀伊国屋書店、一九七七年）がある。

［第10章］

病気と向き合う仏教

仏教者の役割を考える一つの視点

石上和敬
——武蔵野大学副学長・仏教学

Iwagami Kazunori
武蔵野大学副学長、同教授。博士(文学)。仏教学専攻。
おもな著書に、いずれも共著で『仏と浄土 大乗仏典Ⅱ』(春秋社)、『仏教と気づき』(武蔵野大学出版会)などがある。

0.――はじめに

東日本大震災の折、仏教者や宗教者の果たす役割に関心が集まり、実際に、被災地には伝統的な僧侶や宗教者たちの活動が受け入れられやすい環境が残っていたこともあり、彼らが被災者に良い意味で寄り添う事例などが数多く報告されてきた（*1）。また、昨年来のコロナ禍において、東日本大震災の時とは諸々の状況が異なるが、やはりコロナ禍と向き合う宗教者の在り方が問われてきたように感じられる。つまり、東日本大震災と今回のコロナ禍によって、病気や災害に苦しむ人々に、仏教者や宗教者が具体的にどのように関わるのかが問われ、評価されるという、それまでとはいくぶん異なる状況が現出したと言うことができるであろう。

本論では、仏教者や仏教教団が、病というものにどのように向き合い、また、病者の不安をどのように和らげる役割を果たしてきたのかを、過去を振り返りながら考えてみたい。この「過去を振り返りながら」という視点は伝統教団に属する仏教者たちの行動を評価する際には考慮に入れておきたい視点である。なぜなら、伝統教団に属する人々は、多かれ少なかれ、所属する集団の伝統を踏まえた思考・言動を取ることが多いからであり、過去の伝統を考慮せずに、現在の事象のみを切り取ることでは彼らの真意を十分に掬い上げられないのではないかと感じるからである。昨今の仏教者への評価において若干、そのような思いを強くしている。ただ、そうとはいえ、伝統のすべてを俯瞰し、個々の事象と適切に関連付けて説明することはこの小論の範囲を超えているので、本論では、病と向き合う仏教者たちの在り方、役割を三つに分けながら、仏教と病との関係を伝統に照らしながら考える一つの素材を提示してみたい。そのことが、病災害と真摯に格闘している現代の仏教者たちを、より広い視野から評価していただく一助になれば幸いである。

1.――三つの役割

仏教者たちの役割の一つは、今回のコロナ禍においてもしばしば報道されていたが、たとえば、著名な寺院において営まれる疫病退散を祈念する盛大な儀式などに象徴されるように、仏菩薩の仏力の助けをかりて病を調伏する、という在り方である。これは、時代、地域を問わず広く見られた特徴であり、日本においても仏教伝来以来、広く人々に受け入れられ、期待されてきた仏教の主要な役割の一つであろう。そして、このイメージは現代人にもある程度、共有されているかと思われる。

二つ目は、仏教者たちが病者などの苦しむ人々に寄り添い、悩みを聞き、相手の心を少しでも落ち着けるような役割を果たすことである。原始仏典以来、仏僧が在家信者たちの悩みを聞き、相手の状態に応じた形で仏道に導くという事例は一般的であるため、この役割も仏僧たちが伝統的に担ってきたものの一つであろう。特に近年、このような役割が宗教者に期待されることが多く、実際、東日本大震災やコロナ禍においても宗教者のこのような活動が好意的に報じられることも多かった。もっとも、宗教者のこれらの活動と、宗教を背景に持たない心理学的なカウンセリングなどとの関係性・相違はしばしば議論になり、仏教者、宗教者による寄り添いの方法や目的は常に問われ続けていると言える。

そして第三に挙げておきたいのは、現代人には馴染みの薄いものかもしれないが、釈尊の時代から、仏教は医療分野に深く関わる役割をも担ってきたことである。具体的には、仏典には病者に対する薬物をはじめとする様々な治療法、生活規則を論じるなかでの看病法、衛生法等々、医学、薬学、看護学などに関連する記述がふんだんに含まれており、現代のような医療環境が成熟していない時代にあっては、仏僧や仏教教団が自ら病者に向き合わなければならなかった現実がリアルに浮かび上がってくる。また、日本においても仏僧が医師の役割を兼ねることは古くから知られており、そのような「僧医」を指す呼称は中世以来多くの文献に確認される（＊2）。

もちろん、上記の三つの役割は相互に独立したものと見ることは適当でなく、それぞれが密接に関係している、または、相補的である、と見るべきものであろう。そして、上記の三つの役割を関連付けて俯瞰することで、はじめて仏教が病災害に対して果たしてきた役割をより広い視野から捉えることが可能になると考えている。

そこで、本論においては、上記のなかで、現代人には意識されることの少ない第三の役割について、代表的な事例や情報の一端を提供してみたい。それによって、第三の役割がインド以来の仏教の伝統のなかで重要な位置を占めていたことを読者に認識していただくのが小論のささやかな願いである。ただ、最初にお断りしておくが、筆者自身は仏教医学の専門家ではないため、この小論においては当該分野の先行研究に拠りながら論を進めていくことをご諒承いただきたい。

2.——仏典に見られる医療的記述

上述の通り、仏典には医学、薬学、看護学、衛生学等々の医療分野に関わる記述が豊富に収められている。それらを総合的、多面的に考察した「仏教医学」「ブッダの医学」などを冠する書籍も十指に余るほど出版されている（＊3）。ここでは、それらの先行研究がほぼ共通して取り上げるいくつかの事例を紹介し、仏教が病と関わってきた一側面をお伝えしたい。

まず、四依について紹介する。四依とは、仏教僧団（＝サンガ、僧伽）に入門し正式な仏僧（＝比丘）となる者に示される、出家生活の最低条件となる四項目のことである（＊4）。この場合の四依とは、衣・食・住・薬の四項目に関するものであり、各項の具体的内容はおくとして、衣食住に加えて第四項として「薬」が挙げられている点が注目される。この場合の薬とは「陳棄薬」(古くて棄てられた薬)、具体的には牛の尿のこととされる。以下にも述べるが、比丘は病気の時などに様々な「薬」の所持・服用を許されていたが、必要な「薬」が得られない場合には「陳棄薬」のみを最低限の「薬」として覚悟するようにとの趣旨である。このように、現代でも膾炙(かいしゃ)される衣・食・住の三項目に加えて、第四項として「薬」が挙げられている点は、インドの初期教団以来、仏僧の生活がいかに薬を重視していたかの証左としてまずは注目されよう。

次に、薬についてのまとまった記述が確認される戒律文献を紹介する。仏典は通常、「経蔵」「律蔵」「論蔵」の三つのカテゴリーに分類されている(これを「三蔵」という)が、律蔵とは、出家者の生活規則(いわゆる戒律)を収載した文献である。律蔵はいくつかの部派(宗派)のものが現存しているが、いずれの部派の律蔵にも、「薬」を扱う章が含まれている。なお、この場合の「薬」とは、現代で言う医薬品というよりも、滋養となる食物、というニュアンスが強い。この「薬」の章の冒頭において、釈尊が比丘に薬の使用を認めるようになった経緯や様々な薬の種類が列記されている(*5)。紙幅の関係で詳細は紹介できないが、まず薬全体を四種類に分類し、たとえば、その中の一つは寿命の限り使用できる薬(尽形寿薬などと訳される)であるが、それらは根薬、茎薬、葉薬、花薬、果薬、等々に分けられ、さらに具体的にどのような植物に由来するものかなどが詳しく示されている。

律蔵の「薬」の章は、上述のように現存するいずれの部派の律蔵にも含まれていることから、インド仏教史においては原始教団が部派に分裂していく前の古い時代に遡る内容を含んでいると考えられている。また、律蔵に言及されるいくつもの薬物が、時空を超えて我国に将来され、東大寺の正倉院所蔵の薬物にも含まれていることは(*6)、仏教の長い歴史において薬の知識と利用とが綿々と受け継がれてきたことを物語っていると言えよう。

次に、律蔵には、比丘が病気になった際の「看病」についても詳しい記述が見られる。「看病人法」と言われる箇所であり、「看病」という漢語が仏典の漢訳ですでに用いられている点でも興味深い。ここでも詳細に立ち入る余裕はないが、その内容は、比丘が病気になった際に誰が看病を担当するかという規程をはじめ、看病の在り方、また、看病される者の在り方、なども詳述される。たとえば、看病者が具（そな）えるべき要件として、下の世話を厭わない、病気に応じた薬を与え、病気に応じた食事を与え、説法を行い、慈しみの心で看病する、などと定められている（＊7）。

日本でも鎌倉時代の浄土宗の僧、良忠が著した『看病用心鈔』は、近年、終末期医療の立場から再評価されるなど、仏教の看病の歴史は現代とも問題意識を共有する部分も多い。現代のように医療機関が十分に整備されていない時代にあっては、出家した仏僧たちは教団内でお互いを看病しあうことが要請され、そのため、看病や治病のノウハウや技術も発展してきたのはある意味で当然とも言える。

次に、現代で言えば予防医学的な見地からも仏典には詳細な記述が認められる。これについても律蔵などの仏典には、適切な睡眠、食事、運動などの推奨から、洗浴（温浴と水浴）、手洗い、口内の衛生、トイレの問題等々、身辺を清潔に保つ衛生思想とも言えるような内容まで（＊8）、まさにコロナ禍での感染症対策と見まがうような記述が数々確認できる。また、仏典に説かれるのみならず、七世紀後半にインドや東南アジア諸国を訪れた中国僧、義浄の記録『南海寄帰内法伝』によれば、当時の仏僧たちの生活が規則正しく、衛生的な観点において中国よりも見るべき点が多いことが克明に報告されている（＊9）。

以上、律蔵などに見られる医療分野の記述の一端を紹介した。この他にも、病気平癒に関わる薬師如来を主人公とする薬師経典が、特に、中国・日本などの東アジア世界で流行し、薬師信仰の隆盛を見たことも忘れてはならない。また、原始仏典以来、仏教の教説とインドの医学書の記事との間に浅からざる関係が存することが夙（つと）に指摘されていることも付言しておきたい。

3.——まとめ

以上、仏教が病と向き合う際に果たし得る役割について、冒頭に掲げた第三の役割、すなわち、仏教僧団や仏僧たちが、実際の医療や看護、また、予防医学的な観点から、具体的な貢献を果たしてきたことの一斑をお伝えできたかと思う。そして、この事実に目を向けた時、第一の病気平癒の祈願という役割の持つ意味も、単に呪術的な儀礼という側面だけでなく、仏教が古くから担ってきた実際的な医療実践との関係で捉えてみる必要も出てくるのではないだろうか(＊10)。また、病者や苦しむ人々に寄り添うという第二の役割を考える際にも、仏僧たちの寄り添いが、伝統的には医療行為やその知識等と無縁ではなかったという視点から捉えてみることも必要になってこよう。本論で紹介した第三の役割を意識することで、三つの役割を関連付けて捉える見方も可能になるかもしれない。それによって、仏教者たちの諸活動の意義に新たな光が当たることも期待したい。

この小論がコロナ禍に苦しむ人々のしあわせにどのように寄与できるのかと問われれば、忸怩たる思いを禁じ得ないが、仏教が病と向き合ってきた長く深い歴史を知っていただく一助となれば幸いである。

◉註

＊1　多くの報告がなされているが、ここでは、国際宗教研究所編『現代宗教2012　大災害と文明の転換』(秋山書店、二〇一二)、同編『現代宗教2013　3・11以後を拓く』(秋山書店、二〇一三)を挙げておく。

＊2　新村拓『日本仏教の医療史』(法政大学出版局、二〇一三)などに詳しい。

＊3　難波恒雄・小松かつ子編著『仏教医学の道を探る』(東方出版、二〇〇〇)(なお、同書の参考文献はとくに詳細である)、杉田暉道『ブッダの医学』(平河出版社、一九八七)、同『やさしい仏教医学』(出帆新社、一九九七)、福永勝

美『仏教医学事典』(雄山閣、一九九〇)、服部敏良『仏教経典を中心とした釈迦の医学』(黎明書房、一九六八)、ケネス・G・ジスク著・梶田昭訳『古代インドの苦行と癒し』(時空出版、一九九三)など多数。

＊4　詳しくは佐々木閑『出家とは何か』(大蔵出版、一九九九。二四頁以下)、山極伸之「律蔵に規定されない四依」『印度學佛教學研究』第五〇巻第一号(二〇〇一)などを参照。

＊5　律蔵に出る各種の「薬」の同定作業は多くの研究者を悩ませてきた。「根本説一切有部」という部派に属する律蔵の「薬の章(「薬事」と漢訳)」のチベット語訳を研究した八尾史(訳注)『根本説一切有部律薬事』(連合出版、二〇一三)は当該テーマを研究する際には必読書である。

＊6　正倉院薬物の目録として『種々薬帳』が現存し、そこには六〇種類の薬物名が記載されている(すでに亡失した薬物も含む)。正倉院薬物については宮内庁正倉院事務所編『図説正倉院薬物』(中央公論新社、二〇〇〇)などが詳しい。

＊7　詳しくは、鈴木健太「インド仏教僧団におけるケアの指針」(『死生学研究』二〇〇六年秋号、二〇〇六)、鈴木「『律蔵』看病人法に見る死生観」(『日本佛教学会年報』第七五号、二〇一〇)、藤堂俊英「仏教看護の原型とその基本」(水谷幸正編『仏教とターミナル・ケア』法蔵館、一九九六)などを参照。

＊8　服部、前掲書、五六頁～が参考になる。

＊9　同書の全訳である宮林昭彦・加藤栄司『南海寄帰内法伝』(法蔵館、二〇〇四)によれば、食事、歯磨き、トイレ、洗浴などの作法においてこの点が顕著である。

＊10　一例として、日本中世においては、治療にも儀礼が混在し、また、薬の効果は神仏の守護にも左右される、という指摘もある。進藤浩司「中世医書と仏教信仰」(『日本佛教學會年報』第八五号、二〇二〇)。

［第4部・パネルディスカッション］

病災害の中のしあわせ

自然災害とコロナ問題を踏み分けて

一ノ瀬正樹・日野慧運・藤原克己・水谷哲也
永井尚美・中板育美

一ノ瀬　はい、それでは時間となりましたので、パネルディスカッションに移らせていただきたいと思います。

今日の提題をしていただいた方々に全員並んでいただきました。どういうふうに進めるかということなんですけど、まずは提題者間でのいくつかの議論を経て、それで最後に少し、オンラインを通じて参加されている方々から、可能な限り質問を受けようかなというふうに思っております。

最初にちょっと申し上げますが、一番最後の締めのときに、このシンポジウムの表題である不可避的な病災害の中でのしあわせという概念について、そうしたしあわせというのはどういうものか、あるいはどういうものであるべきか、ということについて、最後に全員の先生方に一言ずつ話していただいて終わりにしたいと思いますので、突然言うと思いつかないって言われてしまうので、一応最初の段階で、一番最後にそれをお伺いしますということを予告しておきたいと思います。

それではですね、本来はこういうシンポジウムのときは、提題者相互の質問というのをやりたいと思うんですけれども、ちょっと分野も大分多様になっていて、なかなか出にくいだろうと思いますので、一つのきっかけとして、今回のシンポジウムは、新型コロナウイルス感染症問題というのを主なターゲットとしつつも、それだけでなく、過去から、あるいは将来起こるであろう自然災害なども含めて、とりわけ、直近のものとしては10年前の東日本大震災、そういったものも遠く射程に入れて論じていくこと、つまり、災害、病気、そういう中で人々がどういう生活をして、その中でもどういう形でしあわせを求めていけるかということを問題にする、ということを狙いとしている点、改めて確認していただきたいと思います。

10年前の東日本大震災と、今回、新型コロナウイルス感染症問題というのが起こって、その両者の関係あるいは両者の共通点、あるいは相違点、そういうものについて、皆さんのお考えがあれば、まず最初に議論のきっかけとして、伺いたいと思います。

順番としては、お話をされた順番で、水谷先生から、大震災とコロナ問題の何かその関係や、共通点あるいは相違点について何かお考えがあれば簡単なことで結構ですのでお願いします。

水谷　はい。そうですね、地震の場合は、最近数十年単位である程度の予知がされていて、実際に大きな地震が来るというような感じだと思います。今回のコロナのことは、もしかしたら皆さんは突然やってきたっていうふうに考えられるかもしれませんが、我々ウイルスの研究者は、いつかはまた来るなっていうのはわかっていて、それで来たなっていう感じになってることですね。ですから、共通点としては、やはり何年か何十年かに1回は来るであろうというふうに予測しながら来るというような、両方ともそういう災害であるというのは共通点だと思います。

一ノ瀬　ありがとうございます。それでは、永井先生。何かお感じになった点、お願いいたします。

永井　2点あります。私の話は医薬品に終始したようなところがありましたから、医薬品を使ったり医薬品を開発したりという視点からは、1点目として、東日本大震災のような災害と今回のコロナ禍では、医薬品を取り巻く「情報」が違うと感じています。大震災では、情報が寸断され届かない。コロナ禍では、医薬品や治療法に関わるありとあらゆる情報が飛び交い、入手しようと思えば世界中から情報を入手でき、その情報を短い時間で行き渡らせることができます。もう1点は、医薬品の存在といった点で、今回のコロナ禍では、治療法がないところで、関連分野で何かを生み出す、そのためにどのような発想や工夫があり、現在の医学、薬学や科学の知識や経験を活用しながら新しく創り出していく、一方、大震災のときは、新しいものを生み出すというより既存の医薬品をどのように届け、やりくりして使っていただくのかといったことが違うと感じています。

一ノ瀬　はい、ありがとうございます。それでは、藤原先生はいかがでしょうか。

藤原　何と言ってもこのコロナ禍は、まだまったく全体が見えないですよね。東日本大震災は、言い方がとても難しいのですが、コロナ禍に比べたらまだしも全体が見えやすい。東日本大震災も、「災害」としてはまだまだ、けっして終わってはいないし、被害の大きさ、失われたものの大きさははかり知れないのですが、でも何が起こったかと言えば、地震と津波。それははっきりしています。ところがこの新型コロナウィルス感染拡大は、まさに現在進行中、拡大中で、「災害」としての全容がまったく見えません。このコロナ禍によって世界がどう変わるか、経済や社会がどうなってゆくのか、漠然とした強い不安を、私は感じています。

ただ、やはり大きな災害として、共通の問題もいろいろあるかと思います。その一つとして、いわゆる「曖昧な喪失」と言われている問題があると思います。東日本大震災で、とくに津波によって、大切な人が行方不明になったままになっている方が大勢いらっしゃるわけですが、それは本当に胸の痛む典型的な例ですけれども、いま現在ですでに四千人近い高齢の方が新型コロナウィルスで亡くなっておられるそうですが、家族は看取ることができないわけですよね。それも一種の「曖昧な喪失」ではないでしょうか。

東日本大震災のあと、宗教者たちによる「カフェでモンク」という活動が盛んになったそうですね。「モンク」は僧侶の意のmonkと、人にあれこれ文句を言うの「文句」と、悶え苦しむの意の「悶苦」を掛けて、移動喫茶店を作って、大切な人を喪った人の所に行って、ただただその悲しみに寄り添い耳を傾けるという、そういうグリーフケアの活動が、それは東日本大震災の前からあったのですが、震災後とくに盛んになったのだそうです。同じような問題は、コロナ禍にもあると思います。ただ感染予防のために、人に寄り添って話を聴くということは難しいわけですけれども。

それともう一つ共通する問題として考えなければならないのは、災害の予測だと思います。いま水谷先生が、今回のコロナも専門家には予測できていたことだとおっしゃいましたが、東日本大震災も、地震学や地質学の専門家には予測できていたことでした。平安時代前期の九世紀、貞観年間にひじょうに大規模な地震と津波が東北地方にあって、それは『三代実録』という当時の国史にも克明に記録されていたのですが、一九八〇年代末から考古学や地質学の発掘調査、地層調査が進められて、その貞観津波の浸水地域が明らかにされていました。ですから、福島第一原発の事故は、けっして「想定外」ではなかったわけです。現に東北電力の女川(おながわ)原発が、貞観地震や三陸地震の知識を生かして高台に建設されていたために、大事故を免れたばかりか、原発サイト内の体育館等の施設が近隣住民の避難場所にさえなったということは、震災のあと新聞報道などで有名になりましたよね。

一ノ瀬　はい、ありがとうございます。それでは中板先生お願いいたします。

中板　はい。先生方がおっしゃった部分と重なるんですけども、やはりその災害、地震ですとか水害ですとかというのは、その発災時点っていうのが決まっているというか、発生地点があって、そこから回復のプロセスが始まるという、非常に明快といえば明快ですけど、今回のこのコロナウイルスとか、その感染症については、どこからが復興の始まりなのか、どこがピークなのか、そういったことがやはり見えないっていう、それが大きな違いなのかなというふうに思っています。

それと、やっぱり災害は、地震ですとか水害は、被災地というものがある一定地域に限定されていますけれども、今回この感染症は、そういった意味では、日本中全てが被災地であり、世界中が被害をこうむっているということで、全ての人が被災しているというか、そういった状況なのかなというふうに思っています。

あと、局地的災害、地震ですとか水害ですとかそういったものは局地的ですので、やっぱりそのボランティアの存在によって支えられている感とか、自分たちが1人ではないという感覚になれるような、そういった相互信頼っていうかその社会規範っていうものがある程度守られるための物が残るっていうかですね、ボランティアさんたちの努力によって。しかしながらこのコロナウイルスの感染症については、その近づくことそのものが避けなければならないという状況の中で、そういった支えられるという感覚がなかなか持ちづらいという、それもあるのかなというふうに思っています。

一ノ瀬　はい。ありがとうございます。それでは日野先生お願いいたします。

日野　私も、先生方がおっしゃったことと重なりますが、東日本大震災の場合は、余震があったとはいえ、災害自体は比較的短期間に収まっていったと思います。そして直後から、津波の衝撃的な映像などがテレビなどで繰り返し流されて、明確な自然災害のイメージがまずバーンと拡散されました。だからすぐさま、被災者救援とか、先ほど藤原先生がおっしゃった傾聴ボランティアなどといった形で、人間たちが団結してそれに向かっていく、というふうに動きやすかったと思います。

今回のコロナ禍では、テレビではウイルスの画像が映ったりしますけれども、それに対して向かっていくという形にはなりにくい。むしろ、すぐ隣にいる人の中にウイルスが潜んでいるかもしれない、という疑心暗鬼を生じるような状況がずっと続いているように思います。

震災のあとに起きた「絆」ブームは、やや過剰な感じはしましたが、いまはそうした流れにはなかなかっていかない、むしろ分断が起きつつあるのが、大きな違いだと思います。

その意味で似ているなと思うのは、福島第一原発事故後の、放射性物質の被害の問題です。目に見えない放射性物質が飛散してくるのではないか、いつまで残っているのかという不安が長く続き、それが周辺地域から避難してきた人たちに対する差別やいじめを引き起こしました。昨今のコロナ禍でも、既視感を覚えることが多々あります。

一ノ瀬　ありがとうございました。私自身も言及すべきかと思いますけれども、東日本大震災とその後の状況、それから今回の新型コロナウイルスの感染問題。似てるというのは、かなり大きな災害で、大震災のときは行方不明者も含めますと、現在目にして対面することができない人の数というのは1万8000人ぐらいですね。今回コロナウイルスの場合は、いま4000人ぐらいですけども、これを先ほどの水谷先生のお話で、今年の12月の末ぐらいまでに終息していくとしても、どのくらいまで死者が累積になってしまうのかはちょっとわからないですよね。でももしかしたら1万人ぐらいにはなってしまうのかもしれないという状況で、多少数的には違いはありますけども、日常ではちょっと考えられないような多数の犠牲を出したという点は同じですし、いまの日野先生から言及があった原発事故の場合、放射性物質が拡散してしまったのですが、放射線、放射性物質って見えないですよね。実はコロナウイルスも肉眼では見えないので、見えないものに対する恐怖っていう点では非常に似ているなというところはあるのでないかと思います。結局その見えないものってのは恐怖っていうのを呼び起こすので、その恐怖によって、あとから振り返ると、非合理な事態が、結構同程度発生してしまったと。放射線に関しては差別だし、コロナウイルスに関してもやっぱり何らかの差別だし、もう福島差別、東京差別といろんな言い方でされましたけれども、そういうことが起こってしまったわけです。あとから振り返ると、非常にイラショナルなことだったということがわかるっていう点でも、大変似ているんじゃないかなというふうに思ってます。

だいたいこの二つの出来事が10年の、この２０１０年代の最初と最後で起こったということで、非常に象徴的で、なんかこう二つをどうしても連想、連係付けて考えたくなるところだと思っています。

では、その、二つの出来事の違いは何かっていうと、あの放射線に関しては、感染しないですよね。放射線は感染しない。けれども、コロナウイルスは感染する、それは大きな違いです。ただ放射線に関しても、さっき物体性とかＶｅｃｔｏｒとかって私言いましたけども、放射性物質がいわば花粉がくっつくように衣服にくっついてくるということはありえるわけですね。だからあの原発の内部を視察するときに、防護服・タイベックを着ていくのは、あれは結局くっついた放射性物質を原発の敷地外に持ち出さないようにするためなので、だからそういう意味では、放射性物質がくっつく、したがってくっついたままだと、うつる。うつるというのは移動するって意味でのうつる、物理的に移動するという意味でのうつるってのはありえるので、ただそれは感染するっていうのとは意味が違いますね。花粉がくっついたのがこっちに来るってのと同じです。だから、その点でうつるっていうふうにどっちも言われるけれども、意味的に大きな違いがあったのではないかな、というふうに思っています。

きっかけというか、一つの話題として思っていることがあります。この問題は、このシンポジウムを立案するときに気になっていたことです。それは主として看護学に関わることではあるんですけれども、他の先生方にもぜひご意見を伺いたいのは、先ほど私自身の発表の中で、世代間の差を設けて、高齢の方は自粛してもらって、若い方は活動してもらうというような案が出てるよっていうような話に言及いたしましたけれども、もっとシリアスな、年齢的なそういったことがありますよね。それは要するに、トリアージと呼ばれるものですけども、そのトリアージってのは、皆さんご存じかと思いますけども、フランス語で選別、仕分けという意味で、医療資源に限りがある場合に、平等に医療資源を提供すること、医療資源のマンパワーも含めてですよね、提供することよりも、助けることのできる見込みがあるものに医療資源を集中的に提供して、で、医療資源を提供しなくっても命に別状がない人には、緊急の医療資源は提供せず、さらには、医療資源を提供しても、助かる見込みがあまりない人にも医療資源を提供しないという、かなり、なんていうか、緊急の究極の医療的措置だと思うんですけども、実際、大きな事故の現場では、救急隊がぱっと入ってきても全員助けることはできない場合もあるわけですよね。私が知ってる限りでは、10年以上前の福知山線の脱線事故、あのときに事故現場で、医療チームは到着したけれども、とても人手が足りないので全部見ていられない。それでトリアージを行ったわけです。通常トリアージの場合、助からないと見越された、あるいはもうすでにもう亡くなってると見越されてるような方に対して、黒タグを付けるわけですよね。黒タグをつけてこの方々に医療的サービスは提供しない、ということをやるわけですけども、いまコロナ感染症で、医療事情が逼迫していて、マンパワーも足りない、看護師さんも辞めてっちゃう人も結構いるという状況の中で、助ける人と、助けない人を区別して対応するしかないんじゃないかっていうことにもなりかねない、理論的な可能性としてはありうるということなんですね。日本の場合それを実際にやってるかどうかわかりませんが、まずは中板先生にちょっと大変にお聞きしにくいことなんですけども、トリアージについて何かコメントをいただいて、それを他の先生方にも広げていくというふうにしていければなと。もちろん非常にデリケートな問題ですので、発言しにくい場合は無理にとは申しませんが、概要的なこと、一般的に看護学のテキストなどで言われてるようなことを、私たちに知らせていただくということでも結構ですので、お願いできませんでしょうか。

中板　はい。残念ながら私は看護師経験より、保健師経験が長いので、一般論しか申し上げられませんが、トリアージの知識や技術をもって的確に判断をして行動するための教育は大学院レベルですね。

災害発生地でのトリアージは行われますね。医療資源やスタッフが限られた中で、一人でも多くの命を救うために、緊急性とか重症度を見極めることです。この倫理的テーマでもあるトリアージは、やはり救急医療の経験の多い医師を中心に行われるべきですね。救急救命士や看護師も、発災地では活躍しますね。基本的にトリアージは、同時点で迅速な判断が求められるときの話ですよね。

感染症の場合は、医療体制の逼迫の問題ですので、医療者としては、そこで命の選択となるトリアージは、本来好ましくない状況ですよね。

一ノ瀬　はい。ありがとうございます。年齢差別だとか、そういうような問題にも関わることですし、あるいは先ほど私が言及した福知山脱線事故の場合は、黒タグを付けられて亡くなった方の遺族が、本当に黒タグだったのかと、非常に疑問を持ってる方もおられて、法的、道徳的な問題が発生する場でもありますし、しかし、自治体のホームページなどを見ますと、緊急時にはトリアージをすべきである、むしろ基本的にやらなければいけないんだと、1人の人を救うために多くの人を犠牲にするわけにいかないんだというようなことを規定していたりもしますよね。だからこれはまさしく倫理学が本当に対面しなきゃならない問題の一つですけども、この点について、例えば日野先生に伺いたいんですが、先ほど施薬院というお話が出たりしましたけど、例えば貧富の差だとか、年齢差だとか身分の差だとか、そういうものが影響するっていうことはあったんでしょうか。

日野　先ほどご紹介した日本古代の施薬院や療病院に関しては、基本的には身分や貧富に関係なく、治療や救済にあたったはずです。実際のところは、本当にご専門の方にお聞きしないとわからないのですが、少なくとも理念の上では、そのための施設です。

一ノ瀬　古代日本においては、トリアージ的な措置は行われなかったと。

日野　当時、もちろんトリアージという言葉はありませんが、先ほどご紹介した『金光明最勝王経』には「死相の出た人は救えない、救える人を治療する」とあって、似た考え方を示しています。ただ、現場ではどう判断していたのでしょうね。

文献的な根拠はないのですが、私の考えでは、トリアージはしないのではないかと思います。目の前に病人がいれば、たとえその人が瀕死であろうが軽症であろうが、その人に慈悲心を向けて救おうとする、というのが仏教的な理念ではないかと思うからです。たとえ、目の前の人を諦めれば、その医療資源で二人救える、という計算がすぐに成り立つような状況でも、その人を見捨てることはできないんじゃないかと思うんですね。

昔ひろさちやという方の一般向けの仏教の本で読んだもので、ちょっと出典は不確かなのですが、こんな話があります。ある禅僧が、大学の先生方に話す機会があって、問題を出した。「自分の奥さんとお母さんが川で溺れていたら、どちらを先に助けますか?」と。先生方は倫理とか宗教の問題として捉えて、侃々（かんかん）諤々（がくがく）するんですが、最後に答えを聞くと、禅僧は「私なら、近くにいるほうから助けます」と言ったというんです。こういう感じなんじゃないかと。つまり、目の前の病人から助けていく、あまりそこで計算はしないというのが、仏教の基本姿勢なんじゃないかと、私は思います。

一ノ瀬　はい、ありがとうございます。他の先生方はいかがでしょうか、非常にデリケートな問題だと思うんですけど、ただ目の前に、たとえば、３人目のお子さんが生まれたばかりの30代か20代のような若いお父さんたちがコロナで苦しんでいて、咳して熱が出て、他方で非常に高齢の持病持ちの90代の方が横に1人おられてっていう、そういうようなときに、お医者さんとしてはどういう対応を、しかもその高齢の方は、もうほとんど意識がない状態で、というような場合ですよね。その場合に、お医者さんはどういう行動をとるべきかってことがきっとトリアージって問題の本質なんだと思うんです。先ほど言ったように、自治体によってはトリアージはすべきである、1人の人を救うために多くの人を犠牲にしてはならないとされています。で、トリアージのあとで、うちの家族は、うちのおじいちゃんおばあちゃんは、助かったんじゃないかというふうに言うっていうのは、後出しジャンケンのようなものだと。その医療の現場の切迫した状況を知らない人の言い分だというような言い方をする方もいますね。だから、現実問題として、順番っていうのは、どこかで決めなきゃならなくて、そのあたりは、いかがでしょうか。これは別に看護の専門家でなくて、倫理的な感覚で、何らかの意見が出るのではないかと思うんですけれども。水谷先生お願いします。

水谷　一ノ瀬先生の、その設定なかなか難しいんですけれども、多分ですね、おじいさんの方はＩＣＵに入ってＥＣＭＯをつけるっていう選択になって、お父さんの場合は入院されるか軽症であればホテル待機ということに多分なると思うんですね。で、一ノ瀬先生がおっしゃってるのは、もうちょっと多分先のことだと思うんです、完全に医療が逼迫したあとに、病院が満杯になってしまったあとにどうするかっていうことだと思うんですけれども、現時点ではおそらく完全にもうマンパワーの逼迫しているところも一部あるかもしれませんが、日本全体で考えるとまだ多少、まだちょっと余裕を残しています。現実的にはここの病院が駄目だったらやっぱり次というように、たらい回しにされてしまうというケースも中にはあったんですけれども、別の病院でちゃんとケアするっていうことで現時点はクリアされていくんじゃないかなというふうに思います。ただ、これがもうちょっと進むとですね、先生の危惧されていることは起こってきて、その時にはしっかりと考えを備えておかなきゃいけない、つまりあとの訴訟に関してまでもちゃんと対策を立てておかなければいけないっていうふうだと思います。

一ノ瀬　はい、ありがとうございます。他の先生方いかがでしょう。このトリアージの問題ってちょっと発言しにくいところはあるんですけれども、何かコメントいただけるとよろしいかと思いますが。もうちょっと、はいどうぞ。

水谷　はい。私もスライドの中で出したんですけれども、ちょっとだけ冷静に考えるとですね、もちろん若い方でも亡くなられる方がやっぱりいらっしゃるので軽々しくは言えないんですけれども、やはり高齢者の方の致死率が非常に高いですね、いまのコロナは。ですから若い方も重症になったらあと後遺症がでたりされる方もいるんですけれども、現時点では高齢者の方をしっかりとケアして、致死率を下げることが重要です。おそらく皆さんがこれは怖いなというのは致死率の話だと思うんですよね。まず致死率をちゃんと下げて、インフルエンザの0・1％のところまでもっていけば、意識は変わると思うんですよね。ですから、現時点では高齢者の方のケアを最優先すべきだと思います。

一ノ瀬　そうしますと逆に若者に関しては、一定程度の活動は認めてもいいという……。

水谷　そこが難しいんですよね。大学生、確かに20代の感染者数はものすごく多いんですね。でも致死率はものすごく低いんですね。ですから後遺症のことを考えないのであれば、若い方ができるだけ自宅にいるようにして感染を広めないっていうのは確かに一番いいんですけれども、その一方で、アルバイトを全部禁止できるかというとそうではないですし、いろんな問題がありますね。あと軽症であるということは外に出れるということなのでやはり広めてしまうということはあります。ちょっと理想論ですけれども、高齢者の方と若い方はなるべく会わないで、うつさないようにするとか、会う時は、ちょっと今回もこういう板を用意していただいたりしたんですけども、ちゃんと厚生労働省も言ってるようにマスクをしていればですね、濃厚接触者に当たらないというのがあります。何でもかんでも会話したらうつるということではなくて、しっかりとマスクするとか、マスクしてそれでもディスタンスをとっていて、短時間であれば感染する確率が非常に低いというようなことをもう1回冷静に考えて、行動した方がいいのかなというふうに思います。

一ノ瀬　はい、ありがとうございます。それでは次に、私が皆さんのお話を伺っていて、少し心に残ったことで、ぜひ確認したいことがありますので、そこに移らせていただきます。水谷先生は、コロナウイルスのワクチンに関して、ワクチンを打つことによってかえって強力になってしまう可能性があるというようなお話をされていましたけれども、それに関して水谷先生と永井先生に、永井先生の言い方ですと創薬に対して育薬にあたるのかもしれませんが、実際にワクチンを作って投与したあとで、事態がかえって悪くなってしまった、あるいは悪くなってしまうという可能性については、どう考えればいいのかというのは、もう一つ何かコメントというかヒントをいただければと思うんですけれども、水谷先生まずいかがでしょう。

水谷　私が本の中で書かせていただいたのは、一部講演の中でもお話しさせていただいたんですけど、ADEですね、Antibody-dependent enhancementという、直訳すると抗体依存性の感染増強というものです。これは猫のコロナウイルスの猫伝染性腹膜炎ウイルスと、デングウイルスで報告されています。これはですね、動物種によって、多少変わってくるんですね。抗体を産生できるその抗原の位置というか、遺伝情報、遺伝子によってもちょっと変わるので一概には言えないんですけれども、猫伝染性腹膜炎が1回猫に感染しますね。そうすると、そこの中で抗体が作られます。スパイク蛋白質に対して抗体が作られて、その一つが中和抗体です。中和っていうのは感染を防御できるというのを中和っていいます。猫伝染性腹膜炎ウィルスでは、1回目の感染は治るケースがあるんですけれども、2回目に感染したときにですね、1回目の感染のときにできた中和抗体が、ウイルスにくっつきます。そうすると、マクロファージっていう貪食細胞があるんですが、中和抗体が付いたウィルスを食べるんですね。食べるとマクロファージの中で、ウイルスが増殖してしまう、と。本来マクロファージはウイルスを食べるとそれを消化します。消化して抗原提示をするんですけれども、逆にそこの中で増えさせてしまうことになります。SARSは猿でADEも起こるということは論文的には言われています。今回の新型コロナウイルスの場合は、ADEが起こるかどうかというのは本当はわかっていないです。そこの中で危惧されることは、ワクチンを打つと、中和抗体ができる。そうすると、感染したときに、それがADEを起こすような抗体であれば、マクロファージの中でウイルスが増殖してしまって、もっとひどい症状が起こってしまう可能性があるというふうに考えられていました。ただですね、ちょっといいニュースですが、治験でワクチンを投与したあとに感染したかどうかというのを調べていて、悪化したっていうデータがなかったといわれています。

一ノ瀬　なるほど。

水谷　今のワクチンの作り方でADEは起こらないんじゃないかと思います。

一ノ瀬　それはいいニュースですね。

水谷　いまのところはそういうふうに見てます。いまはワクチンによるADEは考えなくても良いというふうに私は考えています。

一ノ瀬　はい、ありがとうございます。永井先生、育薬という点で、もし法的に認可されたワクチンが、その後むしろ逆効果だったたってことがわかった場合に、それはどんなふうに法律的に対応するのか、その辺も含めてちょっとコメントいただけませんでしょうか。

永井　日本では、ワクチンに関してはおそらく特例承認、先ほど説明した制度で承認されるのだろうと思いますし、政府の話では、2月ぐらいから体制を整えて、優先順位に従って順番にワクチン接種すると報道されています。ワクチンの開発で特例承認になるということは、海外から導入するということになります。日本のメーカーもワクチンを開発していますけれども、遅れていて、現状では米国やヨーロッパで使用しているワクチンを日本で輸入して使用するということになります。承認されて実際に接種が開始されて、一番心配である点は、日本で使用した経験がないことです。従いまして、育薬の段階で、どのようにしてチェックするのかが重要だと思います。日本に限らず、承認までに得られる情報は限られていますので、製造販売後に非常に短期間に大勢の人に使われたときに何が起こるのか、また使用方法も1回で十分であるとか、2回接種する必要があるとか、複数回接種する際の間隔はどうするのか、どのくらいまでの期間有効なのかとか、巷ではいろいろな情報が溢れていますよね。そのような情報を吟味しながら、使い方をどのようにチェックしていくかといったことが、これからの大きな問題になると思います。そのような点では、先ほどお話ししましたが、製造販売後に何をするのかは法的には整備されていますので、その制度に従ってチェックが行われていくと思いますし、このような特例承認の場合には、非常に多くの承認条件が付されますので、現場で使用しながら条件をクリアしてくための情報の収集と評価が重要で、綿密な計画で実施されると思います。法律において決められたことですので、大変な作業ですが、国を挙げて、また他の国との情報共有をしっかりやって、その中でいろいろなことがわかってきて、医薬品の投与の現場にフィードバックされていくと思います。

一ノ瀬　一度認可された薬が、その認可を取り消しにされるということはよくあることなんですか。

永井　認可取り消しはそうあることではありませんが、けっしてないということはありません。

一ノ瀬　やはりそういう例はあるわけですね。

永井　そのような例はあります。治験ではわからないことがあり、薬害に至ることもあります。紹介したサリドマイドの場合は、市販されて広く使用され、非常に大変なことが起きてしまった。製造販売後の育薬の段階は非常に重要だと思います。

一ノ瀬　はい、ありがとうございます。

そうですね。では、ちょっと話題を少し変えて、藤原先生にお伺いしたいんですけども、先ほどの鴨長明の時代ですが、何度もいろんな疫病や災害に見舞われる時代で、しかも彼の時代は政治的にも不安定な時代ですね。平家政権とか源平合戦とそんな時代で非常にもまれると、その中でさらに加えて自然災害とか疫病とかがあった。いまの薬害といいますか薬物とか薬学とかというのは当然その頃はいまと同じ形ではないわけですから、それにもかかわらず、鴨長明、結構な長生きをして生き抜いたわけですよね。当時の日本人は、どうやってそういう災害を生き抜いていくことができたんだろうか、私も前にどこかで読んで確実なデータがあるエビデンスがある知識じゃないですけども、いまの現在の日本人は、明治時代に生きてた日本人の3分の1の人の子孫だ。だから3分の2の方はもう血が絶えてしまってるという話を聞きました。もしそうだとすると、ましてやその鴨長明の時代ですと、その血が絶えてしまった血筋というのはたくさんあると思うんですよね。でもやはりどこかで繋がってるから現在の日本人がいるわけで、そういう不安定な時代に、一体その長明自身も含めて、どうやって乗り越えてきたんですか。ただもう、神仏に祈るというそれだけだったのでしょうか。

藤原　ちゃんとしたお答えのできる知識がありませんで、叱られるかもしれませんが、まず運がよかったのではないでしょうか。日野先生のお話にもありましたように、かなりの頻度で天然痘が大流行したわけですが、ただ、まず感染しやすかったのは、貧しくて衛生状態のよくない暮らしをしていた人たちですよね。長明は比較的感染リスクの少ない、恵まれた境遇にいたのではないでしょうか。とはいえ、高貴な貴族もバタバタ死んでますからねぇ、やはり運がよかったのかなと……。

一ノ瀬　そうですか。いや、運が良かったというのは一つの重大な回答で、確かにそういう面はあるし、一番最初に西本学長が不条理という言葉をおっしゃいましたけど、不条理の中で、生き抜くってことはやはり運っていうのが関係するのかもしれないですよね。ありがとうございました。

それではですね、オンラインの方々からの質問もまるっきり受けないというわけにはいきませんので、残り時間ちょっと、最後に幸せの問題について各提題の先生方から一言ずついただく前に、オンラインの方の質問を受けてみたいと思います。オンラインの方々聞こえているかと思いますが、質問をしたいという方がおられましたら、コンピューター上の挙手をするという機能を使って挙手をしていただけませんでしょうか。もしかしたらたくさんいる場合は全員当てることできないかもしれませんが、何人かの方を当てることができるかもしれません。早いもの順ということで、トリアージになってしまいますけれども、早いもの順で、挙手をお願いいたします。いかがでしょうか。提題の中身あるいはそのパネルディスカッションで話したトピックに関してなど、いろいろともしかしたら思うところがあるかもしれませんので、どうぞ、遠慮なく質問をしていただければと思います。

はい、手があがりましたね。塩谷さんですか、ではお願いいたします。

（塩谷）　レジリエンスについて少しお聞きしたいんですが。

一ノ瀬　レジリエンスですか、中板先生ですね。

（塩谷）　はい。他の方も含めてもしご関心あったらお答えいただきたいのですが、回復という言い方が非常に気になるんですね。つまり現状に戻すということなのか、それとも、別の方でちょっと環境倫理の方と議論していて、実はある種の可塑性を伴う形で、状況が変わると。活力、強度という形での回復はあるけれども、状態、形態として元に戻るということは必ずしも含意しないという可能性があると思います。で、いまの場合、例えば、その補償なり何なりの場合というのは、補償とか福島の場合はね、帰還とかいった場合には、可塑性という概念が欠けている形で、現状っていうか前の状態に復帰するという形でもし回復等を理解するとすると、レジリエンスという議論の中で、ちょっと私はそぐわない気がするんですが、そのあたりいかがでしょうか。

一ノ瀬　中板先生いかがでしょうか。レジリエンスという概念についてですね。

中板　ありがとうございます。先ほども述べましたが、レジリエンスは、もともとは物理学用語なので、「元にもどる」意味でしたが、逆境からの立ち直りも含めた回復・心の回復という観点からいうと、乗り越え、よい形でその時の社会に適応するという概念のもとでお話ししました。

そういった意味では林先生の言葉を出しましたけれども、何が変わるべきなのか、何は変わらないべきなのか。変わるとしたらどう変わりたいのか、そういったことを考える力っていうのにも関わってくるのかなというふうに思いますので、その現状復帰っていうことではないという概念だと思います。

一ノ瀬　よろしいでしょうか。

（塩谷）　はい、結構です。ありがとうございました。

一ノ瀬　個人個人のレベルでの健康とか、そういう意味でのレジリエンスもありますけど、社会全体のレジリエンスってのもありますよね。で、おそらく1回このコロナの問題を経験した社会は、例えばオンライン授業とか、そういうのを一度経験したわけですから、今後、仮にコロナが終息しても、オンライン授業っていう形態は、当然何らかの形で残りますし、まして大学に属する私たちが実感として思うのは、会議はもう全部オンラインでできるので、わざわざ会議一つのために、出かけてくる必要はなくなってしまうんじゃないかとかそんなことを思ったりしますので、レジリエンスってのは個人一人一人だけでなく、組織とか社会とかそうしたものにも関わって、しかも、コロナ以前よりももっと強靭な形で、何か社会が、鍛錬されていくという、そういうポジティブな見方ももしかしたらできるのではないかと思います。他に質問ございませんでしょうか。峰岡さん、どうぞ。

（峰岡）『方丈記』のことなんですけど、なんかその、なんていうか、この標題がやっぱり「しあわせシンポジウム」っていうぐらいなので、現在のミニマリストみたいな感じの鴨長明が、しあわせを考える意味でもなんか参考になるというか……。仕事がテレワークになって、都会から地方に移り住んで、本当に四畳半でもいいし、シェアしたりとかで、なんか質素な暮らしですね、豪華な家に住むとかみんなで集まって大々的にとかいうのとは違うしあわせ、何かこう楚々とした生活をするっていう感じのしあわせの時代に、コロナ後は変わるんじゃないかなって、『方丈記』に関連づけて思ったんですけど、どうでしょう?

一ノ瀬　ありがとうございます。大変面白い質問だと思います。藤原先生、いかがでしょうか。

藤原　そうですよね。ミニマリストとまではいかなくても、質素な生活って、もっと見直されてもいいですよね。その点で、おっしゃるとおり、『方丈記』には私たちの参考になるところがあるのではないか、というのが、今日私がお話ししてみたかったことの一つです。

『方丈記』というと、「ゆく河の流れは……」という冒頭の文章ばかりが有名で、「無常の文学」なんて言われてきましたが、「無常」を主題とした作品では全然ないですよね。また東日本大震災のあとでは、元暦の大地震などの大災害の記述が注目されて「災害文学」なんていう言い方もされましたが、それもきわめて一面的な読み方だと言わざるを得ません。『方丈記』は、災害の記録と方丈閑居の叙述とを二大柱としているわけで、その二つをどう関連づけて読むかということが重要なのだと思います。

このコロナ禍の中で、仕事の過半が自宅でのテレワークになって、家族と過ごす時間が増え、自宅のまわりを散歩していて、ありふれた風景や草花の美しさに気づいたといった人も少なくないと思うのですが、実はそれこそまさに『方丈記』と本質的に同じ経験なのだと私は思うのです。

ただ、テレワークの普及に関しては、私には心配なことがあります。私は心配性なので、これは杞憂であってほしいと思うのですが、テレワークが定着すると、こんどは裁量労働制と一体になった成果主義によっていよいよ競争が激しくなり、いまテレワークによって得ることのできた豊かな時間も、奪われてしまうのではないか、ということです。それから、テレワークのできない人たちのことも、もちろん考えなければいけませんよね。

一ノ瀬　ありがとうございました。峰岡さん、よろしいでしょうか。

（嶺岡）　ありがとうございます。

一ノ瀬　そうですね。エッセンシャルワーカーの方々への配慮っていうか、そういう形で実際必要です。つまり、スーパーで物を売ったりする方ってのは、これはテレワークはできませんので。テレワークできない医療従事者もまさしくそうですよね、テレワークできない。そういう職業の方もいらっしゃいますが、しかし同時に、テレワークとかリモートワークになったことで良くなった点ってのもある。そういうところは非常に初めて体験することで、発見した点でもありますよね。私が知ってる限りは何度も何度も再生された、ネット上で見ることができる動画があります。インドの若い女性が作ってる動画で「サンキューCOVID－19」っていうのがあって、COVID－19どうもありがとうって言ってるんですね。それはなぜかというと、人々が動力や電力をいっぱい使う活動をやめてしまったので、その結果、空気が綺麗になって、自然の環境が正常化されたということで、何て言うか、COVID－19のおかげですよみたいな形で、感謝の気持ちを述べる動画がすごく何回も再生されているんですね。それは飛行機会社からすると、大変困った事態でもあるわけですけれども、しかし環境の浄化がなされたという、そういう意味では、もしかしたら、効果があったのかもしれないというふうに思えるところでもあります。もしかして今年の冬は非常に寒いのもそれが原因ですか、なんてちょっと思ったりもするので、とにかく飛行機が飛ばないことで、空気がかなり違うようになったことは事実なのではないかと思います。まさしく物は考えようとか捉えようで、ただ、そういうふうに逆に一面的にCOVID－19は結構いいことがあるよって言ってしまうと、失われてしまうこともあるので、見逃されてしまうこともあるので、やっぱりそこは両面性で、わたしが提題中で述べたヴィクティム（被害者）とベクター（病毒媒介生物）じゃありませんけれど、二面的なところがあるということは、明記しておく必要があるのではないかと思います。ありがとうございました。

もう一つぐらい質問を受けられると思います。どなたか…、はい。吉本さんでしょうか。お願いいたします。

（吉本） 無症状感染者をどう取り扱うかという問題を論じるところから、物体性を伴う倫理学という新たな着想が提示される後半の議論を大変興味深く聞きました。その点についてなんですけれども、哲学や倫理学の分野では、人間の身体についての考察が積み重ねられてきましたわけですよね。

一ノ瀬 ありましたね。

（吉本） 人間の身体についてのこれまでの哲学的な考察では見えてこない、人間の物体性への方法リアリティ特有の問題とはどのようなものだということになるのか。物体性を伴う倫理学の射程について、現時点でのお考えでいいんですけれども、いただきたい。

一ノ瀬 身体性っていうことはもう本当に古くから、哲学の主題になってますけれども、その身体性ではないんですね、私が言おうとしたのは。物体性なんですね。身体性というのは生物としての身体で、人間の生きる器ですけども、私はここで問題にしていいんじゃないかなって先ほど、まあ半分以上思いつきなわけですけども、申し上げたのは、人間が身体よりもさらに上位概念というか下位概念というかわかりませんが、より普遍的な意味で物体であるという側面を、倫理学は捉える必要があるんではないかっていうそういう意味です。それは、先ほど言ったように、私たちは身体、いや身体というかもう遺体になっても、あるいは場合によっては骨になっても、もしかしたら感染症の注意をしなきゃならない対象であり続ける可能性があるので、そうだとすると、それはもう身体というよりも、物体に近いんじゃないだろうかっていうのが、私の捉え方です。感染症の問題っていうのは、感染症倫理っていうのは、人間が物体でもあるという側面をもしかしたら表に出す、暴き出すような、そういう問題でもあるのではないだろうかという、そういう意味です。身体ではなく、物体ということを強調したらどうだろうかっていう、そういう、申し訳ないですが、さしあたりの思いつきですね。以上です。

（吉本） はい、どうもありがとうございました。

一ノ瀬 だいたい時間も尽きてきたんですが、どうしましょうか、もう一つぐらいうかがえますかね。じゃあ、もう一つぐらい、質問を受けられるかと思います。どなたかいらっしゃいませんでしょうか。あっ、手があがりましたね。石田さんでしょうか。

（石田） はい。すみませんちょっとお聞きしたいんですけれども、私、知人でサンパウロで仕事をしている方がこのコロナ問題の中、サンパウロに日本から戻られるとおっしゃっていて、何かそのサンパウロの病院事情としては、経済レベルによって病院のどこを使うかというのは分かれていて、日本から来られた方が使用される病院の病床は確保できておりますという回答で戻られるということで、何か私はすごくそれに対して矛盾を感じていて、医療について経済のレベルによってどういうものを受けられるのかっていうのに差別があるっていうのは、日本にいる私たちからすると結構受け入れ難いもののような、そういう部分もあったんですね。私がお聞きしたいのは、一ノ瀬先生がトリアージの問題を言及されておりましたけれども、もし倫理の問題として議論を進めていく場合に、あり得るべきというか望ましい方向性っていうのはどういうものであるのかっていうのを、もしお考えがあったらお聞きしたくて。その選別されてしまうという、もうそれは事態として起こっていますし、それを認めた上でどういうふうにそれを議論していくのか。例えばもう、どういう基準であれば望ましいっていう方に議論を持っていくのが望ましいのか、それともまずその選別があるっていうことについてもっと問題にすべきなのかといった、そのもし方向性みたいなものをもしお考えがあったら一ノ瀬さんにお伺いしたいのです。

一ノ瀬　私ですか。はい。ありがとうございます。まず答えを言ってしまうと、明確な答えはないと思います。明確な答えはないという答えで、ただし、この問題はいわば通常の段階をゼロだと考えて、すごく良い状態がプラスだと考えて、悪い状態はマイナスだというふうに考えると、マイナスの値を少なくするっていう考え方かなとちょっと考えています。例えば、トリアージをせずに目の前にいる人から順番に医療を提供していって、その結果、合計してトリアージをした場合と比べて死者の数が増えてしまうという場合には、トリアージをした方が死者の数は減るわけですから、マイナス5は、例えばマイナス4になる。ただし、決して0とかプラスには転じない、そういう状態ですけども、でもこの世界は不条理ですから、しかも人間のいのちは限りがあって、どっかで諦めなきゃならないっていうのは、藤原先生の話にもあったことですし、そうするとマイナスの値を少なくするというレベルで、もしかしたら、状況に依存しますけども、トリアージ的な処置っていうのは、肯定される、正当化されるのではないかなというふうに思います。まあ、ただそれは、正当化されるといっても正しいことだから正当化されるというほどのことではなくて、マイナス5がマイナス4になるから、マイナス5よりはマシだというくらいの正当化なのではないかと。でもマイナスであることには変わりない。でもなぜマイナスかっていうと、それはこの世界は不条理。なので、いのちには限りがあるので、どっかでそれを認めるしかないっていう、そういうところではないかと思います。まあ、あの、答えになってるかどうかわかんないですけど、いずれにせよどっちにせよマイナスであることは甘受せざるを得ないと思います。

（石田）　不条理を前提とするということと、その通常の正当化とはもちろん当たり前ですが違った形で認められるような議論になるのが、収まるところということでしょうか。

一ノ瀬　だからもう究極の選択ですよね。マイナス5とマイナス4でどっちがマシかという選択だから、人を殺すのは駄目だって一概に、もうその原則だけを貫き通そうとすると、どっちもマイナスになるから駄目なわけですね。だけど、究極の選択で、選ぶしかなければ、そういうふうにすることがマイナスの値をちょっとだけ少なくできると。そんな感じかなというふうに思っています。よくこのマイナスのたとえは、あの治療とエンハンスメントってことでよく言うんですね。治療ってのは病気を治すことなので、健康な状態が0だとすると、マイナスってのは病気の状態で、治療ってのはマイナスをゼロに戻そうとすることが治療。それに対して美容整形とか、ある種のゲノム編集とか、ある種の遺伝子治療とか、そういうのはそのまま生きてても別に支障ないのに、より良い性能というかより良い能力を得ようとするために、ゼロの健康の状態をプラスに持ってこうっていう作業なので、マイナスをゼロにする治療と、ゼロをプラスに持ってこうとするエンハンスメント、というそういう対比があるので、いまその対比をちょっと念頭に置いてお話ししました。

(石田)　ありがとうございます。

一ノ瀬　最後に一言ずつ述べていただいて、一言に限らないです、いくつかおありならばそれでよろしいかと思いますけれども、要するに、この表題の不可避的な病災害の中でのしあわせというこの概念で、いま、不条理とか、いろいろ私も言ってしまいましたけれども、結局この世界は、西本学長の最初のお話にもありましたように、病気災害、そうしたものは、自然環境の中で避けようがないというところで私たちは生きていて、しかも私たちは限りがある存在で、やがてはなくなるというモータルっていうことがありますけども、死すべき存在なので、その中でじゃあしあわせってどういうものなんだろうか。

しあわせとは、例えば家族が団らんで笑って食事をしていて、そして、豪華な部屋で、面白い遊びをしてるというような、そういうこともしあわせかもしれないけれども、でも、実は本当のしあわせというのは、リアルな現実の中で、何か達成できる何かでなければただのお話になってしまいますよね。じゃあ、こういう世界の中で達成可能な、あるいは意味として有意味になるようなしあわせって何なのだろうかということについて、一言ずつ、あるいは二言でも十言でもいいですけど、最後にパネリストの皆さんにお話を伺えればと思います。

じゃあ、ちょっと、水谷先生が一番最初だったので、誠に申し訳ありませんが。

水谷　私がちょっとわからないのは、先ほどから出てきてるように、例えばもう、テレワークで余裕ができて草花を愛でるようになったと。でも一方で、例えばイソジンが効くとなったらばっと走り出すとかですね、何かの食品がいいとなったらスーパーマーケットに全部売り切れになるということと、同一人物がやってるのだとするとですね、おそらく一見、この際まで見たことなかったけど綺麗だねって言いながらも、内心はいつ襲ってくるかわからないウイルスに戦々恐々としてる状態なのかなって思います。だから本当にそうなのかなっていうのは、ちょっとあとの先生方もそういうのをおっしゃるかもしれませんが、私ぜひ聞いてみたいところだなと思っています。私がこの状況下でしあわせというと、ちょっと先生、意味が取り間違えたら申し訳ないですけれども、これもう少ししたらやっぱりワクチンが日本にも打たれ始めて、あと数年後には全世界の人がこの今の新型コロナウイルス、SARS-Cov-2のワクチンを接種して、感染した人も抗体を持ってというような状況になります。私が再三申し上げているように、２０００年になってからコロナウイルスがどんどんと出現してくるサイクルが短くなって、また大きなコロナウイルスがきっとやってくると思うんですね。あのＳＡＲＳは七、八ヶ月ぐらいで実質収まってしまったので、私たちもワクチンの研究をしてたんですけれども、結局世に出ないまま終わってしまった。で、ＳＡＲＳのワクチンがいま効くかどうかって、ちょっと議論がいろいろあるんですが、少なくともですね、いまのコロナウイルスのワクチンを皆さんができるだけ打って抗体を持つと、次に出現したコロナウイルスに対して防御できる可能性が非常に高いわけです。ですからそういう意味では、いましっかりと生き延びてワクチンを打たれた方、もしくは感染して復活されて、抗体を持たれた方というのは、次に襲ってくるコロナウイルスに対してしあわせになれるというか、感染しなくて済むということがしあわせなんじゃないかと思います。

一ノ瀬　ありがとうございました。では、永井先生お願いいたします。

永井　そうですね。見えない敵、不透明な中でしあわせを考えるということなのかなと思います。このような中に自分が置かれてみて、この混乱の1年を振り返ってみて、また本日いろいろな先生方、私にとっては同じ武蔵野大学に勤務しているにもかかわらず、薬学部の中で経験するのとは全然違った次元の話を拝聴することができて、それも一つのしあわせではないかと思います。この先どうなるのだろうという混乱の中で、機会を捉えて動いてみて、新しい経験もできて、様々な情報を収集して吟味して、そのプロセスの中で創意工夫が見えてきて、新しい気づきが得られるとか、新しい扉が開かれるとか、これは感謝したいことであり、しあわせなことだと思います。また、関わる専門分野の点からは、ワクチンなり治療薬なり、今回のような対処方法の少ない状況下で、専門分野同士が一丸となって取り組んでいけることもしあわせなことだと感じています。

一ノ瀬　ありがとうございます。続きまして藤原先生お願いいたします。

藤原　私は、日野先生が紹介して下さった蓮如の言葉に、心打たれました。人は疫病に罹って初めて死ぬのではない、死は初めから定業（じょうごう）として定まっているのだ、という言葉ですね。先ほど一ノ瀬先生も、私たちはモータルな、死すべき存在としてあるということをおっしゃいましたが、だからこそ、避けがたい死に直面した時、それを受け入れられるように心の備えをしておくことが、しあわせの大前提なのではないかと、私は思います。

『徒然草』の第九十三段に、よく引かれる言葉ですが、こんな言葉があります。「人、死を憎まば、生（しょう）を愛すべし。存命のよろこび、日々に楽しまざらんや」。人はみな死を厭うているわけですが、それなら「存命のよろこび」、生きていることのよろこびを、日々に楽しまなくていいだろうか、というのです。ところが「愚かなる人」は、この楽しみを忘れて、むなしく心を労してほかの楽しみを求めている。しかし、生きている間に、生きているということ自体の楽しみを楽しまずにいて、死に臨んでから死を恐れるというのは、道理にかなわないことだ。「人皆な生を楽しまざるは、死を恐れざる故なり。死を恐れざるにはあらず、死の近き事を忘るるなり」と兼好は言っています。

ヨーロッパでも、ストア派のセネカに『人生の短さについて』というエッセイがあって、大事なのはできるだけ長く生きることではなくて、充実した人生を送ることだと言っていますが、こういうストア派の哲学は脈々と受け継がれていて、たとえばルソーも『エミール』で、いつ神に召されても、その時までは生きたと言えるように生きなければいけない、というようなことを言っています。

とはいえ、そんな悠長なことは言っておれない、現実に大変苦しんでいる方がたくさんいらっしゃるわけです。私がとくに気にかかるのは、コロナ禍の中で失業した人たちです。何だか、高度経済成長時代が終わってから、とくに都市部で、社会のセーフティネットがひじょうに薄く脆弱なものになっているように感じます。そしてそれはやはり、グローバリズムと金融資本主義のせいではないでしょうか。これは、一古典学徒の甘い夢にすぎないのかもしれませんが、やはり地域の経済が充実して、そこに雇用が生まれて、何よりも物的なしあわせの基盤が、ささやかでも確かに築かれることを願っています。

一ノ瀬　はい、ありがとうございます。じゃ、中板先生お願いいたします。

中板　ありがとうございます。二点お話しさせていただきます。コロナウイルス感染症も災害も、乗り越えていく上で、ハードな関わり方とそのソフトな関わり方があると思います。いわゆる感染症法など法的根拠に基づく対策と、公衆衛生看護活動の一端である地域のつながりを維持する、地域の力をつけていく、そういった人々と共生しながら関わっていく。あるいは、先ほどその高齢者とその若者を分けてって話もありましたけれども、あの高齢者の重症化を防ぐために若者が、愛他的な行動、人を思いやり、人のために動こうとする力という、そういったものを、こういった機会につけていくように仕掛けていくってことも、ある意味一つ見いだせるものなのかなと。で、それがこの若者の倫理的な行動、するべき行動につながっていくという機会になることも重要かと思います。

二点目は、大変な状況ではありますが、多くの人たちが自分の生き方、暮らし方などを考える機会になったと、つまり、根源的な問いというものを自問自答する機会になったのではないかと思います。それは一筋の光といいますか、レジリエンスの獲得にもつながりますし、自分自身の豊かな人生への問いを深く考える機会に活かせるとよいと思います。

一ノ瀬　ありがとうございます。日野先生、よろしくお願いします。

日野　本当に先生方のおっしゃる通りで、もう私の付け加えることはないと思います。強いて言うなら、しあわせになるためには、まず自分からしあわせになりたいと思うことが大切なんじゃないか、というのが私の思うところです。それは、日常の中に小さなしあわせを見つけるのでも、人間関係を大事にするのでも、あるいは社会参加をして地域や国を良くしていくという方向でも、何でもよいと思います。何か自分がしあわせになれるものを、自分で探していくことで、その営みを通して、自身の生の意味を見つめ直すことができると思います。生の意味を把握しておくことは、いまに限らず生きていく基盤になることかと思いますが、とくに生活が激変して、それを見失うことが多いいまの状況においては、これは必要な作業でもあり、またその好機なんじゃないかとも思います。

一ノ瀬　はい、ありがとうございました。

私も一言申し上げると、藤原先生が言及された蓮如の言葉、本当にまさしく私もそう思うことでありまして、人事を尽くして天命を待つなんて言葉がありますけども、人事を尽くして、それを尽くしたあとであるならば、もうその状況を潔く受け入れるという、私の好きな言葉で高潔って言葉、高い潔しっていうこともあるんですけども、そういう高潔みたいな美徳を少し実感できるっていうか、そういう機会でもあったのかなと。死する者だってのは、例えば西洋のメメント・モリとか、あるいは武士道で言う常住死身っていう、あの山本常朝の葉隠ですか、あれにあるような捉え方があります。だから要するに、死というのは常にいつも私たちの目の前にあるものなんだと、そのことを理解せよということだと思いますけども、人事を尽くしたあとではあとはもうそういう状況を受け入れると、それを受け入れるっていうところにある種の安らぎというか安らいというか、そういうところに少しでも近づける機会になったんじゃないかな、と。それがしあわせへの道筋の一つ、道程の一つなのではないかなというふうに思っております。

以上で終わりにしたいと思います。ありがとうございました。

あとがき

西本照真

数ヶ月に及ぶ作業を経て、いま本書『病災害の中のしあわせ』の完成に至り、皆さんにお届けできるようになったこと、編者として大きな喜びである。本書は、記念すべき「武蔵野大学しあわせ研究所叢書」第1号である。今後、さまざまな研究成果を積み重ねて、続刊を刊行していきたい。

さて、この第1号は、令和三年一月一一日に武蔵野大学有明キャンパスにて開催された第五回武蔵野大学しあわせ研究所シンポジウム「『不可避的な病災害のなかでのしあわせ学』序説」をもとにして、その登壇者の方々による寄稿を核として編集されている。なかでも、ウイルス学の専門家としてシンポジウムでの基調講演をしてくださった東京農工大学の水谷哲也先生にご寄稿いただいたことは、本書が病災害とりわけ新型コロナウイルス感染症問題に正面から向き合う覚悟を表示することになった点で、大きな意義があった。加えて、本書を書物として編纂するに当たって、しあわせ研究所の幹部スタッフ（所長、副所長、主任二名）も全員寄稿した。このような世界的な病災害に直面している時期に、そしてしあわせ研究所にとって中核的な問題を扱う企画に対して、しあわせ研究所として総力を挙げて立ち向かう必要を自覚したからである。さらには、武蔵野大学しあわせ研究所の活動に連携的に加わってくださっている、慶應義塾大学の前野隆司先生にもご寄稿をいただいたこと、これも本書の意義を大いに高めていると思われる。前野先生は、日本における幸福学の第一人者だからである。

その武蔵野大学しあわせ研究所（正式には、Musashino University Creating Happiness Incubation）だが、それは世界のしあわせを響創（価値観や言語の異なる人々と響き合い、連帯して創造することを表す本学の造語、「響」は仏教の縁起観を基にした言葉）するための学際的な研究を行い、自他ともにしあわせを享受できる世界の実現に貢献することを目的として、平成二八年七月に設立したものである。同年四月、武蔵野大学は「世界の幸せをカタチにする。」というブランドステートメントを掲げた。これは武蔵野大学の建学の精神であり、仏教の根本精神である「四弘誓願（しぐせいがん）」の理念、すなわち、自己と他者は密接につながりあっているという前提のもとに、自らの幸せだけでなく他者の幸せをも真摯に希求するところに、目指すべき理想の世界がうち立てられていくという理念を基盤としたステートメントである。それを具現化するための研究・教育機関として、既存の枠組みにとらわれることのない新機軸の学際的なしあわせ研究・教育を生み出していく全学横断的な組織として「しあわせ研究所」を設置した。正式名称ではResearch InstituteではなくIncubationという言葉を用いている所以はここにも込められている。

この研究所は本学に集う教職員が自由意志で研究員となりうるオープンな組織で、現在は一〇九人が主体的に参加いただいている。また、学外の方々にも広くご参加を呼びかけ、五九人の方々に客員研究員としてお支えいただいている。開設後五年余りの間に、五回のしあわせ研究所シンポジウム開催、しあわせ研究費として延べ一一三件の研究課題に対して三千八二七万円、七九号を数えるしあわせ研究所通信の発行、しあわせ研究所紀要は四号まで発行し所収論文二五本、毎年開催しているハッピネス・ミーティング（研究員の研究発表ならびに相互交流の場）、SDGs実行宣言、SDGs Awardsの開催、慶應義塾大学システムデザイン・マネジメント研究科ウェルビーイングリサーチラボとの共催で平成三〇年度から開催しているshiawaseシンポジウムなど、多様な取り組みを展開してきた。今回のシンポジウムならびに本書の刊行も、研究所の活動に参加いただいている皆さまの、世界の幸せをカタチにしていこうという溢れんばかりの願いの一つの結晶といえよう。

本書が成るまでに多くの方々からの恩恵を受けている。まずは、学外からご参画いただいた水谷哲也先生と前野隆司先生には、あらためて深く感謝申し上げたい。お二人の先生方から、武蔵野大学しあわせ研究所が大きく飛躍するエネルギーを頂戴した。また、武蔵野大学に属する寄稿者の先生方にも、しあわせ研究所へのご貢献に対してお礼申しあげたい。武蔵野大学は、武蔵野女子大学の時代から今日に至るまで、つねに変革を遂げ、教育と研究の両面において全力を尽くして、驚くべきほどの成長と成果をなしてきた。それもこれも、所属する教職員皆さまのおかげである。そして、このような意義深い、時宜に適った書物が完成に至るまでに、武蔵野大学学部事務課の萩本英樹氏、柚口寛子氏のお二人には、本当にいろいろとお世話いただいたことに深い感謝の意を表したい。さらに、言うまでもなく、本書完成の中心をなしていただいた武蔵野大学出版会の斎藤晃氏には、ただただ感謝申し上げるばかりである。武蔵野大学出版会の、武蔵野大学との連携のもとでの誠意と良識にあふれる出版活動に対しては、所属する教員としていつも感服し、有り難く感じている。

いよいよ三年後の令和六年には、本学は創立一〇〇周年の記念すべき時を迎えようとしている。本学の建学の精神であり、仏教の根本精神である「四弘誓願」を心に保ちつつ、二〇五〇年の未来に向かって「世界の幸せをカタチにする。」大学へと教育・研究のさらなる充実をはかっていきたい。

本書が、自然災害や感染症などの疾病によって困難に陥っている人々に、一条の光をもたらしうることを切にこいねがっている。一条の光りそれ自体はかすかなものだとしても、暗きを照らし貫く一条ではある。

希望が広がることを心より念じたい。

自然災害や感染症で亡くなられた方々に衷心より追悼の意を表しつつ、本書を閉じたい。

令和３年11月

著者略歴

◉第一部◉現象への接近

水谷哲也 みずたに・てつや

東京農工大学農学附属感染症未来疫学研究センター センター長、教授。ウイルス学、感染症学。おもな著書として「新型コロナウイルス 脅威を制する正しい知識」(東京化学同人)などがある。

永井尚美 ながい・なおみ

武蔵野大学薬学部、教授。医薬品評価科学、臨床薬理学、薬物動態学 おもな著書として「医薬品評価概説」(共著、東京化学同人)、「臨床薬学テキストシリーズ:薬学倫理・医薬品開発・臨床研究・医療統計学」(共著、中山書店)などがある。

渡部博志 わたなべ・ひろし

武蔵野大学キャリア開発部長、経営学部准教授。おもな著書に『企業戦略白書Ⅶ—日本企業の戦略分析:2007』(共著、東洋経済新報社)がある。

◉第二部◉倫理的アプローチ

中板育美 なかいた・いくみ

武蔵野大学看護学部教授。国立保健医療科学院上席主任研究官、公益社団法人日本看護協会 常任理事を経て現職。おもな著書として「周産期からの子ども虐待予防・ケア」(明石書店)、「これで使える! 保健師のためのデータ活用ブック」編著(東京図書)、「新ちいさい人」監修(小学館)などがある。

一ノ瀬正樹 いちのせ・まさき

武蔵野大学人間科学部教授、東京大学名誉教授。オックスフォード大学名誉フェロウ。博士(文学)。哲学専攻。おもな著書として『いのちとリスクの哲学』(ミュー)、『死の所有』(東京大学出版会)などがある。

前野隆司 まえの・たかし

慶應義塾大学大学院システムデザイン・マネジメント研究科教授。慶應義塾大学ウェルビーイングリサーチセンター長。博士(工学)。主な著書として『幸せのメカニズム』(講談社)、『脳はなぜ「心」を作ったのか』(筑摩書房)などがある。

西本照真 にしもと・てるま

武蔵野大学学長、アントレプレナーシップ学部教授。仏教学専攻。おもな著書に『三階教の研究』(春秋社)、『「華厳経」を読む』(角川学芸出版)などがある。

◉第三部◉文化からの分析

日野慧運 ひの・えうん

武蔵野大学人間科学部准教授。仏教学専攻。おもな著書に『金光明経の研究』(山喜房佛書林)、『仏教と慈しみ』(共著　武蔵野大学出版会) などがある。

藤原克己 ふじわら・かつみ

武蔵野大学文学部特任教授、東京大学名誉教授。博士(文学)。平安朝文学専攻。おもな著書として『菅原道真と平安朝漢文学』(東京大学出版会)、『日本の古典―古代編』(共著、放送大学教育振興会)などがある。

石上和敬 いわがみ・かずのり

武蔵野大学副学長、同教授。博士(文学)。仏教学専攻。おもな著書に、いずれも共著で『仏と浄土　大乗仏典II』(春秋社)、『仏教と気づき』(武蔵野大学出版会)などがある。

病 災害の中のしあわせ
自然災害とコロナ問題を踏み分けて

発行日	2021 年 12 月 28 日 初版第 1 刷
著者	西本照真・一ノ瀬正樹[編]
発行	武蔵野大学出版会 〒 202-8585 東京都西東京市新町 1-1-20 武蔵野大学構内 Tel. 042-468-3003 Fax. 042-468-3004
印刷	株式会社 ルナテック
装丁・本文デザイン	田中眞一

ISBN978-4-903281-53-7

武蔵野大学出版会ホームページ
http://mubs.jp/syuppan/